NIVEAU B2.1

SICHER!

DEUTSCH ALS FREMDSPRACHE
LEHRERHANDBUCH

W0004733

Claudia Böschel
Susanne Wagner

Hueber Verlag

Quellenverzeichnis

S. 132–138: Anregungen und Ideen im Methodenglossar stammen z.T. aus:
Mithra, Salome P. (2010) 77 Methoden für den aktiven Umgang mit Texten. Mülheim an der Ruhr: Verlag an der Ruhr;
Wallenwein, Gudrun F. (2003) Spiele: Der Punkt auf dem i. Weinheim: Beltz Verlag;
www.kreativitätstechniken.info/die-6-denkhute-von-de-bono/;
Thömmes, Arthur (2005) Produktive Unterrichtseinstiege. 100 motivierende Methoden für die Sekundarstufe.
Mülheim an der Ruhr: Verlag an der Ruhr;
Karsten, Dr. Gunther (2007) Lernen wie ein Weltmeister. München: Mosaik-Goldmann-Verlag
Im Quellenverzeichnis nicht aufgeführte Methoden sind entweder eigene Methoden der Autorin oder in der
Erwachsenenbildung allgemein übliche, in verschiedenen Varianten angewandte Methoden, deren Ursprung nicht
mehr auszumachen ist.

S. 140: Hören, Aufgabe 1b © Silke Neumaier
S. 143/144: Aufgabe 2c, mit freundlicher Genehmigung von Kenta Kuhne
S. 144/145: aus „Annie und Boo" © Filmakademie Baden-Württemberg GmbH, „Annie und Boo", Johannes Weiland
S. 145/146: Geschäftlich telefonieren © Uwe Fenner
S. 146/147: Buch & Bohne © Bernhard Schulz
S. 147/148: Kokowääh © Warner Bros. Ent.
S. 148/149: Kunstakademie © Bayerische Theaterakademie August Everding
S. 149: Zumba © art-tv.ch
S. 149/150: Audioguide Münster © wm.tv
S. 150: Eisbachsurfer © Robin Ahne

3. 2. 1. | Die letzten Ziffern
2018 17 16 15 14 | bezeichnen Zahl und Jahr des Druckes.
Alle Drucke dieser Auflage können, da unverändert,
nebeneinander benutzt werden.
1. Auflage
© 2014 Hueber Verlag GmbH & Co. KG, München, Deutschland
Umschlaggestaltung, Layout und Satz: Sieveking · Agentur für Kommunikation, München
Konzept: Michaela Perlmann-Balme, Susanne Schwalb, München
Phonetik: Vertiefungen und Tipps z. T. von Veronika Rafelt, Leipzig
Zeichnungen: Jörg Saupe, Düsseldorf
Redaktion: Daniela Blech-Straub, Bad Schönborn; Miriam Plasa, Isabel Krämer-Kienle, Hueber Verlag, München
Druck und Bindung: Kessler Druck & Medien GmbH & Co. KG, Bobingen
Printed in Germany
ISBN 978–3–19–571207–1

INHALT

DAS LEHRERHANDBUCH – ÜBERBLICK

Konzeption des Lehrwerks Sicher! B2

Sicher! B2 basiert auf den Grundsätzen des Gemeinsamen Europäischen Referenzrahmens, wiederholt, festigt und erweitert den Stoff der Niveaustufe B1 und bereitet auf die Prüfungen der Stufe B2 vor. Die konzeptionellen Rahmenbedingungen werden zunächst kurz erläutert. Anschließend wird der methodisch-didaktische Ansatz des Lehrwerks und seiner Komponenten vorgestellt und beschrieben.

Methodisch-didaktische Hinweise

Ab Seite 15 finden Sie konkrete Vorschläge zum Vorgehen im Unterricht sowie methodisch-didaktische Tipps zu den Aufgaben im Kursbuch und den Übungen im Arbeitsbuch. In diesem Lehrerhandbuch lernen Sie verschiedene Rubriken kennen, in denen Ihnen Vorschläge für einen abwechslungs- und variantenreichen Unterricht unterbreitet werden. Unter der Rubrik *Aktivierung* erhalten Sie Anregungen, um in Ihren Unterricht mehr Bewegung zu integrieren. Als *Vertiefung* werden Ihnen zusätzliche vertiefende und erweiternde Aufgaben angeboten. Diese eignen sich insbesondere zur leistungsorientierten und lerntypenspezifischen Binnendifferenzierung. Die *Tipps* können sich auf didaktische, aber auch auf rein unterrichtspraktische Inhalte beziehen. In den Rubriken *Fokus Phonetik* und *Landeskunde* wird Hintergrundwissen in den Bereichen Phonetik, Politik und Kultur angeboten und erklärt. Die Rubrik *Interkulturelles* wirft mögliche weiterführende interkulturelle Fragestellungen auf, die den Unterricht dahingehend bereichern können. Auf den Aussprache-Seiten finden Sie Vorschläge für zusätzliche Übungen und Hinweise auf besondere Schwierigkeiten verschiedener Lerner. Um die Lernenden langfristig zu autonomen Lernern zu machen, finden Sie zu den Lernwortschatzseiten *Lernstrategie-Tipps*.

Kopiervorlagen

Interaktionsaufgaben, Brettspielvorlagen, erweiternde grammatische und kommunikative Übungen und Sprachspiele auf den Kopiervorlagen ab Seite 112 bieten zusätzlich Abwechslung und Vertiefung im Unterricht.

Tests

Zu jeder Lektion gibt es ab Seite 120 einen Test, mit dem Sie sich einen Überblick über den Spracherwerbsstand der Lernenden verschaffen können. Die Kategorien Wortschatz, Grammatik und Kommunikation (Redemittel) fragen gezielt das Gelernte der jeweiligen Lektion ab.

Das Methodenglossar

In den methodisch-didaktischen Hinweisen finden Sie immer wieder Anregungen, Ihren Unterricht mithilfe verschiedener *Methoden* interessant und lerntypenspezifisch durchzuführen. Ab Seite 132 sind alle vorgeschlagenen Methoden alphabetisch zusammengefasst und noch einmal genau beschrieben. In den Lektionen erhalten Sie nur beim ersten Vorstellen einer Methode eine genaue Anleitung, ansonsten erfolgt der Verweis auf das Glossar (Glossar → S. 132–138).

Anhang

Hier finden Sie die Transkriptionen der Hörtexte des Kursbuches und der DVDs sowie die Lösungen zu den Tests.

> Die Lösungen zu den Übungen im Arbeitsbuch sowie die Transkripte der Hörtexte des Arbeitsbuches finden Sie und Ihre Lernenden weiterhin im Internetservice unter www.hueber.de/sicher/lernen.

KONZEPTION DES LEHRWERKS Sicher! B2

1 Rahmenbedingungen

Das Lehrwerk *Sicher!* richtet sich an Lernende weltweit. Es ist speziell konzipiert für fortgeschrittene Lernende, die mit auf ihre Bedürfnisse abgestimmten Materialien arbeiten möchten, um ihre persönlichen oder beruflichen Ziele zu erreichen. *Sicher!* eignet sich für Teilnehmende in Kursen, die

- Anschluss auf dem Arbeitsmarkt in Deutschland, Österreich oder der Schweiz suchen.
- sich auf eine Tätigkeit in einer deutschsprachigen Firma im Heimatland vorbereiten.
- ein Studium oder eine Weiterbildung mit unterschiedlicher fachlicher Ausrichtung anstreben.
- aus Freude oder als Freizeitbeschäftigung Deutsch lernen.

Sprachniveau des Kurses

Sicher! B2 ist der zweite Band eines umfassenden dreibändigen Unterrichtsprogramms für Fortgeschrittene in den Kursstufen B1+, B2 und C1. Es eignet sich als kurstragendes Lehrwerk für unterschiedlich strukturierte Kurse, d.h. für Intensivkurse, Semi-Intensivkurse und Extensivkurse.

Nach erfolgreichem Durcharbeiten des Bandes *Sicher! B2* erwerben Teilnehmende die Fähigkeit, die Sprache selbstständig zu verwenden. Sie können sich so spontan und fließend verständigen, dass ein normales Gespräch mit Muttersprachlern ohne größere Anstrengung auf beiden Seiten gut möglich ist.

Sicher! B2 stellt mit 12 Lektionen Material für mindestens 120 und maximal 180 Unterrichtseinheiten bereit. Damit lassen sich 10 bis 15 Unterrichtseinheiten (à 45 Minuten) pro Lektion durchführen. Die konzeptionelle Grundlage liefert der *Gemeinsame Europäische Referenzrahmen für Sprachen (GER)* sowie das *Europäische Sprachenportfolio*. Außerdem wurde bei der Planung des Grammatik- und Wortschatzprogramms das Curriculum für die Deutschkurse des *Goethe-Instituts* in Deutschland zugrunde gelegt.

Sicher!-Bände und Gemeinsamer Europäischer Referenzrahmen

Sicher!	Einstiegsvoraussetzung	Ziel	Zertifikate
B1+	Vorkenntnisse auf Niveau B1.1 Besonders geeignet für Lernende, a) die erstmals in einen Kurs einsteigen, oder b) die Wiederholungsbedarf haben.	Abschluss des B1-Niveaus Einstieg ins B2-Niveau	*Goethe-Zertifikat B1* *ÖSD-Zertifikat B1* *Zertifikat Deutsch*
B2	Vorkenntnis auf Niveau B1 Besonders geeignet für Lernende, die sich auf ein Studium in Deutschland vorbereiten.	Abschluss des B2-Niveaus Einstieg ins C1-Niveau	*Goethe-Zertifikat B2* *ÖSD-Mittelstufe* *TESTDAF TDN 4* *telc Deutsch B2*
C1	Vorkenntnisse auf Niveau B2 Besonders geeignet für Lernende, die sich auf ein Studium in Deutschland vorbereiten.	Abschluss des C1-Niveaus Einstieg ins C2-Niveau	*Goethe-Zertifikat C1* *ÖSD-Oberstufe* *TESTDAF TDN 5* *telc Deutsch C1*

Kursleitung

Sicher! eignet sich auch für Lehrkräfte, die erste Erfahrungen im Fortgeschrittenenunterricht sammeln. Eine hilfreiche Orientierung für Kursleitende ist der auf jeder Seite vorgegebene Stundenaufbau. Zusammen mit den Hinweisen zu passenden Übungen im Arbeitsbuch ist jede Unterrichtseinheit bereits vorstrukturiert. Mit relativ wenig Vorbereitungsaufwand wird so eine hohe Effizienz für die Teilnehmenden erzielt. Die positive Folge dieser Vorstrukturierung: Die Kursleitenden können sich im Unterricht verstärkt den Lernenden zuwenden und werden so zu Lernberatern. Der Schwerpunkt ihrer Arbeit liegt in der Unterstützung des Lernprozesses durch Steuerung des Unterrichtsgeschehens.

Kursplanung
Sicher! B2 ist ein flexibles Lehrwerk im Baukastensystem. Es ermöglicht Kursleitenden, gemeinsam mit den Teilnehmenden ein individuell auf ihre Bedürfnisse abgestimmtes Lernprogramm zusammenzustellen. Dabei können Schwerpunkte gesetzt und einzelne Seiten auch weggelassen werden. Kurs- und Arbeitsbuch können aber selbstverständlich auch Seite für Seite durchgearbeitet werden.

Nach einer Lernzielanalyse für die Kursteilnehmenden am ersten Kurstag nimmt die/der Kursleitende eine Grobplanung für das Programm dieses speziellen Kurses vor. Zur Bewusstmachung des jeweils zweckmäßigen Lernprogramms dient die Inhaltsübersicht über das Kursprogramm am Anfang des Buches, S. IV ff. Die Auswahl der Lerninhalte geschieht im Normalfall im Hinblick auf die angebotenen Fertigkeiten. Im Verlauf des Kurses erfolgt eine Feinplanung in Form von Wochen- bzw. Semesterplänen. Wenn die/der Kursleitende diese Pläne im Klassenraum aufhängt oder den Teilnehmenden austeilt, führt dies zu mehr Transparenz der Unterrichtsinhalte und hilft bei der Reflexion des Lernfortschritts.

Unterrichtspläne
Bei der Feinplanung jeder Lektion und jeder Unterrichtseinheit können den Kursleitenden die Unterrichtspläne helfen, die sich kostenlos im Internet unter www.hueber.de/sicher/lehren finden lassen. Kleinschrittig sind darin neben den Lösungen der Kursbuch-Aufgaben auch in Kurzform der Ablauf der Unterrichtseinheiten sowie geeignete Sozialformen und benötigtes Material für jeden Schritt dargelegt.

2 Methodisch-didaktischer Ansatz
Das Lehrwerk greift fünf Grundgedanken auf:
- Lernerautonomie
- Soziales Lernen und Binnendifferenzierung
- Zyklisches Lernen
- Handlungsorientierung
- Textsorten mit Realitätsbezug

Lernerautonomie
Das Lehrwerk ist lernerzentriert. Das bedeutet, die Aktivität im Unterrichtsgeschehen wird soweit wie möglich auf die Lernenden selbst verlagert. Die Teilnehmenden werden schrittweise dahin geführt, die Verantwortung für ihr eigenes Lernen zu übernehmen.
Vor allem die Übungen des Arbeitsbuchs sind auf eigenständiges Arbeiten der Teilnehmenden angelegt. Aber auch im Kursbuch ermöglichen es die Übungen, sich den Lernstoff induktiv zu erarbeiten und aktiv am Unterrichtsgeschehen mitzuwirken. Das Abwechseln verschiedener Übungstypen trägt dazu bei, den verschiedenen Begabungen und Interessen der Teilnehmenden eines Kurses Rechnung zu tragen. So findet der visuelle Lernertyp alle wichtigen sprachlichen Strukturen in Übersichten visualisiert, der kognitive Lernertyp grammatische Regeln in Sätzen ausformuliert. Für kreative Lernende gibt es Rollenspiele oder sie können beispielsweise Quizfragen erstellen. Haptische Lernertypen können Rollenkärtchen erstellen oder Bewegungsübungen machen, kommunikative Lerner können mit Lernpartnern zusammenarbeiten.

Soziales Lernen und Binnendifferenzierung
Das Lernen voneinander hat einen hohen Stellenwert. Daher spielen Partner- und Gruppenarbeit als Sozialformen des Unterrichts eine zentrale Rolle. Das Angebot an Unterrichtsprojekten sowie

Diskussions- und Sprechanlässe sollen einen authentischen Erfahrungsaustausch zwischen den Teilnehmenden anregen und vertiefen. Besonders in multikulturell zusammengesetzten Kursen ermöglichen Aufgaben zum Vorwissen der Lernenden einen Erfahrungsaustausch, der über das Lernen von sprachlichen Strukturen hinausgeht. Die Aufgaben im Kursbuch sind in der Regel so angelegt, dass die Teilnehmenden ihr Vorwissen aus unterschiedlichen biografischen wie auch kulturellen Hintergründen einbringen können. Kooperative Lernformen, in denen die Teilnehmenden als Kursgemeinschaft aktiv werden, ermöglichen Erfolgserlebnisse, die sich positiv auf die Motivation auswirken. Rollenspiele und Unterrichtsprojekte sorgen auch für Lebendigkeit des Unterrichts und eine positive Gruppendynamik. Ein Beispiel dafür ist das Rollenspiel „Auf der Messe" in Lektion 2 (S. 27), das Projekt „Meldungen aus Nachrichten präsentieren" in Lektion 3 (S. 50) oder die Projektarbeit in Lektion 8 (S. 116). Die Projekte sind so ausgewählt, dass sie sowohl an einem Kursort in einem deutschsprachigen Land als auch im Heimatland durchführbar sind.
Der häufige Einsatz von Partner- und Gruppenarbeit wirkt auch binnendifferenzierend. Jede soziale Einheit arbeitet in eigenem Tempo und auf eigenem Niveau. Damit wird es möglich, die Über- oder Unterforderung einzelner Teilnehmender zu reduzieren. In derselben Weise wirkt binnendifferenzierend, in welchem Umfang die Arbeitsbuchaufgaben hinzugezogen werden. Ein weiteres Element der Binnendifferenzierung sind die interaktiven Übungen im Internet, auf die im Arbeitsbuch jeweils hingewiesen wird. Sie ermöglichen individuell unterschiedlich intensive Übungs- und Vertiefungsphasen. Sie finden die Übungen unter www.hueber.de/sicher/lernen, vgl. Punkt 3.2.

Zyklisches Lernen

Da viele Strukturen bei den Fortgeschrittenen bereits bekannt sind, geht es darum, bei der Verwendung dieser Strukturen mehr Sicherheit zu bekommen und weitere Einzelheiten dazu kennenzulernen. Zyklisches Lernen ist daher für das Grammatikprogramm kennzeichnend. Es verbindet Bekanntes mit Neuem, sodass Lernende ihre Kenntnisse systematisch auf- und ausbauen können. Ein Beispiel dafür ist die Erweiterung der Passivverwendung in Lektion 2, das heißt die Unterscheidung in Vorgangs- und Zustandspassiv sowie *von* und *durch* als agens in Passivsätzen. In Lektion 10 lernen die Teilnehmer dann die Passiversatzformen kennen.

Handlungsorientierung

Unterrichtsgegenstand ist in der Regel eine Zielaktivität, die im realen Leben gebraucht wird wie zum Beispiel „etwas bewerten" oder „eine Empfehlung aussprechen". Das Training aller Fertigkeiten ist grundsätzlich eingebettet in realistische Situationen und Anlässe. Das Grammatikprogramm (z.B. Futur II) orientiert sich daran, welche Phänomene in welcher Realsituation gebraucht werden (z.B. Vermutungen über die Vergangenheit formulieren).

Textsorten mit Realitätsbezug

Das Lehrwerk bietet eine große Zahl von verschiedenen Textsorten an. Auswahlprinzip war einerseits die Relevanz, d.h. es werden solche Textsorten angeboten, die für die Teilnehmenden eine Rolle in ihrem eigenen Leben spielen oder spielen werden. Ein weiteres Auswahlkriterium war ihr Schwierigkeitsgrad im Verhältnis zum sprachlichen Können der Lernenden auf der Stufe B2. Charakteristisch für die Themenauswahl sind Aktualität und Authentizität. Vor allem die moderne Medienwelt ist in der Auswahl an Sprech-und Schreibanlässen sowie Lese- und Hörtexten vertreten. In dem breiten Spektrum an Textsorten kommen daher Blogs, Einträge in sozialen Netzwerken, E-Mails und Ähnliches vor. Zentrales Lernziel ist der bewusste Umgang mit diesen Textsorten und deren spezifischen Merkmalen, vgl. in Lektion 3 die E-Mail zu den Vor- und Nachteilen eines E-Books als Geschenk (S. 41) und der darauffolgende Zeitungsartikel zum Leseverhalten der Jugend (S. 42/43) sowie die Erarbeitung des Roman-Auszugs in Lektion 7 (S. 96).

3 Komponenten des Lehrwerks

Das Lehrwerk *Sicher! B2* bietet ein umfangreiches Angebot an Materialien und Medien für Teilnehmende und für Lehrkräfte. Zu den Basisbestandteilen gehören:

- das **Kursbuch**
- das **Arbeitsbuch** mit integrierter Audio-CD zu den vertiefenden und weiterführenden Übungen, insbesondere zum Aussprachetraining. Die CD enthält außerdem die Lernwortschatz-Seite, die nach Bedarf erweitert werden kann.
- das **Medienpaket** mit zwei Audio-CDs und zwei Film-DVDs: Hier finden sich die Hörtexte und Filme des Kursbuchs, die im Unterricht bearbeitet werden.

Über diese Materialien hinaus finden Sie unter 3.3 zahlreiche ergänzende Produkte für einen abwechslungsreichen Unterricht und das selbstständige Weiterlernen zu Hause.

3.1 Kursbuch

Das Kursbuch *Sicher! B2* ist insgesamt in zwölf Lektionen unterteilt. Die einzelnen Lektionen haben einen thematischen Rahmen und jede Lektion richtet den Fokus hauptsächlich auf einen der Bereiche Alltag, Beruf, Studium und Ausbildung.

a) Aufbau der Kursbuchlektionen

Das Programm einer Lektion ist so gegliedert, dass ein inhaltlich kohärenter, vom Schwierigkeitsgrad ansteigender Ablauf entsteht. Der chronologische Lektionsaufbau ist im Inhaltsverzeichnis auf Seite 3 nachvollziehbar. Der Aufbau einer Lektion variiert, um im Kursverlauf genügend Spannung und Abwechslung aufrechtzuerhalten. Mal beginnt eine Lektion mit Sprechen (Lektion 1 und 2), mal mit Lesen (Lektion 4 und 5) oder auch mit Sehen und Hören (Lektion 3 und 6). Sind mehrere Texte zum Lesen oder Hören bzw. mehrere Schreib- und Sprechanlässe vorhanden, sind diese durchnummeriert (z.B. Lesen 1).

b) Bausteine

Jede Lektion setzt sich aus denselben Bausteinen zusammen: Einstiegsseite, Hören, Lesen, Sprechen, Schreiben, Wortschatz, Sehen und Hören sowie je eine Grammatik-Übersichtsseite. Jeder Baustein umfasst eine oder mehrere komplette Seiten. Diese sind durch Signalfarben erkennbar. Jeweils die Kopfzeile zeigt an, um welche Fertigkeit es geht. Das erleichtert einen flexiblen Einsatz. Wer beispielsweise in Lektion 1 gern Hören durcharbeiten möchte, muss nicht unbedingt vorher die Bausteine Sprechen 1 und Lesen bearbeiten. Man kann das Buch Seite für Seite durcharbeiten, doch lässt sich auch mit einem selektiven Vorgehen ein individuelles Kursprogramm gestalten.

Einstieg und Übersichtsseite

Jede Lektion beginnt mit einem Foto als Sprech- oder Schreibanlass. Dabei ergeben sich meist verschiedene Deutungen des Bildes (z.B. *Sicher! B2*, Lektion 2, S. 25). Diese Vieldeutigkeit ist gewollt, denn auf diese Weise entstehen interessante und immer wieder aktuelle Sprechanlässe. Zugleich ermöglichen die Einstiegsseiten eine Aktivierung des bei den Lernenden vorhandenen Vorwissens. Lernziele und Aufgaben der Einstiegsseiten wechseln je nach Thema. Auf der letzten Seite jeder Lektion ist der gesamte Grammatikstoff, der auf den vorangegangenen Lektionsseiten induktiv entwickelt wurde, in Übersichtsform zusammengefasst. Diese Seiten geben den Teilnehmenden die Möglichkeit, sich zu jeder Zeit noch einmal einen Überblick über gelernte Strukturen zu verschaffen. Er hilft, Zusammenhänge zu begreifen und zu behalten.

Seiten zu den Fertigkeiten

Der Hauptteil jeder Lektion ist dem Training der rezeptiven und produktiven Fertigkeiten gewidmet. Spezifische Merkmale der Rezeption sind Gegenstand von Aufgaben und Übungen, in denen zum Beispiel die jeweils vorliegende Textsorte (z.B. Zeitungsmeldung) reflektiert wird. Diese Textsortenorientierung wird zum Dreh- und Angelpunkt des Strategielernens, denn Textsorten legen oft bestimmte Rezeptionsstile nahe. So lesen wir in der Realität manche Texte Wort für Wort, andere dagegen überfliegen wir. Rezeptionsstile und -strategien werden ausführlich geübt.

Auf den Seiten Lesen trainieren die Teilnehmenden verschiedene Lesestile. Geübt wird neben dem traditionellen „totalen" Lesen auch das suchende und das orientierende oder überfliegende Lesen.

Die Teilnehmenden lernen, eine Unterscheidung zwischen Wesentlichem und Unwesentlichem, zwischen Information und Meinung vorzunehmen. Und sie üben, unbekannten Wortschatz aus dem Kontext oder aus bereits bekannten Wörtern zu erschließen. Sie eignen sich außerdem an, wie man einfache Signale wie z.B. Überschrift, Layout und begleitendes Bildmaterial als Lesehilfe einsetzen kann.

Ähnliches gilt für die Seiten Hören. Die Präsentation der Hörtexte im Unterricht erfolgt in der Regel in Abschnitten. Das bedeutet, der Text wird langsam „enthüllt". Durch diese Parzellierung reduziert sich die Textmenge auf eine für die Lernenden verarbeitbare Menge. Ein Nebeneffekt dieses Vorgehens ist, dass die Aufmerksamkeit der Zuhörer bis zum Textende erhalten bleibt. Die Hörtexte werden im Kurs in der Regel mindestens zweimal gehört. Wird ein Hörtext beim ersten Hören im Ganzen präsentiert, dann geht es dabei zunächst um eine erste Orientierung. Eine behutsame Vorentlastung ist besonders wichtig. Die Aufgaben vor dem Hören dienen dazu, die Aufmerksamkeit auf den kommenden Text zu richten und bereits vorhandenes Vorwissen zu aktivieren. Die Aufgaben nach dem Hören sollen den Teilnehmenden Transfermöglichkeiten anbieten. So werden sie zum Beispiel gebeten, die angesprochene Thematik auf den eigenen Kontext zu übertragen oder Stellung zu dem Gehörten zu nehmen.

Der Baustein Hör-Seh-Verstehen erweitert das Angebot an authentischen Hörmaterialien. Das Lernziel der Unterrichtseinheit liegt meistens weniger beim Hörverstehen als beim Sprechen in Form eines Spekulierens über den Film. Da es sich um authentisches Material handelt, ist die Anforderung an die Hörleistung jeweils relativ hoch.

Sicher! B2 reserviert zwei bis fünf Kursbuchseiten pro Lektion für das Training von Schreiben und Sprechen. Schreib- und Sprechtraining sind handlungsorientiert und alltagsbezogen. Im Schreibtraining werden die aktuellen Formen der elektronischen Kommunikation geübt. Der soziokulturellen Kompetenz kommt dabei besondere Bedeutung zu. Dabei geht es um Register und Formen der Höflichkeit. Realitätsnahe Schreibanlässe sind:
- Grußkarten verfassen (Lektion 1, S. 22)
- einen Leserbrief zum Thema „Höflichkeit" schreiben (Lektion 2, S. 32)
- auf eine private E-Mail zu Geschenkvorschlägen antworten (Lektion 3, S. 41)
- ein Motivationsschreiben verfassen (Lektion 9, S. 126)
- einen Text zusammenfassen (Lektion 10, S. 140)

Wie bei den rezeptiven Fertigkeiten ist die Vorgehensweise auch beim Schreibtraining dreischrittig. Vor dem eigentlichen Schreiben entlasten Aufgaben diesen Prozess thematisch. Die Aufgabentypen zum Schreiben unterscheiden sich durch verschiedene Grade der Steuerung. Dabei gilt: Je freier die Aufgabe, umso größer die von den Teilnehmenden verlangte Leistung im Hinblick auf Planung und Textaufbau. Nach dem Schreiben werden die Teilnehmenden angeleitet, ihre eigenen Texte kritisch zu prüfen und selbst mithilfe von Check-Listen auf Fehlersuche zu gehen (vgl. *Sicher! B1+*, Kursbuch, S. 94).

Im Mittelpunkt des Sprechtrainings steht der Erwerb von Redemitteln. Mit der Vorgabe von typischen Redemitteln wird die Verbesserung der Sprechfertigkeit gesteuert. Auf diese Weise lernen die Teilnehmenden portionsweise neue, sprechübliche Ausdrucksweisen in unterschiedlichen Interaktionssituationen kennen, wie z.B. „am Arbeitsplatz telefonieren" (Lektion 2, S. 37), „jemanden in Stilfragen beraten" (Lektion 5, S. 70) oder „über geeignete Freizeitangebote in der Großstadt diskutieren" (Lektion 6, S. 88). Außerdem wird auch das Sprechen zu einem Publikum in Form von kleineren Präsentationen geübt, etwa zum Thema „über ungewöhnliche Freundschaften sprechen" (Lektion 1, S. 21) oder die Präsentation eines Projekts (Lektion 8, S. 116). Redemittel werden in der Regel als Auswahl angeboten. Die immer noch beachtliche Leistung der Teilnehmenden besteht darin, diese für die jeweilige Intention auszuwählen und für eigene Ziele anzuwenden. Am Ende des Arbeitsbuches (bei den Halbbänden) bzw. des Kursbuches (im Vollband) werden alle Redemittel noch einmal im Überblick aufgelistet. Zur Verbesserung der Sprechfertigkeit gehört auch das Aussprachetraining im Arbeitsbuch (siehe unten).

Filmseite (Sehen und Hören)
Diese besonders motivierende Ergänzung des Fertigkeitentrainings steht in der Regel am Ende der Lektion, in den Lektionen 3 und 6 gibt es zusätzlich noch eine Filmseite am Anfang der Lektion. Trainiert wird das Hör-Seh-Verstehen. Als Material dienen kurze Filme verschiedener Genres sowie Foto-Reportagen. Bei der Foto-Reportage handelt es sich um eine Serie von durchlaufenden Bildern mit dazugehörigem Text. Ähnlich wie Unterrichtsprojekte oder Quizfragen soll die Arbeit mit den Filmen die Lernmotivation stärken. Aufgrund der Kürze der Filme, sie sind zwischen drei und zehn Minuten lang, lassen sich diese Filme gut in einer Unterrichtseinheit bearbeiten. Sie finden sich auf den DVDs des Medienpakets.

Wortschatzseite
Bei fortgeschrittenen Teilnehmenden liegt der passive Wortschatz meist weit über dem aktiven. Der Ausbau der aktiven Ausdrucksfähigkeit ist deshalb ein wichtiges Lernziel. Ausgangspunkt für das Wortschatztraining ist die Frage: Welche Wörter brauchen Teilnehmende für eine bestimmte Sprachhandlung, wie z. B. über Freunde und ihre Beziehungen berichten (S. 20), sich über Filmgenres austauschen (S. 45) oder Redemittel in passenden Situationen anwenden (S. 71). Im Mittelpunkt steht die Erarbeitung von Wortfamilien und -feldern und von Variationsmöglichkeiten im Ausdruck. Methodisch geht es bei fortgeschrittenen Lernenden immer um das Reaktivieren und das gezielte Erweitern bekannten Wortschatzes. Nur so ist es möglich, das unterschiedliche Wissen, das die Teilnehmenden mitbringen, auf eine gemeinsame Ebene zu heben. Erlernt werden thematisch relevante Wörter und Wortfelder, z.B. zu den Themen Lebensalter, Freundschaft, Liebe (S. 20), Positionen und Tätigkeiten im Büro (S. 28) oder zur Medienbranche (S. 44), aber auch Wortbildungsregeln wie die Bildung von Adverbien mit „-weise" (S. 62). Diese werden noch einmal unabhängig von den spezifischen Rezeptionstexten erarbeitet und vertieft.

Das Grammatiktraining ist integriert in die Seiten zum Lesen, Hören, Sprechen, Schreiben, Wortschatz und Sehen und Hören. Es ist gekoppelt an den Ausbau der kommunikativen Kompetenz. Es wurden relevante Grammatikthemen, die in der mündlichen und schriftlichen Alltagskommunikation eine zentrale Rolle spielen, ins Lernprogramm von *Sicher! B2* aufgenommen. Teilweise sind die Phänomene in ihrer Basisstruktur bereits bekannt, müssen jedoch für einen sicheren Umgang wiederholt, vertieft und ausgebaut werden, wie z.B. Stellung von Angaben und Ergänzungen im Mittelfeld (Lektion 1), *dass*-Sätze und ihre Entsprechungen (Lektion 2), Temporales ausdrücken (Lektion 4), das Verb *lassen* und seine Bedeutungen (Lektion 5) oder Funktionen des Konjunktivs II (Lektion 6). Die zu erlernende Struktur wird aus dem Sprachmaterial des Textes oder des Redemittels gewonnen, als Struktur erkannt, hinsichtlich Bildungsregeln oder Position im Satz systematisiert und anschließend anhand weiterer Beispiele angewendet. Wo immer möglich formulieren die Lernenden selbst die Regeln. Das selbstständige Finden und Formulieren von Regeln vertieft das Verständnis. Aufgabe der Kursleitenden ist es, die Regelfindung zu begleiten und gegebenenfalls zu korrigieren. Aufgegriffen und systematisch ausgebaut werden Wortbildungsregeln, z.B. zu Nachsilben bei Nomen (Lektion 1), Vorsilben bei nominalisierten Verben (Lektion 2), Nachsilben bei Adjektiven (Lektion 3) oder Partizip 1 als Adjektiv (Lektion 11), das Partizip als Nomen (Lektion 12). Eine Vertrautheit mit der Derivation (= Ableitung) und Komposition (= Zusammensetzung) von neuen Wörtern aus bekannten Teilen trägt entscheidend zum selbstständigen Umgang mit unbekanntem Wortschatz in Texten bei.

c) Aufbau der Lektionsseite
In geringfügiger Variation hat jede Seite folgende Struktur:
- Vorentlastung
- Präsentation des Textes, der Situation oder des Schreibanlasses
- Aufgaben zu Textverstehen, Textproduktion, Wortschatz etc.
- gegebenenfalls Aufgaben zur Grammatik
- Ausblick bzw. Transfer
- Lernziele

Lerntipps

Zur systematischen Verbesserung der Lerntechniken gibt es auf den Kursbuchseiten bei den Fertigkeiten die Rubrik Lerntipps. Sie sind durch ein Symbol gekennzeichnet. Bei den Lesetexten geht es dabei beispielsweise um die adäquate Herangehensweise an verschiedene Textsorten. Dieses Trainingsprogramm zur Organisation des Lernens versetzt die Teilnehmenden in die Lage, sich bestimmte Techniken zur Bearbeitung von Aufgaben bewusst zu machen.

Landeskunde

Landeskundliche Informationen über die deutschsprachigen Länder, also Deutschland, Österreich, Schweiz und Liechtenstein, sind unter *Wussten Sie schon?* eingestreut.

Lernziel

Die Lernziele jeder Seite sind jeweils am Ende als *Ich kann jetzt ...*-Aussage aufgeführt und damit für Kursleitende und Teilnehmende transparent. Durch Ankreuzen können die Lernenden bestimmen, ob sie diese Ziele für sich als erreicht einstufen. Durch diese systematische Reflexion wird Seite für Seite die Lernerautonomie gefördert.

d) Anhang

Im Vollband finden Sie am Ende des Kursbuches eine Zusammenstellung aller in den Lektionen gelernter Redemittel.

3.2 Arbeitsbuch

Das Arbeitsbuch *Sicher! B2* enthält zu jeder der Lektionen des Kursbuchs circa 24 Übungen, die im Unterricht oder als Selbstlernmaterial im Anschluss an den Unterricht zu bearbeiten sind. Bis auf wenige Ausnahmen lassen sich die Übungen ohne Moderation durch die Kursleitung lösen. Die Lektionen haben jeweils denselben thematischen Rahmen wie das Kursbuch, greifen bestimmte landeskundliche Aspekte auf und vertiefen sie. Als Erweiterung des Kursbuchangebotes enthält das Arbeitsbuch pro Lektion ein Set von Ausspracheübungen.

a) Aufbau der Arbeitsbuchlektionen

Die Übungen im Arbeitsbuch spiegeln weitgehend den Aufbau der Kursbuchlektion. Eine Wortschatz-Wiederholungsübung eröffnet die Lektion, eine Lernwortschatzseite und ein Lektionstest beschließen sie.
Im Haupt- bzw. Mittelteil der Arbeitsbuchlektionen bereiten die Übungen den Stoff des Kursbuches nach, festigen und vertiefen ihn.

b) Bausteine

Jede Lektion setzt sich aus den folgenden Bausteinen zusammen: Wiederholung Wortschatz, Lesen, Hören, Schreiben, Wortschatz, Kommunikation (Redemittel), Wiederholung Grammatik (wo möglich), Grammatik entdecken, Grammatik, Landeskunde, Spiel, Filmtipp, Mein Dossier, Aussprachetraining, Lernwortschatz, Lektionstest. Manche Bausteine kommen auch kombiniert vor, z.B. Filmtipp/Lesen.

Die rechtsgestellten Angaben neben den Aufgabentiteln (Grammatik, Wortschatz, Lesen etc.) erläutern das Lernziel der Aufgabe und erleichtern die Auswahl. Zur effizienten Navigation sind alle Übungen im Arbeitsbuch außerdem mit einem farbigen Verweis versehen, zu welcher Stelle im Kursbuch sie passen: z.B. zu Wortschatz S. 20, Ü2. Im Kursbuch findet sich ein entsprechender Hinweis, dass es im Arbeitsbuch eine Übung dazu gibt: AB 17–18/Ü16–17.

Seiten zu den Fertigkeiten, Landeskunde

Aufgaben zu den Lesestrategien, zu Transkriptauszügen der Hörtexte, zusätzliche Hörtexte zum Lektionsthema, Aufgaben zu den Redemitteln (gekennzeichnet durch „Kommunikation") und zum

Ausbau der Schreibfertigkeit bilden die Basis für das Fertigkeitentraining. Zusätzliche Lese- und Hörtexte erweitern das Angebot an aktueller Landeskunde. Auf der eingelegten Arbeitsbuch-CD finden sich die zusätzlichen Hörtexte. Im Buch sind sie jeweils mit einem CD-Symbol gekennzeichnet.

Grammatik, Wortschatz

Das Grammatiktraining im Arbeitsbuch lässt sich zur Vertiefung und Erweiterung einzelner Aspekte einsetzen. Grammatikthemen, die im Kursbuch präsentiert wurden, werden hier kleinschrittig geübt. Die Bausteine *Wiederholung Grammatik* und *Grammatik entdecken* strukturieren dabei den Lernprozess. Das eingebaute Wiederholungsprogramm greift schon Bekanntes aus der B1-Stufe auf und baut den neuen Stoff der Stufe B2 darauf auf. Besonders in heterogen zusammengesetzten Klassen ermöglicht das didaktische Element einer Wiederholung, Teilnehmende dort „abzuholen", wo sie stehen. Der Übungstyp Grammatik entdecken aktiviert das selbstentdeckende Lernen bei den Teilnehmenden.

Das Wiederholungsprinzip, Neues in Bekanntes einzubauen, gilt auch für die Wortschatzübungen und Wiederholungen. Authentische bzw. semi-authentische Texte dienen als Basis für Lückentexte und Zuordnungsübungen.

Interaktive Übungen zum Arbeitsbuch im Internet

Fester Bestandteil des Arbeitsbuchs sind die Verweise auf zusätzliche Übungen, die Teilnehmende online im Internet machen können. Dort finden sich unter www.hueber.de/sicher/lernen zahlreiche interaktive Übungen, in denen der neu gelernte Wortschatz oder die Grammatik geübt und eingeschliffen werden. Lernende bekommen bei diesen Übungen automatisch Rückmeldung, ob sie die Aufgabe richtig gelöst haben. Den Zugangscode zu den Übungen finden Sie auf der Impressum-Seite des Arbeitsbuchs.

Filmtipp, Spiele

Da an zahlreichen Kursorten die Möglichkeit besteht, Filme in einer Mediothek auszuleihen oder im Rahmenprogramm des Kurses zu zeigen, weist das Arbeitsbuch in separaten Filmtipps auf zum Lektionsthema passende deutschsprachige Spielfilme hin. Diese Filmtipps sind als Leseverstehensaufgaben aufbereitet.

Mein Dossier

Diese Arbeitsbuchaufgabe geht vom Konzept eines Dossiers im Sprachenportfolio aus. Hier haben Teilnehmende einen Ort für kreative Aufgaben, die eine lernerbezogene Textproduktion anregen. Stellenweise werden eigene Fotos oder Texte in die Aufgabe integriert, sodass die Lebens- und Erfahrungswelt der Teilnehmenden berücksichtigt wird.

Aussprachetraining

Am Ende jeder Arbeitsbuchlektion finden sich Übungen zur Verbesserung der Aussprache. Dabei geht es schwerpunktmäßig um die Bereiche der Aussprache und Intonation, die für Lernende aus allen Ausgangssprachen schwierig sind.

Lernwortschatz der Lektion

Eine Seite mit Lernwortschatz rundet jede Lektion ab. Darauf findet sich eine Auswahl derjenigen Wörter aus der Lektion, die für die Spracherwerbsstufe B2 relevant sind und die die Teilnehmenden in jedem Falle passiv, möglichst sogar aktiv beherrschen sollten. Diese Vorgabe des relevanten Wortschatzes jeder Lektion macht das Lernpensum transparent. Die Entscheidung, welche Wörter zu diesem Niveau gehören, wurde auf der Basis des Wortschatzes der Stufe B2 aus Profile Deutsch getroffen. Bei der Auswahl wurde darauf geachtet, dass die Anzahl der Einträge im Bereich des Lern- bzw. Behaltbaren bleibt. Die Wörter sind den Seiten im Kursbuch zugeordnet. Der hier aufgeführte Wortschatz ist Grundlage für die Wortschatz- und Grammatikübungen im Arbeitsbuch. Auf der eingelegten Arbeitsbuch-CD finden die Teilnehmenden die Wortschatzlisten wieder. Sie können sie dort beliebig bearbeiten und ergänzen. So haben die Teilnehmenden die Möglichkeit, sich ihren individuellen Lernwortschatz, z. B. auch mit Beispieleinträgen aus dem Kursbuch, zusammenzustellen.

Lektionstest
Auf der letzten Arbeitsbuchseite in den Lektionen gibt es einen Lektionstest. Er bietet den Lernenden die Möglichkeit, den eigenen Lernprozess und individuellen Lernfortschritt einzuschätzen und zu überprüfen, ob sie das Pensum der Lektion bewältigt haben. Die Kategorien Wortschatz, Grammatik und Kommunikation (Redemittel) helfen, über die Lektionen hinweg die einzelnen Bereiche sprachlichen Könnens und Wissens zu beobachten. Die Aufgaben haben immer eine eindeutige Lösung und unterstreichen mit der Möglichkeit der eigenen Auswertung (Lösungen im Anhang) die Autonomie der Lernenden.

c) Anhang
Im Anhang finden die Lernenden eine Zusammenstellung aller in den Lektionen gelernten Redemittel. Wie die Grammatikübersicht am Ende jeder Kursbuchlektion und die Lernwortschatzseite im Arbeitsbuch hilft die Liste der Redemittel, die Übersicht über das Gelernte zu behalten. Danach folgen die Lösungen zu den Lektionstests. Die Lösungen zu den Arbeitsbuchlektionen können unter www.hueber.de/sicher/lernen abgerufen werden.

3.3 Weitere Unterrichtsmaterialien zu *Sicher! B2*
Zur Unterstützung Ihres Unterrichts, für medienaffine Lehrende und Lernende sowie für das selbstständige Weiterlernen der Lernenden gibt es ein breites, fakultatives Zusatzangebot zu *Sicher! B2*:

Das Interaktive Kursbuch
Auf einer CD-ROM finden Sie das komplett digitalisierte Kursbuch, das Sie über ein Whiteboard oder einen Beamer zur Präsentation von Inhalten nutzen können. Audiodateien sind dort direkt abrufbar. Einzelne Übungen wurden digitalisiert.

Das Digitale Unterrichtspaket
Diese Anwendung bietet Ihnen Materialien zur Unterrichtsvorbereitung und enthält das komplett digitalisierte Kursbuch zur Nutzung am interaktiven Whiteboard. Eine umfangreiche Medienbibliothek mit den Bildern, Audios, Videos und Kopiervorlagen zum Lehrwerk ist enthalten.

Der Lehrwerkservice im Internet
Der Lehrwerkservice im Internet ist größtenteils kostenfrei. Die Seiten dort sind gegliedert in solche für Lehrende und für Lernende.
Unter www.hueber.de/sicher/lehren erhalten Sie
- die Unterrichtspläne,
- die Transkriptionen aller Hörtexte aus Kurs- und Arbeitsbuch sowie den DVDs,
- die Audio-Dateien zum Kursbuch als mp3-Daten,
- die Lösungen zu den Übungen im Arbeitsbuch,
- didaktisierte und immer aktuelle Lesetexte (Sicher! – Ihr @ktueller Unterrichtsservice),
- Internetrecherchen.

Gegen eine geringe Schutzgebühr können sich Lehrende Kopiervorlagen zu berufsbezogenen Themen herunterladen (Sicher! im Beruf),
Unter www.hueber.de/sicher/lernen erhalten Lernende
- die Lösungen zu den Übungen im Arbeitsbuch,
- die Transkriptionen aller Hörtexte aus Kurs- und Arbeitsbuch sowie den DVDs,
- zusätzlich vertiefende interaktive Übungen zum Arbeitsbuch, die sie mithilfe des Zugangscodes auf der Impressumseite des Arbeitsbuchs aktivieren können.

Der Moodle-Kursraum

Zu *Sicher! B2* gibt es einen Moodle-Kursraum, den Sie unter www.hueber.de/moodle kostenfrei herunterladen können. Moodle ist eine weltweit verfügbare kostenlose Lernplattform, auf der Kursmaterialien und Lernaktivitäten für Lernende zur Verfügung gestellt werden können.

Der Moodle-Kursraum zu *Sicher! B2* bietet lehrwerkbegleitendes Material, passgenau zu *Sicher! B2*. Das Material ist ergänzend zu Kurs- und Arbeitsbuch einsetzbar. Durch die Flexibilität von Moodle kann die Kursleitung die Inhalte leicht an die Erfordernisse des Kurses anpassen. Die Lernmaterialien sind mediendidaktisch sinnvoll aufbereitet und eignen sich für Online-Lernphasen und zur Vor- und Nachbereitung von Präsenzphasen.

Die Lernmaterialien bieten sowohl kursübergreifende Aktivitäten (z.B. Kursforum, Kurswörterbuch, Sprechstunde im Chat) als auch lektionsbezogene Aktivitäten. Letztere sind größtenteils kooperative Arbeitsformen für den Kurs, z.B. über Foren, Chats, Einsendeaufgaben, Glossare und Wikis. Es gibt aber auch Impulse zum eigenständigen Lernen, z.B. Videos, Lesetexte, Einsendeaufgaben.

Der Kursleitende ist bei der Nutzung des Moodle-Kursraums absolut flexibel. Neben der Auswahlmöglichkeit aus einem breiten Materialangebot können auch eigene Materialien und Aktivitäten ergänzt werden. Für die Nutzung ist ein Zugang zu einer Moodle-Lernplattform (ab Version 2.0) notwendig. Unter www.hueber.de/moodle können die Inhalte des *Sicher!*-Kursraums bequem per zip-Datei in den eigenen Moodle-Kursraum importiert werden. Sie sind sofort benutzbar.

EINSTIEG

Vor dem Öffnen des Buches – wenn es sich um eine neue Gruppe handelt

SOZIALFORM	ABLAUF	MATERIAL	ZEIT
Plenum	Wenn sich die TN eines Kurses noch nicht kennen, bietet es sich an, mit einem Kennenlernspiel zu beginnen. **AKTIVIERUNG:** Links-Rechts-Schnips (Glossar → S. 135). Die TN stehen auf (in U-Form oder im Kreis) und sagen der Reihe nach ihren Namen. Beginnen Sie nach der kurzen Vorstellungsrunde mit der rechten Hand zu schnipsen und sagen Sie dabei Ihren Namen. Schnipsen Sie dann mit der linken Hand und sagen Sie den Namen der Person, die im Uhrzeigersinn links von Ihnen steht. Diese wiederholt den Vorgang, bis die Runde einmal komplett ist. Die nächste Runde wird nicht der Reihe nach, sondern kreuz und quer durchgeführt, indem man beim Schnipsen mit der linken Hand den Namen eines anderen TN außer der Reihe nennen kann. Dieser TN schnipst dann wieder zuerst mit der rechten Hand, nennt seinen Namen, und nennt beim Schnipsen mit der linken Hand wieder einen anderen TN etc.		

1 Bilderrätsel

SOZIALFORM	ABLAUF	MATERIAL	ZEIT
Plenum Einzelarbeit	a) Nachdem Sie mit den TN gemeinsam die Aufgabenstellung gelesen haben, teilen Sie DIN-A4-Papier aus. Die TN erstellen darauf ihre Bilderrätsel. Gestalten Sie von sich selbst auch eins, damit die TN Sie besser kennenlernen können. **TIPP:** Sie können auch alte Zeitschriften mitbringen, damit die TN ihre Bilderrätsel vielfältig gestalten können. Stellen Sie die Zeitschriften zum Ausschneiden und Aufkleben zur Verfügung.	DIN-A4-Papier, alte Zeitschriften, Schere, Klebstift	
Plenum	b) Fügen Sie Ihr eigenes Bilderrätsel beim Mischen mit dazu. Jede/r TN zieht ein Blatt und bekommt 10 Minuten Zeit, um sich die darauf abgebildeten Symbole anzusehen und, wenn nötig, Stichpunkte dazu aufzuschreiben.		

2 Ein-Minuten-Statement

SOZIALFORM	ABLAUF	MATERIAL	ZEIT
Plenum	Jede/r TN stellt jeweils die Person auf der Karte vor, die angesprochene Person kommentiert nach der Vorstellung. Weisen Sie die TN auch auf die Redemittel im Anhang hin. **TIPP:** Um die Zeit im Blick zu behalten, können Sie eine Sanduhr mitbringen und jeweils eine/n TN auffordern, nach einer Minute das Signal zu geben, dass die Zeit abgelaufen ist.	Sanduhr	
Einzelarbeit	**AB 9/Ü1** Wortschatzwiederholung zum Thema „Freunde" und „Freundschaft"; auch als Einführung in das Thema oder als Hausaufgabe geeignet.		
Einzelarbeit	**AB 9/Ü2** Wortschatzübung zur Einstiegsseite; auch als Hausaufgabe geeignet.		

SPRECHEN 1

Vor dem Öffnen des Buches

SOZIALFORM	ABLAUF	MATERIAL	ZEIT
Plenum	Bereiten Sie an der Tafel oder auf einem Plakat eine Mindmap mit dem zentralen Begriff „Kommunikation" vor. Fragen Sie Ihre TN, welche Kommunikationsmittel sie im Kontakt mit anderen Menschen kennen, und schreiben Sie die Antworten in die Mindmap. Ergänzen Sie gegebenenfalls den Begriff „soziale Netzwerke" und klären Sie gemeinsam die Bedeutung.	Plakat oder Tafel	

1 Machen Sie eine Blitz-Umfrage im Kurs.

SOZIALFORM	ABLAUF	MATERIAL	ZEIT
Plenum Partnerarbeit	Lesen Sie mit den TN gemeinsam die Fragen aus dem Kursbuch. Um die TN in das Thema einzustimmen und sie für die folgende Unterrichtssequenz zu aktivieren, bitten Sie sie, sich gegenseitig zu den drei Fragen im Kursbuch zu befragen. Die TN laufen durch den Raum und notieren stichpunktartig, mit wem sie gesprochen und welche Antworten sie erhalten haben. Achten Sie darauf, dass die Gespräche nicht zu lange dauern. Am Ende befragen Sie einzelne TN nach den Ergebnissen ihrer Umfrage. Alternativ können Sie auch die **Vier Ecken-Methode** (Glossar → S. 137): anwenden: Bereiten Sie Zettel vor und hängen Sie sie in den Ecken des Raumes auf: Ecke 1: 1 3 Freunde / oft per E-Mail / unter 10 Freunde Ecke 2: 3–5 Freunde / oft per Handy / 10–50 Freunde Ecke 3: mehr als 5 Freunde / oft per Internet / über 50 Freunde Ecke 4: selten Kontakt zu den Freunden / in der Nachbarschaft, in der Schule etc. / keine sozialen Netzwerkkontakte Lesen Sie die erste Frage aus dem Kursbuch vor und fordern Sie die TN auf, in die für sie passende Ecke zu gehen. Die TN schauen dabei auf die erste Angabe des Zettels. Zählen Sie die TN, die in den jeweiligen Ecken stehen, und schreiben Sie die Ergebnisse an die Tafel. Fordern Sie die TN auf, sich noch einmal gegenseitig die erste Frage zu stellen und darüber zu sprechen. Dann stellen Sie die zweite Frage vor und die TN gruppieren sich neu.	Papier Zettel	
Plenum	Die TN lesen im Plenum die Rubrik *Wussten Sie schon?* und beantworten die folgenden Fragen: *Können Sie sich vorstellen, welchen Unterschied man im Deutschen zwischen „Freunden" und „Bekannten" macht?* Sammeln Sie die Vorschläge der TN an der Tafel und weisen Sie darauf hin, dass das Thema im Folgenden noch vertieft behandelt wird. **TIPP:** Immer wenn Sie die Rubrik *Wussten Sie schon?* finden, kopieren Sie sie doch (vergrößert) und sammeln Sie sie nach und nach auf einem Plakat, sodass eine Wandzeitung entsteht.	Plakat	
Einzelarbeit Gruppenarbeit	**AB 10/Ü3** Arbeit mit einem Gedicht, angelehnt an *Wussten Sie schon?* im Kursbuch; auch als Hausaufgabe geeignet. **VERTIEFUNG:** Fordern Sie die TN auf, das Gedicht „moderner" zu schreiben, indem sie aktuelles Vokabular benutzen.		

2 Freunde und Bekannte

SOZIALFORM	ABLAUF	MATERIAL	ZEIT
Einzelarbeit Plenum	Die TN lesen die Aussagen und ergänzen die passenden Bezeichnungen. Kontrolle im Plenum. *Lösung: 1 Nachbarin, 2 Urlaubsbekanntschaft, 3 Schulfreund, 4 Jugendfreund* **VERTIEFUNG: Fehlerteufel** (Glossar → S. 133): Lassen Sie vier TN von jeweils einem Text erzählen und schreiben Sie dabei eventuelle Grammatik- oder Aussprachefehler mit. Schreiben Sie die Äußerungen anschließend wortwörtlich an die Tafel und markieren Sie die fehlerhaften Stellen oder gehen Sie zu einem späteren Zeitpunkt individuell auf diese ein. Diese Methode können Sie immer bei mündlichen Äußerungen Ihrer TN anwenden. Das macht den TN unbewusste Fehler bewusst, sodass sie sie beim nächsten Mal vielleicht vermeiden können.		
Einzelarbeit	**AB 10/Ü4** Radiointerviews zum Thema „Freundschaft"; auch als Hausaufgabe geeignet.	AB-CD/02	

3 Zweiteilige Konnektoren

SOZIALFORM	ABLAUF	MATERIAL	ZEIT
Einzelarbeit	Vor dem Öffnen des Buches: Schreiben Sie die Konnektoren an die Tafel: 1 sowohl … als auch 2 weder … noch 3 entweder … oder 4 zwar … aber 5 einerseits … andererseits Gehen Sie mit den TN die Konnektoren durch. Bilden Sie einen Beispielsatz wie zum Beispiel *Ich habe sowohl eine tolle Familie als auch gute Freunde. Ich bin wirklich glücklich.* Fragen Sie die TN, wann man ihrer Meinung nach diese Konnektoren verwendet (Antwort: bei einer Aufzählung). Fahren Sie mit einem Beispielsatz zu 2 fort: *Ich habe weder eine tolle Familie noch gute Freunde. Ich bin sehr unglücklich.* Lassen Sie die TN erkennen, dass es sich hierbei auch um eine Aufzählung handelt, die aber im Unterschied zu 1 (eine tolle Familie **und** gute Freunde) ein „negatives" Ergebnis bringt (**keine** tolle Familie **und** auch **keine** guten Freunde). Fahren Sie mit den anderen Konnektoren im selben Stil fort. Lassen Sie, wenn möglich, die TN selber Beispielsätze finden, oder geben Sie welche vor, zum Beispiel zu 3: *Entweder gehen wir ins Kino oder wir gehen ins Konzert.* (Alternative); zu 4: *Wir wollen zwar das Feuerwerk um 23 Uhr gern sehen, sind aber zu müde.* (Einschränkung); zu 5: *Einerseits trinke ich total viel Kaffee, andererseits weiß ich, dass das nicht gesund ist (und ich nicht so viel trinken sollte).* (Gegensatz) Weisen Sie auch auf die Grammatikübersicht im Kursbuch (→ S. 24/1) hin. *Lösung: 3 Entweder gehen wir … oder … (Alternative); 1 Es macht weder ihm noch mir … (negative Aufzählung); 2 Wir haben sowohl … als auch … (positive Aufzählung); 2 Einige Monate haben wir uns nicht nur …, sondern auch … (positive Aufzählung); 4 Einerseits …, andererseits … (Gegensatz)*		

| Einzelarbeit | **AB 11/Ü5** Grammatikwiederholung zu den zweiteiligen Hauptsatz-konnektoren; auch als Hausaufgabe geeignet. | | |
| Einzelarbeit | **AB 12/Ü6** Grammatik entdecken: Verwendung und Funktion der zweiteiligen Konnektoren. | | |

4 Freundschaften beschreiben

SOZIALFORM	ABLAUF	MATERIAL	ZEIT
Partnerarbeit	Die TN bilden Sätze mithilfe der zweiteiligen Konnektoren. *Lösung: 2 Zwar wohnt Matthias weit weg, aber (trotzdem) haben wir den Kontakt nicht verloren. 3 Peter hat weder die gleichen Hobbys noch die gleichen Interessen (wie ich). 4 Hanna ist sowohl meine Nachbarin als auch meine beste Freundin. 5 Einerseits meldet sich Sophie selten, andererseits kann ich mich immer auf sie verlassen. / Sophie meldet sich zwar selten, aber ich kann mich immer auf sie verlassen.*		
Einzelarbeit	**AB 12–13/Ü7–8** Grammatikübungen zu zweiteiligen Konnektoren; auch als Hausaufgabe geeignet.		

5 Was ist für Sie persönlich ein Freund oder ein Bekannter?

SOZIALFORM	ABLAUF	MATERIAL	ZEIT
Plenum Gruppenarbeit	Besprechen Sie zunächst die angeführten Redemittel im Plenum. Weisen Sie die TN auch auf weitere Redemittel im Anhang hin. Anschließend tauschen sich die TN in Kleingruppen aus.		
Einzelarbeit	**AB 13/Ü9** Wortschatzübung zu den Redemitteln; auch als Hausaufgabe geeignet. **VERTIEFUNG:** Die TN schreiben die Mail von Felix, auf die Nico Bezug nimmt. Sie erzählen, welche Missverständnisse ihnen mit dem Wort „Freund/in" in DACH passiert sind. Sie erzählen, wie der Begriff in ihrer Heimat benutzt wird, und fragen Nico, was für eine Bedeutung er hat.		

Ich kann jetzt …

SOZIALFORM	ABLAUF	MATERIAL	ZEIT
Einzelarbeit	Die TN markieren, was auf sie zutrifft.		
Gruppenarbeit Plenum	**VERTIEFUNG:** Die TN bilden vier Gruppen und arbeiten an vier Stationen. An jeder Station liegt ein Flipchartbogen zu zweiteiligen Konnektoren aus, also zu negativen Aufzählungen, positiven Aufzählungen, Alternativen, Einschränkungen und Gegensätzen. Die Gruppen schreiben nun so viele Sätze wie möglich mit den jeweiligen Konnektoren zum Thema „Freundschaft" auf. Nach zwei Minuten wird gewechselt, bis alle Gruppen auf allen Flipchartbögen etwas geschrieben haben. Kontrolle im Plenum. Hängen Sie die Plakate dann gemeinsam im Kursraum auf.	vier Plakate	

LESEN

1 Was meinen Sie: Was bedeuten diese Sätze?

SOZIALFORM	ABLAUF	MATERIAL	ZEIT
Plenum	Klären Sie erst die Bedeutung von „jemanden über sechs Ecken kennen", indem Sie auf die Zeichnung zu Aufgabe 2 im Kursbuch verweisen. Geben Sie den sechs Figuren einen Namen (zum Beispiel Ihren eigenen für die erste Figur) und erfinden Sie eine Geschichte, über welchen Umweg Sie die letzte Person in der Kette kennengelernt haben könnten. Sie können auch eine/n TN bitten, an der Tafel eine Zeichnung zu der Redewendung zu erstellen.		

2 Lesen Sie nun den Text. Ergänzen Sie die Informationen zu den Zahlen.

SOZIALFORM	ABLAUF	MATERIAL	ZEIT
Plenum	Bevor Sie mit dem Text beginnen, weisen Sie die TN auf den Lerntipp „Informationen notieren" zu Aufgabe 2 hin. Am besten lassen Sie ihn von jemandem im Kurs vorlesen und noch einmal wiederholen, was damit gemeint ist. Fordern Sie die TN auf, die Überschrift zu lesen und zu überlegen, wofür die Zahlen stehen könnten.		
Partnerarbeit	Danach lesen die TN den Text und ergänzen zu zweit die Informationen zu den Zahlen. *Lösung: 1967 Experiment zum Verschicken eines Pakets, 60 Freiwillige durften nicht direkt an Zielperson schicken, nach 5,5 Stationen erreichten die Pakete ihr Ziel, Daten von 721 Millionen Nutzern ausgewertet, 4,74 Online-Kontakte von einem beliebigen anderen Nutzer entfernt, innerhalb eines Landes nur 3 Nutzer entfernt*		
Einzelarbeit	**AB 14/Ü10** Wortschatzübung zu häufigen Wortverbindungen rund um das Thema Internet; auch als Hausaufgabe geeignet. **VERTIEFUNG:** Die TN schreiben mithilfe der Wörter einen Fantasietext: Sie erklären beispielsweise ihren Großeltern die Freundschaften in der digitalen Welt.		

3 Zusammenfassung

SOZIALFORM	ABLAUF	MATERIAL	ZEIT
Einzelarbeit	a)+b) Die TN ergänzen die Zusammenfassung. *Lösung: 2 Ergebnisse, 3 Verbindung, 4 Kontakte, 5 Beziehungskette, 6 soziale Netzwerke, 7 Freunde* **VERTIEFUNG:** Stärkere TN können die Zusammenfassung auch ohne die Textvorlage, nur mithilfe der Zahlen aus Übung 2 schreiben. Sie tragen ihre Zusammenfassung anschließend noch einmal		
Partnerarbeit	frei ihrer Lernpartnerin / ihrem Lernpartner vor.		

4 Mittelfeld im Hauptsatz

SOZIALFORM	ABLAUF	MATERIAL	ZEIT
Einzelarbeit	a) Die TN ergänzen die Tabelle. Weisen Sie die TN auf die Grammatikübersicht im Kursbuch (→ S. 24/2) hin. *Lösung: … heutzutage wegen der sozialen Netzwerke wirklich weltweit ….*		
Einzelarbeit	b) Die TN ordnen die Sätze den Regeln zu. *Lösung: 2 E, 3 B, 4 D, 5 A*		
Einzelarbeit	**AB 14/Ü11** Grammatikwiederholung zur Wortstellung in Sätzen mit Dativ- und Akkusativergänzungen; auch als Hausaufgabe geeignet.		
Einzelarbeit Plenum	**AB 14/Ü12** Grammatik entdecken: Zuordnung der Angaben und Ergänzungen im Mittelfeld. Kopieren Sie für die Besprechung der Übung im Plenum die Übung auf eine Folie und zeigen Sie sie mithilfe eines Projektors oder lassen Sie die TN die Angaben markieren. **VERTIEFUNG: Grammatik im Kurs (Glossar → S. 134):** Schreiben Sie einen Satz mit mehreren Ergänzungen, zum Beispiel aus dem Arbeitsbuch, auf farbige Kärtchen. Benutzen Sie Gelb für eine temporale, Blau für eine modale, Grün für eine lokale und Rot für eine kausale Ergänzung. Subjekt, Prädikat und gegebenenfalls Objekt(e) stehen auf weißen Kärtchen. Verteilen Sie die Kärtchen im Kurs. Die TN mit Kärtchen haben nun die Aufgabe, sich so aufzustellen, dass die Wortreihenfolge des Satzes stimmt. Die anderen TN kontrollieren. Sie können diese Übung mit ein bis zwei weiteren Sätzen wiederholen. Alternativ können Sie auch zwei TN-Gruppen parallel jeweils einen Satz bilden lassen: Die Gruppe, die zuerst in der richtigen Reihenfolge steht, hat gewonnen.	Übung 12 auf Folie, Folienstifte in gelb, rot, blau, grün verschiedenfarbige Kärtchen	
Einzelarbeit	**AB 15/Ü13** Grammatik: Wortstellung bei mehreren Angaben im Mittelfeld; auch als Hausaufgabe geeignet.		
Partnerarbeit Plenum	**VERTIEFUNG:** Die TN gehen zu zweit zusammen. Kopieren Sie die Kopiervorlage Lektion 1 (S. 112) je ein Mal pro Gruppe. Ziel des Spiels ist es, mit den auf den Karten stehenden unterschiedlichen Satzteilen vollständige und sinnvolle Sätze zu bilden. Die Lösungen sind individuell, müssen aber immer aus 6 unterschiedlichen Satzgliedern bestehen. Die Karten werden gemischt und verdeckt zwischen beide TN gelegt. Die TN ziehen die ersten sechs Karten und versuchen, daraus einen Satz zu legen. Sollte das nicht gelingen, dann legen sie eine der alten Karten zurück unter den Stapel und ziehen so lange neue Karten, bis sie daraus einen „guten" Satz bilden können. Dabei müssen sie immer wieder eine alte Karte unter den Stapel legen, sodass sie immer genau sechs Karten „offen" auf dem Tisch liegen haben. Sie notieren den Satz und ziehen die nächsten sechs Karten. Welche Gruppe zuerst fünf korrekte Sätze gebildet hat, ruft laut „Stopp". Zur Kontrolle können Sie alle Sätze an die Tafel schreiben lassen. *Lösungsvorschlag: Teenager sind heutzutage ständig auf sozialen Netzwerken miteinander verbunden. / Meine Freundin Angie ist bereits 2009 aus Liebe nach Italien gezogen. / Extrovertierte Menschen schließen normalerweise im Urlaub schnell Freundschaften. / Die Hörer tauschen sich täglich zwischen 18 und 20 Uhr mit dem Experten im Studio aus. / Darüber hinaus spreche ich heute in meiner Präsentation über virtuelle Welten.*	Kopiervorlage Lektion 1	

5 Ihre Erfahrung

SOZIALFORM	ABLAUF	MATERIAL	ZEIT
Gruppenarbeit	a)+b) Die TN ergänzen die Tabelle und markieren die Endungen. Die TN sprechen über ihre Erfahrungen in sozialen Netzwerken.		

Ich kann jetzt …

SOZIALFORM	ABLAUF	MATERIAL	ZEIT
Einzelarbeit	Die TN markieren, was auf sie zutrifft.		
	VERTIEFUNG: Machen Sie regelmäßige „Nachrichtensendungen" im Kurs. Jeweils ein/e TN bereitet sich zur nächsten Stunde so vor, dass sie/er der Gruppe eine Zusammenfassung der wichtigsten Nachrichten des Vortages aus Fernsehen, Zeitung oder Radio geben kann.		

HÖREN

1 Interaktives Radio

SOZIALFORM	ABLAUF	MATERIAL	ZEIT
Plenum	a) Lassen Sie die TN zunächst Vermutungen äußern, wer auf dem Foto zu sehen ist und wo es gemacht wurde. Dann überlegen die TN, um was für eine Art von Sendung es sich handelt. *Lösung: eine Ratgebersendung* VERTIEFUNG: Fragen Sie die TN, ob sie schon einmal in einer Radiosendung angerufen haben, wenn ja, wann und warum und was das für ein Gefühl war, sich dann selbst zu hören.		
Plenum	b) Sammeln Sie Vermutungen im Plenum.		

2 Anrufer fragen, Experten antworten

SOZIALFORM	ABLAUF	MATERIAL	ZEIT
Plenum Einzelarbeit Plenum Plenum	a) Die TN hören die Sendung in Abschnitten. Kontrolle im Plenum. <u>Abschnitt 1</u>: Lassen Sie die TN zunächst die beiden Fragen lesen. *Lösung: 2 Experte Jürgen Schüller aus Hamburg* <u>Abschnitt 2</u>: Die TN lesen wieder zuerst die Aussagen, hören dann den Abschnitt und markieren in Aufgabe 1 die richtigen Antworten. Kontrolle im Plenum. Danach erklärt ein TN die „Verwirrung" des Wortes „Freund" und den Wert der Freundschaft heutzutage aus der Sicht des Experten. Spielen Sie anschließend für die Beantwortung der dritten Frage ein weiteres Mal Abschnitt 2 vor. *Lösung: 1 Worüber er mit seinen Freunden spricht. / Wie wichtig Freundschaft in sozialen Netzwerken ist. 2 Freundschaft ist seit den 80er-Jahren wichtiger geworden. 3 Es handelt sich um eine begriffliche Verwirrung: In den USA ist „friend" eine Bezeichnung für ziemlich jeden, den man kennt. Das hat aber nichts mit dem Begriff „Freund" zu tun, wie wir ihn verwenden.* <u>Abschnitt 3–5</u>: Die TN markieren die Antworten. Kontrolle im Plenum. *Lösung: <u>Abschnitt 3</u>: 1 Männer ab 30 Jahren haben weniger Freunde. 2 Man hat weniger Zeit für Freundschaften. <u>Abschnitt 4</u>: 1 ist aktiv und unkonventionell; 2 … herausbekommen, worüber andere eigentlich reden wollen. <u>Abschnitt 5</u>: 1 Der Kontakt zu ihrer Freundin ist abgebrochen. 2 … den Kontakt zu Freunden pflegen.*	CD 1/02 CD 1/03 CD 1/04–06	

Gruppenarbeit Plenum	b) Die TN tauschen sich in Kleingruppen aus. Jede Gruppe einigt sich dann auf einen der Hörerbeiträge und überlegt sich einen lustigen oder originellen Rat für die Anruferin / den Anrufer. Im Plenum werden anschließend die Ratschläge präsentiert und der lustigste bzw. originellste Rat gewählt.		

3 Freundschaften pflegen

SOZIALFORM	ABLAUF	MATERIAL	ZEIT
Partnerarbeit Plenum	Die Paare überlegen sich Fragen zum Thema „Freundschaft", die sie den anderen stellen wollen, zum Beispiel *Was geschieht, wenn Freunde in eine andere Stadt ziehen, ob sich etwas ändert, wenn die/ der beste Freund/in eine Familie gegründet hat* etc. Fordern Sie die TN auf, die angegebenen Redemittel zu verwenden. Dabei können Sie die Methode **Kugellager (Glossar → S. 135)** anwenden: Die TN stehen sich in einem Außen- und einem Innenkreis gegenüber. Der Außenkreis stellt Fragen, der Innenkreis gibt die passenden Antworten. Nach jeder gelösten Aufgabe oder wenn Sie ein Signal geben (zum Beispiel nach 30 Sekunden), bewegt sich nur der Innenkreis im Uhrzeigersinn eine Person weiter und steht somit wieder vor einer neuen Lernpartnerin / einem neuen Lernpartner. Diese/Dieser stellt wieder dieselbe oder eine neue Frage etc. Wiederholen Sie dieses Vorgehen drei- bis viermal. Die TN benutzen dabei die angegebenen Redemittel zum Fragenstellen und berichten über eigene Erlebnisse und Erfahrungen. Weisen Sie die TN auch auf die Redemittel im Anhang hin.		
Einzelarbeit	**AB 15/Ü14** Leseübung zum Filmtipp „Friendship"; auch als Hausaufgabe geeignet.		
Einzelarbeit	**AB 15/Ü15** Schreibübung: einen Leserbrief zum Thema „Bedeutung von Freundschaft" beantworten.		

Ich kann jetzt …

SOZIALFORM	ABLAUF	MATERIAL	ZEIT
Einzelarbeit	Die TN markieren, was auf sie zutrifft.		

WORTSCHATZ

1 Lebensalter, Lebensabschnitte

SOZIALFORM	ABLAUF	MATERIAL	ZEIT
Einzelarbeit	Die TN ordnen die Wörter den Fotos zu. *Lösung: 1 die Kindergartenzeit, die Kindheit, das Kind; 2 die Jugend, die Schulzeit, die/der Jugendliche, der Teenager; 3 die/der Erwachsene, das Erwachsenenalter; 4 der ältere Mensch, die/der Senior/in, die/der Rentner/in, das Alter* **VERTIEFUNG:** Lassen Sie die TN eines der Bilder auswählen und ein kurzes Fantasie-Porträt über die entsprechende Person schreiben: *Wo lebt die Person? Ist sie alleinstehend/verheiratet/geschieden etc.? Was macht sie tagsüber/abends/am Wochenende? Wann und wo trifft sie ihre Freunde?*	Portfoliomappe	

2 Freundschaft, Liebe

SOZIALFORM	ABLAUF	MATERIAL	ZEIT
Einzelarbeit	a) Lassen Sie die TN vor der Bearbeitung der Aufgabe die Bedeutung der Wörter im Schüttelkasten erklären. *Lösung: 2 befreundet, 3 sich … verloben, 4 sich … getrennt, 5 feste Beziehung, 6 zusammenlebte, 7 heiratete, 8 verheiratet, 9 geschieden*		
Gruppenarbeit	b) Fordern Sie die TN auf, Fotos von ihren besten Freunden mitzubringen. Die TN erzählen in Gruppen mithilfe des Wortschatzes aus a) von ihren Freundschaften.	Fotos von Freunden	
Einzelarbeit	**AB 17/Ü16** Wortschatzübung zum Thema „Beziehungen".		
Einzelarbeit	**AB 17–18/Ü17** Leseübung: Interview mit einem Psychotherapeuten über die Wichtigkeit von guten Freunden. **VERTIEFUNG:** Die TN schreiben eine Zusammenfassung des Textes.		

3 Wortbildung: Nachsilben bei Nomen

SOZIALFORM	ABLAUF	MATERIAL	ZEIT
Einzelarbeit Plenum	Die TN ergänzen die Artikel im Buch und lesen die Regeln. Weisen Sie die TN auch auf die Grammatikübersicht im Kursbuch (→ S. 24/3) hin. Kontrolle im Plenum. *Lösung: die Bekanntschaft, die Ehe, die Dankbarkeit, die Emotion, das Bedürfnis, der Realist, die Freundschaft, der Humor, der Komiker* Nachsilbe -er, -ist, -or → *der*; Nachsilbe -nis → *das*; Nachsilbe -e, -keit, -ion, -schaft → *die* **VERTIEFUNG:** Bereiten Sie eine Liste mit weiteren 15–20 Wörtern mit den aufgeführten Endungen vor. Fragen Sie die TN nach den Artikeln der Wörter, zum Beispiel mithilfe der **Artikelgymnastik** (Glossar → S. 133). Teilen Sie den Kurs in drei „Artikel"-Gruppen *der*, *die* und *das* auf. Lesen Sie Nomen aus einem Wortfeld vor und immer, wenn die TN einer Gruppe glauben, dass „ihr" Artikel der richtige ist, stehen sie auf. Statt aufzustehen, können Sie mit den TN auch Armbewegungen ausmachen, zum Beispiel: rechten Arm hoch = *der*, linken Arm hoch = *das*, beide Arme hoch = *die*. Diese Übung eignet sich gut als Wiederholungsübung und als **Energieaufbauübung** (Glossar → S.133) zwischendurch. Eine Energieaufbauübung ist eine Konzentrations- oder Bewegungsübung, die zum Ziel hat, nach mental anstrengenden Phasen wieder körperlich aktiv zu werden und so das Gehirn besser mit Sauerstoff zu versorgen. Führen Sie solche Übungen möglichst regelmäßig in Ihrem Kurs durch.		
Einzelarbeit	**AB 19/Ü18** Wortschatzübung zu Nachsilben bei Nomen; auch als Hausaufgabe geeignet.		

Ich kann jetzt …

SOZIALFORM	ABLAUF	MATERIAL	ZEIT
Einzelarbeit	Die TN markieren, was auf sie zutrifft.		

SPRECHEN 2

1 Ungewöhnliche Freundschaften

SOZIALFORM	ABLAUF	MATERIAL	ZEIT
Partnerarbeit	a)+b) Zu zweit schauen sich die TN das Foto an und überlegen sich einen Titel sowie weitere Beispiele „tierischer" Freundschaften. **VERTIEFUNG:** Es gibt im Internet viele solcher Fotos, von denen Sie einige herunterladen und in den Unterricht mitbringen können. Diese legen Sie dann auf den Tisch, die TN suchen sich ein Bild aus und schreiben dazu zum Beispiel ein **Elfchen (Glossar → S. 133)**. So geht es: 1. Zeile: ein Wort (Gedanke, Gegenstand, Farbe etc.) 2. Zeile: zwei Wörter (Was macht das Wort aus 1?) 3. Zeile: drei Wörter (Wie oder wo ist 1?) 4. Zeile: vier Wörter (Meinung) 5. Zeile: ein Wort (Fazit)	Fotos aus dem Internet	
Plenum	c) Suchen Sie gemeinsam im Kurs weitere berühmte ungewöhnliche Freundespaare (weitere Beispiele siehe unter 2a).		

2 Eine Präsentation über ungewöhnliche Freunde

SOZIALFORM	ABLAUF	MATERIAL	ZEIT
Einzelarbeit	Je nach technischen Voraussetzungen können die TN die Präsentation als PowerPoint-Präsentation im Kurs oder zu Hause vorbereiten. Klären Sie, wie die TN hier am liebsten vorgehen wollen oder können. Sollten die technischen Voraussetzungen nicht vorhanden sein, stellen Sie den TN Folien und Folienstifte für den Overheadprojektor zur Verfügung. a) Schritt 1: Die TN wählen ein Freundespaar aus und sammeln entweder zu Hause oder vor Ort im Internet Material. Stellen Sie auch, wenn möglich, zusätzliches Material (Texte, Zitate, Fotos) zu ungewöhnlichen Freundschaften zur Verfügung, zum Beispiel zu Harold & Maude, Dick & Doof, Tim & Struppi, Harry Potter & Hermine, Maria Höfl-Riesch und Lindsey Vonn, Philippe und Driss aus „Ziemlich beste Freunde", Trainer-Ikonen José Mourinho und Sir Alex Ferguson, Politiker Günter Beckstein und Claudia Roth etc. Schritt 2: Zeigen Sie den TN beispielhaft, wie der Aufbau der Präsentation formal und inhaltlich aussehen könnte (Titelfolie, Inhaltsverzeichnis, Abschlussfolie). Die TN ordnen ihre Rechercheergebnisse und überlegen sich eine Reihenfolge ihrer Präsentation. Helfen Sie dabei individuell weiter.	Folien, Folienstifte, Fotos, Texte, Zitate zum Thema	
	Schritt 3: Weisen Sie die TN darauf hin, dass auf einer Folie nur die wichtigsten Stichworte stehen sollten, damit die Folien nicht zu voll werden und man nicht Gefahr läuft, die Präsentation nur abzulesen. Die TN arbeiten dann die Folien aus. Dies kann sowohl im Unterricht erfolgen als auch als Hausaufgabe. Helfen Sie individuell bei der Vorbereitung der Folien, sofern diese nicht zu Hause erarbeitet werden.	eine beispielhafte Titelfolie, ein Inhaltsverzeichnis, eine Abschlussfolie	

Plenum	b) Gehen Sie mit den TN die Redemittel durch und lesen Sie gemeinsam den Lerntipp zum richtigen Präsentieren. Weisen Sie die TN noch einmal darauf hin, dass es sehr hilfreich ist, die Redemittel auswendig zu lernen, um frei sprechen zu können. **VERTIEFUNG: Atomspiel (Glossar → S. 132)** Arbeiten Sie im Kurs mit den aufgeführten Redemitteln. Dazu zieht jede/r TN eines der Redemittel, die Sie zuvor auf Kärtchen geschrieben und ausgelegt haben. Die TN laufen durch den Raum und sagen immer wieder ihren Satz(teil). Sie müssen dabei gleichzeitig den anderen TN zuhören und versuchen, sich in Gruppen entsprechend der zusammengehörenden Redemittel (einleitende, Übergänge formulierende, abschließende, nachfragende) zusammenzufinden. Die TN stellen sich danach in der richtigen Reihenfolge ihrer Redemittel (Einleitung, Übergang, Abschluss, Feedback) auf. Fragen Sie die TN, vor wem sie sich vorstellen können, eine Generalprobe zu machen. Das kann zum Beispiel ein Familienmitglied sein oder eine Lernpartnerin / ein Lernpartner. Wichtig ist, die Präsentation zu üben, auch um ein Gefühl dafür zu bekommen, wie lange man sprechen wird. Die TN halten ihre Präsentation. **TIPP:** Damit nicht zu viele Präsentationen auf einmal stattfinden, ist es sinnvoll, einen Zeitplan zu erstellen, wer wann mit der Präsentation an der Reihe ist. Dann wissen die TN auch, wie viel Zeit sie für die Vorbereitung haben.	Projektor/ Beamer Kärtchen mit Redemitteln	
Einzelarbeit	**AB 19/Ü19** Wortschatzübung zum Thema „Freunde charakterisieren". Diese Übung eignet sich als Vorentlastung der Aufgabe 2 im Kursbuch; auch als Hausaufgabe geeignet.		
Einzelarbeit	**AB 20/Ü20** Hörübung: Richtiges Präsentieren. Auch diese Übung bereitet die Präsentation in Aufgabe 2 vor.	AB-CD/03–05	

Ich kann jetzt ...

SOZIALFORM	ABLAUF	MATERIAL	ZEIT
Einzelarbeit	Die TN markieren, was auf sie zutrifft.		
Gruppenarbeit	**VERTIEFUNG:** Die TN entwerfen einen Beobachtungsbogen mit Fragen für ein Feedback, zum Beispiel als **Kurzreflexion (Glossar →** S. 135). Falls Ihre TN Hilfestellung benötigen, können zum Beispiel folgende Fragen als Anregung dienen: 1. Was war besonders gut? 2. Wurden mit dem Vortrag Aufmerksamkeit und Interesse bei den Zuhörenden geweckt? 3. War ein logischer Aufbau der Präsentation erkennbar? 4. Wurde klar und deutlich formuliert? 5. Gab es Blickkontakt zu den TN? 6. Stimmte die Mimik und Gestik? 7. Was für einen Tipp haben Sie für die/den Vortragenden? Sammeln Sie im Kurs die wichtigsten Fragen aus den Gruppen und schreiben Sie sie auf ein Plakat. Benutzen Sie dieses immer bei Präsentationen und kurzen Referaten.	Plakat	

SCHREIBEN

1 Kontakte pflegen

SOZIALFORM	ABLAUF	MATERIAL	ZEIT
Gruppenarbeit	Bringen Sie eine Grußkarte aus dem Urlaub, zum Geburtstag, zu Weihnachten oder zu einem sonstigen Anlass mit. Zeigen Sie Ihren TN das Bildmotiv und lassen Sie sie vermuten, um was für eine Karte es sich handelt. Berichten Sie dann, von wem Sie diese Karte erhalten haben und was die Person geschrieben hat.	Post-, Einladungs-, Glückwunschkarten	

2 Grußkarten

SOZIALFORM	ABLAUF	MATERIAL	ZEIT
Plenum	a) Schauen Sie sich gemeinsam die Bildmotive auf den Karten im Kursbuch an und lassen Sie die TN die Motive benennen. Die TN ordnen dann die Anlässe zu. *Lösung: 1 Jahreszeitliches Fest (Weihnachten), 2 Grüße von einer Reise, 3 Ereignis in der Familie (Geburt), 4 Geburtstag*		
Partnerarbeit	b) Die Lernpartner notieren die markanten Elemente einer Grußkarte. *Lösung: Vorderseite: zum Anlass passendes Bildmotiv, Rückseite: Anrede, kurzer persönlicher Text, Grußformel und Name, Adresse des Empfängers auf der rechten Hälfte*		
Plenum	c) Sammeln Sie die Beispiele auf Karte 2 und weitere Ideen der TN. *Lösung: farbige Zeichnungen statt Wörter, Herzchen, Anrede des Empfängers mit der spanischen Entsprechung, Schreiben in Wellenlinie, Fantasie-Wort „Herzibussikussi", umgangssprachliche Wendungen wie „schwitz", „Platsch!"*		
Einzelarbeit	**AB 20/Ü21** Leseübung: Anlässe für Kartentexte herausfinden; auch als Hausaufgabe geeignet.		

3 Karte zum Kurs

SOZIALFORM	ABLAUF	MATERIAL	ZEIT
Plenum	Verteilen Sie Karten oder fordern Sie die TN auf, eine unbeschriebene Karte mitzubringen oder zu basteln. Die TN wählen dann für sich eine Person aus dem Kurs aus, der sie gern eine persönliche Karte schreiben wollen. Lesen Sie nun zunächst gemeinsam die Aufgabenstellung und die möglichen Redemittel. Weisen Sie die TN auch auf weitere Redemittel im Anhang hin. Anschließend schreiben die TN ihre Karten; auch als Hausaufgabe geeignet.	Karten	
Einzelarbeit			

4 Auswertung

SOZIALFORM	ABLAUF	MATERIAL	ZEIT
Plenum	Zeigen Sie alle Karten und lesen Sie sie vor. Die TN beurteilen im Plenum, welche ihnen am besten gefällt. **TIPP:** In manchen Kursen ist es vielleicht ungünstig, eine Abstimmung zu machen und die Karten vorzulesen. In diesen Fällen können sich Viergruppen jeweils vier Karten vorlesen, die sie selbst nicht geschrieben haben und diejenige auswählen, die	Postkarten mit verschiedenen Motiven	
Gruppenarbeit			

	ihnen am besten gefällt. Diese kann dann im Plenum vorgelesen werden, wenn die Verfasserin / der Verfasser einverstanden ist. Gruppenfindung: Zerschneiden Sie Karten, die Sie selbst erhalten oder gekauft haben, in vier Teile, sodass es für jede/n TN einen Kartenteil gibt. Nun müssen sich die TN finden, deren Kartenteile zusammenpassen. Diese bilden dann eine Gruppe.		

Ich kann jetzt …

SOZIALFORM	ABLAUF	MATERIAL	ZEIT
Einzelarbeit	Die TN markieren, was auf sie zutrifft.		

SEHEN UND HÖREN

1 Eine besondere Freundschaft

SOZIALFORM	ABLAUF	MATERIAL	ZEIT
Partnerarbeit	Erklären Sie den TN, dass es sich bei dem Foto um ein Szenenfoto aus einem Film handelt. Die Lernpartner sprechen über ihre Vermutungen.		

2 Sehen Sie den Film in Abschnitten an.

SOZIALFORM	ABLAUF	MATERIAL	ZEIT
Plenum	Lesen Sie gemeinsam den Lerntipp und fragen Sie die TN, ob sie sich in dieser Form schon einmal einen Film angesehen haben. Fragen Sie weiter, wozu es nützlich sein könnte, einen Film zunächst ohne Ton anzusehen. *Lösungsvorschlag: Man kann aufgrund des eigenen Vorwissens schon viel von der Handlung verstehen und sich somit auch auf das konzentrieren, was man sieht. Man achtet intensiver auf Gestik und Mimik. Man „fühlt" die Stimmung im Film besser. Man stellt Hypothesen auf in Bezug auf den Sinn.*		
Gruppenarbeit	Abschnitt 1: Fordern Sie die TN auf, sich beim ersten Anschauen ohne Ton nur auf die Stimmung und die Atmosphäre im Film zu konzentrieren. Beim Ansehen mit Ton sollen die TN noch nicht auf die Gespräche achten, sondern versuchen, die Fragen *Wer sind die Figuren und was machen sie dort?* zu beantworten. *Lösungsvorschlag: 1 Die Szene spielt auf einem einsamen Bahnhof am späteren Abend. Es ist dunkel. Daher ist die Stimmung eher unheimlich und gespenstisch, beängstigend. 2 Die Figuren sind Annie und Boo. Annie will am Bahnhof in einen Zug steigen, Boo scheint dort zu leben.*	DVD 1/01	
Plenum	Abschnitt 2: Die TN lesen die Fragen im Kursbuch und versuchen, sie nach dem Ansehen des Films zu beantworten. Vergleichen Sie danach im Plenum. *Lösung: 1 Boo versteckt sich hinter der Bahnhofsbank, auf der Annie sitzt. Annie bemerkt, dass jemand hinter ihr steht, und versucht zu erkennen, wer das ist. Als sie sich entdecken, erschrecken beide. 2 Annie möchte einen Zug erwischen, der jedoch ohne sie abfährt, weil sie stolpert und hinfällt. 3 Boo sorgt dafür, dass Annie ihren Zug verpasst. 4 Boo ist für die Zufälle im Leben von anderen verantwortlich. 5 Boo wurde es verboten, mit Menschen zu reden und sein Geheimnis zu erzählen.*	DVD 1/02	
	Abschnitt 3: Die TN diskutieren über das Gespräch zwischen Annie und Boo und überlegen, was aus ihnen wird.	DVD 1/03	

3 Ihre Meinung

SOZIALFORM	ABLAUF	MATERIAL	ZEIT
Einzelarbeit	**AB 21/Ü22** Zuordnungsübung und Verständnisfragen zu zentralen Aussagen des Films.		
Gruppenarbeit Plenum	Fordern Sie die TN auf, sich eine eigene Meinung zu dem Film zu bilden und diese in Kleingruppen zu äußern und zu begründen. Die TN berichten danach im Plenum.		

Mein Dossier

SOZIALFORM	ABLAUF	MATERIAL	ZEIT
Plenum	**AB 21/Ü23** Lesen Sie gemeinsam die Aufgabe und sammeln Sie dann an der Tafel Ideen, wie die TN einen solchen Kalender zu Hause gestalten können. Fragen Sie die TN, welche Themen für sie relevant sind (Jahreszeiten, Feste, Feiern, gemeinsame Urlaube, gemeinsame Hobbys etc.) und wie sie den Kalender gestalten könnten. **TIPP:** Die TN können sich eine schöne Mappe anlegen und dort alles, was sie in „Mein Dossier" produzieren, abheften. Besonders schön ist es auch, die Produkte vorher im Klassenzimmer auszustellen und eine Zeit lang aufgehängt zu lassen, s.a. die Methode Kursausstellung (Glossar → S. 135)		

Ich kann jetzt …

SOZIALFORM	ABLAUF	MATERIAL	ZEIT
Einzelarbeit	Die TN markieren, was auf sie zutrifft.		

AUSSPRACHE: DIE VOKALE *e – ä* (Arbeitsbuch → S. AB 22)

1 Wortpaare

SOZIALFORM	ABLAUF	MATERIAL	ZEIT
Einzelarbeit	a)+b) Die TN hören die Wörter, sprechen sie nach und markieren die richtige Regel. Die TN sollen dafür sensibilisiert werden, dass die Vokale *e* und *ä*, wenn sie kurz sind, zwar verschieden geschrieben, aber gleich ausgesprochen werden. *Lösung: Die fett gedruckten Buchstaben **e** und **ä** sind alle kurz und werden gleich ausgesprochen.*	AB-CD/06	

2 Wie klingen die Vokale?

SOZIALFORM	ABLAUF	MATERIAL	ZEIT
Einzelarbeit Plenum	a)+b) Im Gegensatz dazu kann man bei den langen Vokalen wie in *gäh*nen oder *geh*en auch einen Unterschied in der Aussprache hören. Die TN markieren, welches der beiden Wörter sie hören, und versuchen, eine Regel zu bilden. Kontrolle im Plenum. *Lösung: a 1 gehen, 2 säen, 3 klären, 4 Federn, 5 Beeren, 6 wären, 7 ähnlich, 8 Ehre; b Sind die Vokale e und ä lang, so werden sie unterschiedlich ausgesprochen.*	AB-CD/07	

3 Gleich oder verschieden?

SOZIALFORM	ABLAUF	MATERIAL	ZEIT
Einzelarbeit Plenum	a)+ b) Die TN lösen die Übungen. Durch das laute Vorlesen der Sätze werden die Unterschiede in der Aussprache bewusst gemacht. **TIPP:** Wenn die TN Schwierigkeiten haben, einen Unterschied herauszuhören, dann wiederholen Sie die Regeln für kurze und lange Vokale (→ Sicher! B1+, Lektion 7, S. 113). Wird ein Vokal mit einem Dehnungs-h (*gähnen*) oder mit einem Doppel-Vokal (*See*) geschrieben oder folgt auf einen Vokal ein Konsonant und ein Vokal (VKV, *Besen*), dann wird der Vokal lang gesprochen. **VERTIEFUNG:** Geben Sie den TN weitere Wörter vor (*Weg, nähen, stehen, fällen, stellen, Gerät* etc.) und fordern Sie sie auf, eine Geschichte aus den Wörtern zu schreiben und sie im Plenum vorzulesen. *Lösung: a 1, 2, 4, 5, 7; b 1 Besen, besser; 2 lest, lässt; 3 weder, Wetter; 4 hinüberzugehen, (Fußgänger)übergänge; 5 erwähnen, wenden; 6 echt, mächtig*	AB-CD/08	

LERNWORTSCHATZ (Arbeitsbuch → S. AB 23)

SOZIALFORM	ABLAUF	MATERIAL	ZEIT
Einzelarbeit Plenum	Regen Sie die TN an, darüber nachzudenken, mit welcher Methode sie am besten Wörter lernen. Überlegen Sie gemeinsam, wie man Wörter lernen kann: Indem man sie aufschreibt, aufnimmt und anhört, eigene Beispielsätze bildet, Wörter reimt, Gegensatzpaare/Synonyme findet, sich „Eselsbrücken" baut, sie in Wortfelder gruppiert oder als Wortfamilien lernt, schwierige Stellen farbig markiert … Vielleicht probieren die TN die eine oder andere Methode einmal aus? Greifen Sie das Thema immer wieder auf und fragen Sie die TN, wie sie die Wörter gelernt haben und wie es ihnen damit ergangen ist.		

LEKTIONSTEST 1 (Arbeitsbuch → S. AB 24)

SOZIALFORM	ABLAUF	MATERIAL	ZEIT
Einzelarbeit	Mithilfe des Lektionstests haben die TN die Möglichkeit, ihr neues Wissen in den Bereichen Wortschatz, Grammatik und Redemittel zu überprüfen. Wenn die TN mit einzelnen Bereichen noch Schwierigkeiten haben, können sie gezielt einzelne Module wiederholen.		

REFLEXION DER LEKTION

SOZIALFORM	ABLAUF	MATERIAL	ZEIT
Gruppenarbeit	**VERTIEFUNG:** Die TN erstellen in mehreren Gruppen Plakate zu einem der Themen: 1. Arten von Freundschaft 2. Freundschaften pflegen 3. Präsentieren 4. Grußkarten schreiben. Sie schreiben darauf den Wortschatz/die Redemittel, die ihnen in Bezug auf das Thema am wichtigsten erscheinen. Hängen Sie die Plakate im Kursraum auf.	Plakate	

EINSTIEG

1 Arbeitstage

SOZIALFORM	ABLAUF	MATERIAL	ZEIT
Gruppenarbeit	a) Die TN nennen ihre Vermutungen.		
Gruppenarbeit	b) Zu dritt überlegen sich die TN zunächst, in welcher Firma der abgebildete Mann arbeiten könnte und wie sein Arbeitsalltag wohl aussieht. Dann verfassen sie einen kurzen Text zu ihrem erfundenen Profil.		
Plenum	c) Jede Gruppe liest ihr Profil vor. Danach wird der Radiobeitrag gehört. Fordern Sie eine/n TN auf, etwas über die Arbeit von Herrn Lange zu sagen, und eine/n andere/n TN, sich auf seinen Arbeitsalltag zu konzentrieren und darüber zu berichten. *Lösung:* Firma: *Ingenieur bei einer großen Autofirma in München;* Tätigkeit: *zuständig für Infotainment – Vernetzung zwischen einem Auto, seinem Fahrer und seiner Lebenswelt;* Arbeitsalltag: *Arbeitsbeginn 7:30 Uhr, oft auf Dienstreisen, bis 12 Uhr im Büro E-Mails lesen, Präsentationen vorbereiten, 30 Minuten Mittagspause, nachmittags oft Seminare oder Besprechungen, normalerweise um 17:30 Uhr Feierabend* **VERTIEFUNG:** Echo-Sprechen (Glossar → S. 133) Nutzen Sie den Hörtext als Intonationsübung. Sie finden die Transkription im Anhang (→ S. 139). Erklären Sie den TN die Technik des Echo-Sprechens: Sie beginnen, einen Satz/Textabschnitt laut vorzulesen. Die TN lesen denselben Satz zeitversetzt mit. Die TN versuchen dabei, das Tempo und die Intonation nachzuahmen. Regen Sie die TN dazu an, solche Übungen mit allen Hörtexten selbstständig zu Hause durchzuführen. Diese Methode eignet sich zur Automatisierung zum Beispiel neuer Redemittel und auch zum Trainieren der richtigen Intonation und des akzentfreien Sprechens.	CD 1/07 Transkription zu CD 1/07	
Einzelarbeit	**AB 25/Ü1–2** Wortschatzwiederholung zu wichtigen Nomen und Verben aus der Arbeitswelt. Die Übungen eignen sich gut als Einstieg ins Thema und besonders als Vorentlastung für Aufgabe 1b im Kursbuch.		

2 Ihr Tagesablauf

SOZIALFORM	ABLAUF	MATERIAL	ZEIT
Plenum Gruppenarbeit	Gruppenfindung: Bereiten Sie kleine Zettel mit typischen Handwerksberufen vor. Immer auf drei Zetteln steht derselbe Beruf. Lassen Sie jede/n TN einen Zettel ziehen. Die Gruppenmitglieder finden sich durch eine passende Pantomime. a) Die TN sprechen über ihre Tagesabläufe. **TIPP:** Wer selbst noch nicht im Berufsleben steht, kann auch über Ehepartner oder Familienmitglieder berichten.	Zettel mit Handwerksberufen	
Plenum	b) Spezifizieren Sie die Aufgabenstellung, indem Sie nach Gemeinsamkeiten in Bezug auf die Arbeitszeiten, den Arbeitsplatz, die Gestaltung der Mittagspause, die Tätigkeiten etc. fragen.		

SPRECHEN 1

1 Berufssteckbriefe

SOZIALFORM	ABLAUF	MATERIAL	ZEIT
Plenum Einzelarbeit Plenum	a) Sehen Sie sich gemeinsam die Fotos an und klären Sie, welche Details auf den Fotos zu sehen sind. Anschließend suchen die TN die drei richtigen Texte zu den Fotos heraus. Kontrolle im Plenum. *Lösung:* Foto A: *Sabine M.;* Foto B: *Jonas J.;* Foto C: *Christina H.*		
Einzelarbeit Plenum	b) Die TN ergänzen die Tabelle. Kontrolle im Plenum. *Lösung:*		

	Holger	Sabine	Ralf	Christina	Jonas
Beruf	Grafik-designer	Friseurin	Maler	keinen	Professor und Arzt
Arbeit-geber	selbst-ständig	Angestellte bei der städtischen Verkehrsge-sellschaft	Firma BBV-Wohn-bau	selbst-ständig	Universi-tätsklinik
Ausbil-dung	Fachhoch-schulab-schluss	Lehre	dreijährige Lehre	keine	Studium
Tätigkeit	erarbeitet Verpa-ckungskon-zept für ein Kaffeehaus	Straßen-bahnfahrerin	renoviert Mietwohnun-gen	entwirft und verkauft Kleidung	forscht und hält Vorlesungen
Anforde-rung	Spontanei-tät und Organisa-tionstalent	muss sich stark konzentrie-ren	Mobilität	muss gut mit Menschen umgehen können	Arbeitszei-ten: oft rund um die Uhr

SOZIALFORM	ABLAUF	MATERIAL	ZEIT
Einzelarbeit Partnerarbeit	**VERTIEFUNG:** Die TN suchen sich aus den Texten verschiedene Angaben aus und kreieren eine neue Person. Dann machen sie zu zweit ein Rollenspiel: Sie stellen sich gegenseitig Fragen und antworten entsprechend ihres neuen Steckbriefes.		
Einzelarbeit	**AB 25/Ü3** Zuordnungsübung mit Vokabular aus der Berufswelt; auch als Hausaufgabe geeignet.		

2 Meine Berufstätigkeit

SOZIALFORM	ABLAUF	MATERIAL	ZEIT
Einzelarbeit	a) Die TN ergänzen die Tabelle für sich selbst. **TIPP:** TN, die bisher noch nicht gearbeitet haben, können auch Informationen über eine andere Person eintragen.		
Partnerarbeit Plenum	b) Die TN gehen zu zweit zusammen und berichten über ihre berufliche Tätigkeit. Sie können hier die Methode des **Speed-Datings (Glossar → S. 137)** verwenden: Die TN sitzen oder stehen sich in zwei Reihen jeweils paarweise gegenüber. Die TN stellen sich gegenseitig ihr Tätig-keitsprofil vor. Nach einer Minute geben Sie ein Zeichen und die TN einer Reihe gehen einen Platz weiter nach rechts und stellen sich gegenseitig ihrem neuen Gegenüber vor. Damit können alle TN gleichzeitig sprechen, und die Lehrkraft hat Zeit für individuelle Korrekturen/Notizen.	Stoppuhr/ Handy	

3 Rollenspiel: Auf der Messe

SOZIALFORM	ABLAUF	MATERIAL	ZEIT
Plenum Gruppenarbeit	a) Betrachten Sie gemeinsam das Foto und besprechen Sie, was es darstellt. Fragen Sie die TN auch, welche Messen sie kennen. Bitten Sie die TN nun, ihr Buch zu schließen und bilden Sie Gruppen. Jede Gruppe bekommt ein Plakat. Lesen Sie nun die Frage vor. Die Gruppe, die innerhalb einer bestimmten Zeit (zum Beispiel zwei Minuten) die meisten Tätigkeiten notiert hat, hat gewonnen.	Plakate, Stopp-uhr/Handy	
Plenum Partnerarbeit	b) Lesen Sie zunächst gemeinsam den Lerntipp und besprechen Sie mit den TN die angegebenen Redemittel. Diese sollten auswendig gelernt werden. Dazu haben Sie zum Beispiel die Möglichkeit des **Körper-Memo (Glossar → S. 135)**: Die TN einigen sich auf fünf bis sechs Redemittel. Jede dieser Redewendungen wird einem Körperteil zugeordnet. Beim Lernen der Redewendungen wird nun die Hand auf den entsprechenden Körperteil gelegt. Zum Beispiel wird „Hand aufs Herz legen" verbunden mit dem lauten Sprechen der Wendung: *„Ich persönlich bin verantwortlich für ..."*, bei *„Darf ich mich vorstellen ..."* wird die Hand auf den Kopf gelegt oder bei *„Unser Aufgabenbereich ist ..."* geht die rechte an die linke Hand etc. Das wird ein paar Mal gemeinsam durchgeführt. Zu einem späteren Zeitpunkt können Sie das Gelernte zu zweit wiederholen lassen, indem im Wechsel eine Person eine der Gesten ausführt und die andere laut die entsprechende Redewendung nennt. Weisen Sie die TN auch auf die Redemittel im Anhang hin. Wenn die Redemittel eingeübt sind, gehen die TN zu zweit (Lernpartner/in aus 2b) durch den Raum. Sie wählen ein anderes Paar aus und stellen sich gegenseitig vor.		
Einzelarbeit	**AB 26/Ü4** Wortschatzübung zur Darstellung der eigenen beruflichen Tätigkeiten. Der Lückentext eignet sich gut als vorbereitendes Gesprächstraining auf Übung 3b.		

Ich kann jetzt ...

SOZIALFORM	ABLAUF	MATERIAL	ZEIT
Einzelarbeit Partnerarbeit	Die TN markieren, was auf sie zutrifft. **VERTIEFUNG: Assoziationskette (Glossar → S. 132)** A nennt einen Begriff zum Thema „Berufstätigkeit" und B muss möglichst schnell ein passendes Wort ergänzen, zum Beispiel: A: *„Kontakte"*, B: *„knüpfen"*. A gibt dann wieder einen neuen Begriff vor, den B ergänzen muss, zum Beispiel B: *„verantwortlich"*, A: *„für"* etc.		

WORTSCHATZ

1 Wer macht was im Büro?

SOZIALFORM	ABLAUF	MATERIAL	ZEIT
Einzelarbeit	**AB 26/Ü5** Wortschatzübung zu beruflichen Positionen. Diese Übung eignet sich als Vorentlastung von Aufgabe 1 im Kursbuch.		
Einzelarbeit Plenum	a) Die TN beschreiben die abgebildeten Tätigkeiten und Berufe. *Lösung: A die/der Auszubildende; B die/der persönliche Assistent/in;* *C die/der Projektleiter/in; D die/der Bereichsleiter/in* **VERTIEFUNG:** Machen Sie ein Kreativdiktat (Glossar → S. 135): Die TN wählen zunächst eine der Zeichnungen im Kursbuch aus. Fordern Sie die TN auf, Antworten zu Ihren Fragen aufzuschreiben. Fragen Sie zum Beispiel: *Was sieht man? Wer ist das? Wo ist die Person? Was macht sie? Für wen macht sie das?* etc. Lassen Sie den TN nach jeder einzelnen Frage Zeit für ihren Antwortsatz. Lassen Sie einzelne TN ihre Antworten im Plenum vortragen. Sie können diese Aktivität auch als Hausaufgabe aufgeben und die Ergebnisse am nächsten Tag einsammeln.		
Partnerarbeit Plenum	b) Die TN notieren Eigenschaftswörter, die für die jeweiligen Positionen wichtig sind. **VERTIEFUNG:** Bringen Sie Fotos aus Zeitschriften mit, die Personen bei der Arbeit zeigen. Verteilen Sie die Fotos auf dem Tisch. Die TN wählen zu zweit ein Foto und schreiben Eigenschaftswörter, die ihnen zu dem Foto einfallen, jeweils auf ein Kärtchen. Danach schauen sich alle die Fotos und die Assoziationen der Lernpartner dazu an. Sind die Wörter gut gewählt? Fallen den anderen TN weitere Wörter ein? Besprechen Sie unbekannte Wörter im Plenum.	Fotos aus Zeitschriften Kärtchen	
Einzelarbeit Plenum	**AB 26/Ü6** Wortschatzübung zu Charaktereigenschaften im Arbeitskontext; auch als Hausaufgabe geeignet. **VERTIEFUNG:** Lassen Sie für weitere Adjektive, die in 1b gefunden wurden, Definitionen dieser Art auf Kärtchen schreiben. Sie können auch Quizfragen formulieren lassen: *Wie ist jemand, der ...?*; auch als Hausaufgabe geeignet. Kontrolle im Plenum.	Kärtchen	
Gruppenarbeit	c) Die TN ordnen die Tätigkeiten zu. *Lösungsvorschlag: Bereichsleiter: Arbeitsschritte planen und festlegen, Aufgaben verteilen, E-Mails beantworten, mit Geschäftspartnern verhandeln, mit Kunden telefonieren; Assistent: Aufträge erledigen, E-Mails beantworten, die Ablage machen, Informationen recherchieren, Konferenzen organisieren, Rechnungen schreiben, den Terminkalender führen, Unterlagen faxen, Unterlagen ordnen und verteilen; Auszubildende: Informationen recherchieren, Unterlagen faxen, verteilen; Projektleiter: Arbeitsschritte planen und festlegen, Aufgaben verteilen, Aufträge erledigen, E-Mails beantworten, Präsentationen erstellen, mit Kunden telefonieren* **VERTIEFUNG:** Standbild (Glossar → S. 137) Zu dritt wählen die TN eine Person und eine Tätigkeit und stellen diese in einem Standbild – also ohne Bewegung – dar. Die anderen raten. Durch solche Übungen wird insbesondere der visuelle Lerntyp angesprochen.		
Einzelarbeit	**AB 27/Ü7** Radiointerview; auch als Hausaufgabe geeignet.	AB-CD/09	

2 Zustandspassiv

SOZIALFORM	ABLAUF	MATERIAL	ZEIT
Einzelarbeit Plenum	a) Die TN sehen sich die Zeichnung an und unterstreichen die Passiv-Form. Kontrolle im Plenum. *Lösung: Ja, die sind schon geordnet.*		
Einzelarbeit Plenum	b)+c) Die TN markieren die passenden Antworten. *Lösung: b sein und werden + Partizip II, c Die Unterlagen werden geordnet. = Vorgang; Die Unterlagen sind geordnet. = Zustand.* **VERTIEFUNG:** Geben Sie im Kurs weitere Beispiele aus der Unterrichtspraxis und spielen Sie diese vor, zum Beispiel *Die Tafel wird gewischt. / Die Tafel ist gewischt.*		
Plenum	d) Ein/e TN bildet die Frage und ein/e andere/r TN antwortet. Korrigieren Sie gleich, damit sich die Formen richtig einschleifen.		
Einzelarbeit	**AB 27/Ü8** Grammatikwiederholung zum Vorgangspassiv.		
Einzelarbeit	**AB 27/Ü9** Grammatik entdecken: Unterscheidung von Vorgangs- und Zustandspassiv.		
Einzelarbeit	**AB 28/Ü10–11** Grammatikübungen zum Vorgangs- und Zustandspassiv; auch als Hausaufgabe geeignet.		

Ich kann jetzt ...

SOZIALFORM	ABLAUF	MATERIAL	ZEIT
Einzelarbeit Gruppenarbeit	Die TN markieren, was auf sie zutrifft. **VERTIEFUNG:** Schreiben Sie die Tätigkeiten aus 1c auf Kärtchen: zum Beispiel die Nomen auf blaue und die Verben auf weiße Kärtchen. Dann legen Sie diese verdeckt auf den Tisch und ziehen jeweils eine Nomen- und eine Verbkarte. Die TN entscheiden, ob die Kombination eine sinnvolle Tätigkeit ergibt oder nicht, zum Beispiel: *die Ablage faxen* passt nicht, *die Ablage ordnen* macht Sinn.	Kärtchen	

HÖREN

1 Zeit für sich

SOZIALFORM	ABLAUF	MATERIAL	ZEIT
Plenum	a) Bitten Sie die TN, die Situation auf dem Foto zu beschreiben und Vermutungen abzugeben, was der Mann wohl macht und warum. Sammeln Sie die Vorschläge an der Tafel.		
Plenum	b) Die TN hören den Ausschnitt des Entspannungstrainings. Stellen Sie danach die beiden Fragen im Kursbuch und lassen Sie die TN antworten. Überprüfen Sie noch einmal gemeinsam die Vermutungen aus 1a und passen Sie sie an. *Lösung: Frau Neumaier ist Coach für Entspannungstraining. Sie macht gerade eine Kurzentspannung und richtet sich an Berufstätige an ihrem Arbeitsplatz.*	CD 1/08	
Plenum	c) Fordern Sie die TN auf, diesen Entspannungsteil selbst mitzumachen, während Sie den Ausschnitt noch einmal abspielen lassen.	CD 1/08	

2 Entspannen am Arbeitsplatz

SOZIALFORM	ABLAUF	MATERIAL	ZEIT
Plenum	**TIPP:** Weisen Sie die TN darauf hin, dass es beim ersten Hören nur darauf ankommt zu verstehen, worum es überhaupt geht. Die TN sollen noch keine Stichworte aufschreiben, sondern erst einmal die Reportage auf sich wirken lassen. Wichtig ist jedoch, dass sie vor dem Hören schon wissen, um welches Thema es gehen wird. Fordern Sie die TN auf, auf ihr Weltwissen zu vertrauen. Danach hören die TN die Reportage und beantworten die Fragen. *Lösung:* Veränderungen: *Extrapausen, in denen Kurse zum Entspannen am Arbeitsplatz gegeben werden (mittags für 15–20 Minuten);* Reaktion der Personen: *zuerst ungewohnt im stressigen Alltag, dann positiv, manche machen es nun auch zwischendurch*	CD 1/09	

3 Hören Sie die Reportage nun in Abschnitten.

SOZIALFORM	ABLAUF	MATERIAL	ZEIT
Einzelarbeit Plenum	Abschnitt 1 + Abschnitt 2: Die TN hören die Abschnitte und markieren die richtigen Antworten. *Lösung:* Abschnitt 1: richtig: *1, 3;* Abschnitt 2: richtig: *3* **VERTIEFUNG:** Fragen Sie die TN, wie sie reagieren würden, wenn sie als Gast in die Firma kämen und die Angestellten alle auf Kissen sitzend oder liegend sehen würden. Sie können die Szene auch nachspielen lassen. **TIPP:** Sprechen Sie mit den TN über „Burn-out". Fragen Sie sie, ob sie auch solche Beispiele, wie die Chefin sie beschreibt, kennen, und lassen Sie sie darüber erzählen.	CD 1/10–11	
Einzelarbeit Plenum	Abschnitt 3: Die TN hören den Abschnitt und markieren die richtigen Antworten. Lassen Sie dann im Plenum diesen Teil nacherzählen. Was sagt jeweils der Mitarbeiter, die Mitarbeiterin und die Geschäftsführerin? *Lösung:* richtig: *1, 3*	CD 1/12	

4 Ihre Meinung

SOZIALFORM	ABLAUF	MATERIAL	ZEIT
Gruppenarbeit Plenum	a)+b) Die TN sprechen über die Fragen. **INTERKULTURELLES:** Fragen Sie die TN, ob solche Entspannungsübungen am Arbeitsplatz in ihren Heimatländern auch möglich wären.		
Einzelarbeit Gruppenarbeit	**AB 29/Ü12** Vier kurze Texte mit Tipps zur Pausengestaltung; auch als Hausaufgabe geeignet. **VERTIEFUNG:** Wenn Sie die Texte im Unterricht behandeln wollen, dann teilen Sie Ihren Kurs in Vierergruppen auf. Jede Gruppe bekommt nun eine Kopie des Textes, die Sie vorher abschnittweise auseinandergeschnitten haben. Jede/r TN der Gruppe liest einen Abschnitt und berichtet den anderen in ihrer/seiner Gruppe anschließend über die beschriebene Entspannungsübung.	jeweils 1 Kopie des Textes für 1 Gruppe	

5 *von* oder *durch* in Passivsätzen

SOZIALFORM	ABLAUF	MATERIAL	ZEIT
Partnerarbeit	a)+b) Die TN setzen die Sätze ins Aktiv. Eine/Ein TN schreibt an der Tafel oder am Overheadprojektor mit. Die TN versuchen, die Regel selbst zu finden. Weisen Sie sie auch auf die Grammatikübersicht im Kursbuch (→ S. 38/2) hin. *Lösung: a 1 Solche Übungen können Stress abbauen. 2 Eine erfahrene Therapeutin führt das Training durch. 3 Der Firmenleiter unterstützt das Trainingsprogramm voll und ganz. 4 Das Training stellt die Motivation und die Arbeitskraft der Mitarbeiter schnell wieder her. b von: bei Personen, durch: bei Dingen*	Overhead-projektor	
Einzelarbeit	**AB 30/Ü13** Grammatik entdecken: *von* und *durch* in Passivsätzen.		
Einzelarbeit	**AB 30/Ü14–15** Grammatikübungen zu *von* und *durch* in Passivsätzen; auch als Hausaufgabe geeignet.		

Ich kann jetzt …

SOZIALFORM	ABLAUF	MATERIAL	ZEIT
Einzelarbeit	Die TN markieren, was auf sie zutrifft.		
Plenum	**VERTIEFUNG:** Bringen Sie/die TN Entspannungsübungen mit, die man leicht aus dem Internet herunterladen kann. Oder die TN überlegen sich selbst eine kleine Übung und bieten diese abwechselnd im Kurs an.	Entspannungs-übungen aus dem Internet	

LESEN 1

1 Berufsporträts

SOZIALFORM	ABLAUF	MATERIAL	ZEIT
Einzelarbeit Plenum	a) Die TN lesen die Texte und fassen sie kurz zusammen. Übt jemanden im Kurs eine ähnliche Tätigkeit aus? *Lösung: Nils ist Corporate Blogger, er betreut Blogs von unterschiedlichen Unternehmen. Er verfasst Beiträge und beantwortet Kundenkommentare; Anne ist Social Media Manager, sie betreut unkonventionelle Werbeaktionen in sozialen Netzwerken.*		
Partnerarbeit	**VERTIEFUNG:** Jede/r TN hat nur einen Text und liest ihn. Dann stellt die Lernpartnerin / der Lernpartner Fragen zur Person.		
Plenum	b) Sprechen Sie gemeinsam über die Ergebnisse. Wer würde so einen Job gern machen und warum?		
	AB 31/Ü16 Wortschatzübung zu beruflichen Aktivitäten; auch als Hausaufgabe geeignet.		
Einzelarbeit	**AB 31/Ü17** Fragen Sie die TN, was „neue kreative Berufe" sein könnten. Lassen Sie dann die drei Fragen unter a) lesen. Die TN hören nun das Interview zunächst einmal komplett und versuchen dabei, die Fragen zu beantworten. Lesen Sie vor dem zweiten Hören in Aufgabe b) jeweils zunächst die Aussagen zu den Abschnitten und klären Sie gegebenenfalls unbekannte Begriffe. Die TN kreuzen die Antworten an. Kontrolle im Plenum.	AB-CD/10–12	
Plenum	**VERTIEFUNG:** Die TN hören das Interview ein drittes Mal. Während des Hörens machen sich die TN Notizen zu den konkreten Aufgaben von Viola.		

2 Lesen Sie nun den folgenden Artikel aus der Beilage *Beruf & Karriere* einer Tageszeitung.

SOZIALFORM	ABLAUF	MATERIAL	ZEIT
Plenum	Lesen Sie mit den TN die Aufgabenstellung und den Lerntipp. Fordern Sie Ihre TN auf, beim Überfliegen des Textes eine Antwort auf die Fragen im Lerntipp zu finden. Geben Sie dabei eine Zeit vor. *Lösung: Der Text will vor allem informieren.*		

3 Globalverstehen

SOZIALFORM	ABLAUF	MATERIAL	ZEIT
Einzelarbeit	Weisen Sie die TN darauf hin, dass sie auch für die folgende Übung den Text noch nicht zu 100% verstehen müssen. Die TN lesen den Text und markieren die richtigen Überschriften. *Lösung: 1 C, 2 A, 3 D, 4 B*		

4 Detailverstehen

SOZIALFORM	ABLAUF	MATERIAL	ZEIT
Einzelarbeit	a)–c) Die TN markieren die richtigen Antworten. *Lösung: a Essen und Trinken, gemeinsame Freizeitaktivitäten, Spiele; b soziale Netzwerke, Internetforen, Fanseiten, Firmenblogs; c einen privaten Blog führen, bei Facebook gut vernetzt sein*		

5 Wortbildung: Vorsilben bei Nomen: *ab-, auf-, aus-, hin-, (zu)rück-, um-*

X Donnerstag

SOZIALFORM	ABLAUF	MATERIAL	ZEIT
Einzelarbeit	a)–c) Die TN ergänzen. Weisen Sie die TN auch auf die Grammatikübersicht im Kursbuch (→ S. 38/3) hin.		
Einzelarbeit	**AB 32/Ü18** Grammatik entdecken: Nomen mit Vorsilben erkennen.		
Einzelarbeit	**AB 32/Ü19** Wortbildungsübung: Verben in Nomen mit Vorsilben umformen; auch als Hausaufgabe geeignet.		

6 Schreiben Sie interessante Überschriften für Zeitungen oder das Internet.

SOZIALFORM	ABLAUF	MATERIAL	ZEIT
Partnerarbeit	Die TN schreiben mithilfe der Wörter aus Ausgabe 5 Überschriften. **VERTIEFUNG:** Bringen Sie aus Zeitschriften Fotos mit, die etwas mit Aufgabe 5 zu tun haben, und lassen Sie die TN Überschriften finden.	Fotos aus Zeitschriften	

Ich kann jetzt ...

SOZIALFORM	ABLAUF	MATERIAL	ZEIT
Einzelarbeit Plenum	Die TN markieren, was auf sie zutrifft. **VERTIEFUNG:** Spielen Sie eine Variante von *Stadt-Land-Fluss:* In eine Tabelle mit sechs Spalten (s. a. Kopiervorlage Lektion 6/2 (→ S. 119)) schreiben Sie jeweils eine der Vorsilben. Wer findet zuerst für jede Spalte zwei Wörter mit der entsprechenden Silbe? Die TN lesen ihre Ergebnisse vor. Ergänzen Sie gemeinsam die entsprechenden Artikel.	Papier, Stifte, Kopiervorlage Lektion 6/2	

SCHREIBEN

1 Sehen Sie das Bild an.

SOZIALFORM	ABLAUF	MATERIAL	ZEIT
Partnerarbeit	Die TN sprechen über ihre Ideen. Fragen Sie die TN, ob sie eine solche Situation kennen.		

2 Eine Gewissensfrage

SOZIALFORM	ABLAUF	MATERIAL	ZEIT
Plenum Plenum	a) Klären Sie den Begriff „Gewissensfrage". Sie können zum Beispiel zunächst nach der Bedeutung der Wendung „ein schlechtes Gewissen haben" fragen und Ihre TN bitten, Situationen zu beschreiben, in denen sie selbst einmal ein schlechtes Gewissen hatten. Anschließend lesen die TN den ersten Text und beschreiben, worum es geht. *Lösung: Es geht um die Frage, ob Zeitunglesen im Zug unhöflich ist, wenn man Kollegen trifft.*		
Plenum	b) Bitten Sie die TN um eine kurze, spontane Antwort auf die Frage: *Hat sich der Leser unhöflich verhalten – ja oder nein?* Die TN lesen nun die Antwort der Expertin und markieren die richtige Antwort. *Lösung: Sie hat Verständnis dafür.*		

3 Kausale Zusammenhänge

SOZIALFORM	ABLAUF	MATERIAL	ZEIT
Einzelarbeit Plenum	Die TN lesen die Aussagen aus dem Text. Bitten Sie die TN, die Sätze im Text zu unterstreichen, um sich noch einmal den Zusammenhang anzusehen, in dem die Sätze stehen. Die TN schreiben dann die Sätze um. Weisen Sie die TN auch auf die Grammatikübersicht im Kursbuch (→ S. 38/4) hin. Kontrolle im Plenum. Fragen Sie die TN, wann man eher die Ausdrücke in der linken, wann die in der rechten Spalte benutzt (nominale Ausdrücke wie in der linken Spalte sind typisch für die geschriebene Sprache). *Lösung: Sie verbringen viel Zeit in der Bahn, weil Sie einen langen Weg zur Arbeit haben. Sie haben einen langen Weg zur Arbeit. Darum verbringen Sie viel Zeit in der Bahn. / Da es höflich ist, sollten Sie zumindest freundlich grüßen. Sie sollten zumindest freundlich grüßen, denn das ist höflich. / Wenn Sie aber kein weiteres Gespräch führen können, weil Sie müde sind, ist das auch in Ordnung. Wenn Sie aber müde sind und deshalb kein weiteres Gespräch führen können, ist das auch in Ordnung. / Da Sie offen sind (ein offener Mensch sind), werden so niemals Missverständnisse entstehen. Sie sind sehr offen. Deswegen werden so keine Missverständnisse entstehen.*		
Einzelarbeit	**AB 33/Ü20** Grammatik entdecken: verbale und nominale Ausdrücke für kausale Zusammenhänge erkennen.		
Einzelarbeit	**AB 33/Ü21** Grammatik entdecken: *vor* und *aus*; in nominalen Ausdrücken kausale Zusammenhänge erkennen.		
Einzelarbeit	**AB 33/Ü22** Grammatikübungen zu *vor* und *aus*; auch als Hausaufgabe geeignet.		

Einzelarbeit	**AB 34/Ü23** Grammatikübung: Sätze mit nominalen Ausdrücken in kausale Nebensätze umformulieren; auch als Hausaufgabe geeignet.		
Gruppenarbeit	**VERTIEFUNG:** Die TN finden sich in Dreier-/Vierergruppen zusammen. Jede Gruppe bekommt eine Kopie der Kopiervorlage Lektion 2 (→ S. 113). Die TN üben kausale Zusammenhänge wie in den Spielregeln beschrieben. Ermutigen Sie die TN, lustige Sätze zu bilden, das erhöht die Motivation und Freude beim Spiel in der Gruppe. Gehen Sie von Gruppe zu Gruppe, kontrollieren Sie, ob die TN korrekte Sätze bilden und helfen Sie bei Schwierigkeiten.	Kopiervorlage Lektion 2, Spielfiguren, Würfel	

4 Verfassen Sie eine eigene Antwort auf die Leserfrage in 2.

SOZIALFORM	ABLAUF	MATERIAL	ZEIT
Plenum Einzelarbeit	Die Übung **AB 34/Ü24** eignet sich gut als Vorentlastung (s. unten). Lesen Sie mit den TN den Lerntipp zum Thema „Richtig schreiben". Lassen Sie die TN dann, wie beschrieben, zu jeder der drei Fragen Stichworte notieren. Die TN überlegen, welches ihrer Stichworte sich als Anfang bzw. Schluss eignet.		
Plenum Einzelarbeit	Lesen Sie dann im Plenum die Redemittel zur Meinungsäußerung durch, und fordern Sie die TN auf, die Satzanfänge spontan mündlich fortzusetzen. Erst dann sollten die TN mit dem eigentlichen Schreiben beginnen.		
Einzelarbeit	**AB 34/Ü24** Übung zur Anwendung der Redemittel, die auch sehr gut zur Vorentlastung für die Aufgabe 4 im Kursbuch eingesetzt werden kann; auch als Hausaufgabe geeignet.		

5 Kontrollieren Sie Ihren Text.

SOZIALFORM	ABLAUF	MATERIAL	ZEIT
Einzelarbeit	Die TN überprüfen mithilfe der Fragen ihren Text und verbessern ihn gegebenenfalls noch einmal. **VERTIEFUNG:** Die TN tauschen ihre Texte untereinander aus, gehen noch einmal die Fragen durch und markieren ggf. an der Seite Unklarheiten. Danach erhält jede/r ihren/seinen Text zurück und überarbeitet ihn erneut.		

Ich kann jetzt …

SOZIALFORM	ABLAUF	MATERIAL	ZEIT
Einzelarbeit Gruppenarbeit	Die TN markieren, was auf sie zutrifft. **VERTIEFUNG:** Bringen Sie weitere Leserfragen und -antworten aus Zeitschriften mit und teilen Sie diese in den Gruppen aus. Wie bewertet die Expertin / der Experte jeweils die Frage und wie könnte man selbst darauf antworten? Die TN diskutieren darüber und verwenden dabei die Redemittel zur Meinungsäußerung in Aufgabe 4 bzw. im Anhang.	Leserfragen und -antworten aus Zeitschriften	

LESEN 2

1 K(l)eine Alltagssünden am Arbeitsplatz

SOZIALFORM	ABLAUF	MATERIAL	ZEIT
Gruppenarbeit	a)+b) Die TN ordnen die Handlungen den Bildern zu und sprechen darüber, was sie selbst schon gemacht haben und was davon problematisch sein könnte. Weisen Sie sie darauf hin, dabei die angegebenen Redemittel zu benutzen. *Lösung: A 5, B 3, C 2, E 4*		

2 Was Juristen dazu sagen

SOZIALFORM	ABLAUF	MATERIAL	ZEIT
Einzelarbeit Gruppenarbeit Plenum	a) Die TN lesen die Texte (Einzelarbeit), anschließend überlegen sich die TN in Gruppenarbeit eine gute Überschrift zu einem der Absätze. **VERTIEFUNG:** Chorlesen (Glossar → S. 132) Diese Übung eignet sich dazu, das überfliegende Lesen zu trainieren. Es geht um Schnelligkeit. Ein/e TN wird bestimmt, die/der an einer beliebigen Stelle im Text beginnt, laut vorzulesen. Sobald jemand die Stelle gefunden hat, setzt sie/er in das laute Lesen ein. Wenn alle die Stelle gefunden haben und mitlesen, startet ein/e andere/r TN eine neue Runde.		
Plenum	b) Die TN sprechen noch einmal im Plenum über ihre Vermutungen in 1b und vergleichen sie jetzt mit dem Text.		
Gruppenarbeit Plenum	c) Die TN sprechen über die Fehler und die Konsequenzen sowie ihren eigenen Umgang damit. **INTERKULTURELLES:** Fragen Sie die TN, wie solche Handlungen in ihrer Heimat bewertet werden und wie man sich dort in solchen Situationen verhält.		
Plenum	Lesen Sie gemeinsam den Landeskundetipp in *Wussten Sie schon?* **INTERKULTURELLES:** Fragen Sie die TN, wie der Kündigungsschutz in ihren Heimatländern geregelt ist. Falls Ihre TN noch sehr jung sind, können Sie diese Aufgabe auch als Rechercheauftrag geben.		
Einzelarbeit	**AB 35/Ü25** In einem persönlichen Brief die eigene Meinung zu Alltagssünden am Arbeitsplatz formulieren. Weisen Sie auch auf die Redemittel „Bedenken äußern" und „die eigene Meinung äußern" im Anhang hin; auch als Hausaufgabe geeignet.		
Einzelarbeit	**AB 35/Ü26** Landeskundliche Leseübung zum Thema „Kündigungsschutz", angelehnt an *Wussten Sie schon?* im Kursbuch; auch als Hausaufgabe geeignet.		

3 Partizip I und II als Adjektive

SOZIALFORM	ABLAUF	MATERIAL	ZEIT
Einzelarbeit	a) Die TN ergänzen die Beispiele. *Lösung: 2 mit einer aufsehenerregenden Kündigung, 3 die bestehenden Pausen, 4 verschickte und eingegangene E-Mails mitlesen, 5 ein an ihn persönlich adressiertes Geschenk*		

Partnerarbeit Plenum	b) Die TN sortieren die Adjektive und finden selbstständig die Regel. Kontrolle im Plenum. *Lösung: 1 verschickte und eingegangene, adressiertes: Partizip II, 2 bestehenden: Infinitiv + d*		
Einzelarbeit Plenum	c) Die TN bilden aus den Ausdrücken aus 3a) Relativsätze. Kontrolle im Plenum. *Lösung: 3 Pausen, die bestehen, 4 E-Mails, die verschickt wurden und eingegangen sind, 5 ein Geschenk, das an ihn persönlich adressiert ist*		
Einzelarbeit	**AB 36/Ü27** Grammatikwiederholung: Lückentext zu Adjektivendungen; auch als Hausaufgabe geeignet.		
Einzelarbeit	**AB 37/Ü28** Grammatik entdecken: Bedeutung von Partizip I und II als Adjektive erkennen.		
Einzelarbeit	**AB 37/Ü29** Grammatikübung: aktive und passive Bedeutung von adjektivischen Partizipien erkennen.		
Einzelarbeit	**AB 38/Ü30** Grammatikübung zur Bildung von Partizip I und II als Adjektive; auch als Hausaufgabe geeignet.		

Ich kann jetzt …

SOZIALFORM	ABLAUF	MATERIAL	ZEIT
Einzelarbeit	Die TN markieren, was auf sie zutrifft.		
Gruppenarbeit Plenum	**VERTIEFUNG:** Die TN schreiben eine Hausordnung mit Regeln, was in ihrer Sprachschule erlaubt ist und was nicht. Das kann auch etwas Lustiges sein. Sie sollen dabei so viele Partizipien als Adjektive benutzen wie möglich, zum Beispiel: *Privat genutzte Fotokopien dürfen nur gemacht werden, wenn der Chef nicht im Hause ist. / Ausgetrunkene Kaffeebecher sind vor dem Wegwerfen zu bemalen.* Dann werden die einzelnen Hausordnungen getauscht, und die Gruppe, die diese nun liest, erklärt dem Plenum mithilfe von Relativsätzen, was erlaubt ist und was nicht.		

SEHEN UND HÖREN

1 Geschäftlich telefonieren

SOZIALFORM	ABLAUF	MATERIAL	ZEIT
Plenum	a) Entwerfen Sie für die TN ein Szenario, damit sie sich die Situation besser vorstellen können, zum Beispiel: *Stellen Sie sich vor, Sie arbeiten in einer deutschsprachigen Firma als Sekretärin. Mit wem würden Sie auf Deutsch sprechen?* Vielleicht gibt es TN im Kurs, die schon einmal in so einer Situation waren. Die TN überlegen sich, wann und mit wem sie in der Firma sprechen würden, und in welchen Situationen sie wohl Probleme hätten oder schon hatten, sich gut auf Deutsch auszudrücken (zum Beispiel, wenn sich ein Kunde beschweren möchte oder Anfragen hat zu bestimmten Prozessen wie Zoll etc.).		
Partnerarbeit	b) Die TN stellen noch einmal zu zweit zusammen, welche Gesprächssituationen wohl eine besondere Herausforderung wären, und in welcher Situation sie deshalb Ratschläge oder Hilfe benötigen würden. (Beispiele: Konfliktsituationen, Kundenbeschwerden, spezielle Anfragen zu komplexen Themen etc.).		

2 Sehen Sie nun den Anfang eines Films an.

SOZIALFORM	ABLAUF	MATERIAL	ZEIT
Plenum	Die TN sehen den Anfang des Films und stellen Vermutungen an.	DVD 1/04	

3 Ratschläge

SOZIALFORM	ABLAUF	MATERIAL	ZEIT
Einzelarbeit/ Plenum	<u>Abschnitt 1</u>: Bevor die TN die Sequenz auf DVD ansehen, lesen sie die Fragen dazu durch. Fragen Sie die TN, ob sie schon einmal ein geschäftliches Telefonat in ihrer Muttersprache oder auf Deutsch führen mussten und wie sie dabei vorgegangen sind. Die TN sehen den Filmabschnitt und beantworten die Fragen. *Lösung: 1 Wer bin ich? Warum rufe ich an? Was will ich? Entscheide dich! 2 Notizen zu diesen Punkten, um zielorientiert vorzugehen und Missverständnisse zu vermeiden; man kann das Telefonat dann kürzen und sich besser auf das Gespräch und einen höflichen Umgangston konzentrieren.* **VERTIEFUNG:** Fragen Sie die TN, ob sie sich auch schon einmal vor einem Telefonat diese oder ähnliche Notizen gemacht haben, und wenn ja, was das für eine Situation war.	DVD 1/05	
Plenum Partnerarbeit	<u>Abschnitt 2</u>: Lassen Sie die TN die beiden ersten Fragen lesen, bevor Sie den 2. Abschnitt ansehen. Bilden Sie dann Zweiergruppen, die beim wiederholten Ansehen des Abschnitts Frage 3 bearbeiten. *Lösung: 1 Der Anrufer hat unvorbereitet telefoniert und es kam zu Missverständnissen, auch in der Art des Umgangs miteinander. 2 Die Rechnung war an die falsche Adresse ausgestellt. 3 Man spricht nicht von sich als „Herr"; Herr Schlei hatte keine Struktur, sein eigentliches Problem kam nicht zum Ausdruck, es kam zu Nachfragen und Missverständnissen; zudem hatte er seine Unterlagen nicht parat (falsche Rechnungsnummer genannt) und war unhöflich.*	DVD 1/06	
Einzelarbeit Partnerarbeit	<u>Abschnitt 3</u>: Die TN sehen den Abschnitt und notieren die Tipps des Stilcoachs. Sie vergleichen noch einmal mit ihrer Lernpartnerin / ihrem Lernpartner, was sie notiert haben. *Lösung: Vornamen nennen; sich vorbereiten, Irrtümer; Nachfragen und Missverständnisse, wo möglich, vermeiden*	DVD 1/07	
Einzelarbeit Plenum	<u>Abschnitt 4</u>: Die TN sehen den Abschnitt und machen sich Notizen. Besprechen Sie die ganze Sequenz von Anfang an im Plenum und lassen Sie die TN noch einmal zusammenfassen, was warum in dem ersten Telefonat schiefgelaufen ist, welche Tipps Herr Fenner gibt und was Herr Schlei am Ende besser gemacht hat. *Lösung: Er hat sein Anliegen am Telefon klar benannt und ist dabei höflich und zielorientiert vorgegangen.* **VERTIEFUNG:** Fordern Sie die TN auf, mögliche Telefonate mit Gesprächspartnern in einer Firma als Gespräch zu spielen und dabei die Tipps von Herrn Fenner zu beachten. Die TN können ihre Gespräche auch aus der Vertiefungsübung zu Aufgabe 1 erneut spielen.	DVD 1/08	

4 Gibt es in Ihrem Heimatland andere Konventionen für „richtiges" Telefonieren mit Geschäftspartnern? Berichten Sie.

SOZIALFORM	ABLAUF	MATERIAL	ZEIT
Plenum	Die TN sprechen über die Form des Telefonats in ihren Heimatländern. Schreiben Sie dazu verschiedene Fragen an die Tafel, die den TN als Leitfaden dienen können, zum Beispiel: *Wie begrüßt man sich? Was sagt/fragt man zuerst? Was wäre unhöflich? Gibt es einen bestimmten Gesprächsablauf? Wie verabschiedet man sich?* etc. Ergänzen Sie mit den TN weitere Fragen.		

5 Welchen der genannten Tipps fanden Sie persönlich hilfreich?

SOZIALFORM	ABLAUF	MATERIAL	ZEIT
Plenum	Die TN sprechen über die Tipps des Stilcoachs und wie sie sie für sich selbst anwenden können.		

Ich kann jetzt …

SOZIALFORM	ABLAUF	MATERIAL	ZEIT
Einzelarbeit	Die TN markieren, was auf sie zutrifft.		
Gruppenarbeit	**VERTIEFUNG:** Die TN fertigen zu dritt oder zu viert ein Plakat mit Tipps für das Telefonieren an.	Plakate	

SPRECHEN 2 Freitag

1 Gesprächspartner und Themen am Telefon

SOZIALFORM	ABLAUF	MATERIAL	ZEIT
Plenum Partnerarbeit	a)+b) Schauen Sie sich gemeinsam die drei Zeichnungen an und lassen Sie die Begriffe aus dem Schüttelkasten zuordnen. Fragen Sie die TN auch nach dem Grund für ihre Zuordnung. Mögliche Antworten: *lockere, entspannte Körperhaltung beim Gespräch mit einem Kollegen, aufrechtes Sitzen und Zuhören beim Chef, Notizen machen im Gespräch mit einem Geschäftspartner.* Zu zweit besprechen die TN nun, mit wem typischerweise über welches Thema gesprochen wird und markieren das entsprechende Feld. Fordern Sie die Zweiergruppen auch auf, die Tabelle mit anderen Themen zu ergänzen. *Lösung:* Zeichnungen: *Kollegin/Kollege, Vorgesetze/r, Geschäftspartner/in;* Themen: *Kollegin/Kollege: Arbeitsteilung, Urlaubsplanung; Vorgesetzte/r: Arbeitsteilung, Urlaubsplanung;* Geschäftspartner/in: *Bestellung, Reklamation* **VERTIEFUNG:** Wenn die TN selbst schon berufstätig sind/waren, können sie auch aus ihrer Praxis berichten.		

2 Was sagt man am Telefon?

SOZIALFORM	ABLAUF	MATERIAL	ZEIT
Einzelarbeit	Fragen Sie Ihre TN, wie ein geschäftliches Telefongespräch normalerweise abläuft: Wie es beginnt und wie es weitergeführt wird, zum Beispiel, wenn man etwas bestellen möchte. Die TN sehen sich die drei Schritte im Buch an und ordnen die Redemittel zu. *Lösung: 1 Guten Tag, hier spricht … / Mein Name ist …; 2 Der Grund meines Anrufs ist: … / Ich habe am …; 3 Ich würde Sie bitten, … / Nun hätte ich gern … / Wären Sie so freundlich und … / Ich bitte Sie deshalb, mir …*		
Einzelarbeit	**AB 38/Ü31** Wortschatzübung zum Thema „Urlaubsplanung am Telefon". Die Übung ist gut als Vorentlastung für das Rollenspiel in Übung 3 geeignet. Sie ist auch als Hausaufgabe geeignet.		

3 Rollenspiel

SOZIALFORM	ABLAUF	MATERIAL	ZEIT
Partnerarbeit	a)+b) Die TN wählen zu zweit eine Situation und besprechen, wer welche Rolle übernimmt. Sie sollten bei dem Rollenspiel versuchen, so konkret wie möglich vorzugehen, d.h., sie denken sich auch einen Firmennamen und ein konkretes Produkt aus. Sie schreiben mithilfe der Redemittel ein Telefonat.		
Plenum	c) Die TN spielen ihre Telefonate vor. Versuchen Sie dabei, die Situation so realistisch wie möglich zu inszenieren, d.h. zum Beispiel, die TN so zu setzen, dass sie sich nicht ansehen können (Rücken an Rücken / an verschiedenen Orten), oder gestalten Sie zwei typische Arbeitsplätze mit Büro-Utensilien etc. Wenn möglich, nehmen Sie die TN auf und analysieren Sie ggf. zu einem späteren Zeitpunkt die Aufnahmen mit den TN zusammen.	Büro-Utensilien, ggf. Videokamera	
Einzelarbeit	**AB 39/Ü32** Leseübung zum Filmtipp „Speed – auf der Suche nach der verlorenen Zeit". Fordern Sie die TN auf, Ausschnitte aus dem Film im Internet suchen; auch als Hausaufgabe geeignet.		

Mein Dossier

SOZIALFORM	ABLAUF	MATERIAL	ZEIT
Einzelarbeit	**AB 39/Ü33** Die TN schreiben über eigene Berufserfahrungen. Weisen Sie auch auf die Redemittel „Tätigkeiten erläutern" im Anhang hin. Auch als Hausaufgabe geeignet.		

Ich kann jetzt …

SOZIALFORM	ABLAUF	MATERIAL	ZEIT
Einzelarbeit	Die TN markieren, was auf sie zutrifft.		

AUSSPRACHE: Diphthonge *ei – au – eu/äu* (Arbeitsbuch → S. AB 40)

1 Gedicht

SOZIALFORM	ABLAUF	MATERIAL	ZEIT
Einzelarbeit Partnerarbeit/ Plenum	a)+b) Die TN hören das Gedicht und ergänzen die fehlenden Diphthonge. Danach lesen die TN ihrer Lernpartnerin / ihrem Lernpartner das Gedicht laut vor. Alternativ können Sie das Gedicht auch gemeinsam mit dem Kurs lesen. **FOKUS PHONETIK:** Diphthonge bestehen aus zwei kurzen Vokalen, die in einer Silbe miteinander verbunden werden (H**au**s, L**ei**m, L**eu**te). **TIPP:** Fordern Sie die TN auf, das Gedicht auswendig zu lernen. Sie sollen es im Plenum jeden Morgen als persönliche Phonetikübung sprechen. *Lösung: Eine kleine Meise macht sich auf die Reise zu ihrer Freundin Taube, die wohnt in einer Laube. Das wird ein Abenteuer, ihr ist das nicht geheuer.*	AB-CD/13	

2 Wortpaare *ei – au*?

SOZIALFORM	ABLAUF	MATERIAL	ZEIT
Einzelarbeit Partnerarbeit	Die TN markieren die Wörter, die sie hören. **FOKUS PHONETIK:** Der gesprochene [æ]-Laut wird nicht nur *ei* (Eis, frei) geschrieben, sondern auch *ai* (Mai, Kai), *ey* (Meyer), *ay* (Bayern); der [aɔ]-Laut wird schriftlich realisiert als *au* (Maus, Faust) oder *ao* (Kakao). **VERTIEFUNG:** Bitten Sie die TN, mithilfe der vorgegebenen Wörter in Partnerarbeit Sätze zu bilden und laut zu sprechen. Geben Sie zwei Frauennamen (*Meike* und *Claudia*) sowie zum Beispiel folgende Wörter vor: 1 vertrauen, ihrem Freund → *Meike vertraut ihrem Freund.* 2 ausgehen mit, Leuten → *Claudia geht mit einigen Leuten aus.* 3 Auto fahren, häufig; 4 träumen, neues Kleid; 5 versäumen, Klausur; 6 zu Hause bleiben, heute; 7 schreiben, deutlich **TIPP:** Zum Üben eignet sich hier auch der in Deutschland sehr bekannte Zungenbrecher *Blaukraut bleibt Blaukraut und Brautkleid bleibt Brautkleid.* *Lösung: 1 aus, 2 frei, 3 Rauch, 4 staunen, 5 Leiter, 6 Reifen*	AB-CD/14	

3 Ein Telefongespräch

SOZIALFORM	ABLAUF	MATERIAL	ZEIT
Einzelarbeit Partnerarbeit	a) Die TN ergänzen die Laute, die sie hören. **VERTIEFUNG:** Die TN lesen in Partnerarbeit den Text laut vor. *Lösung: 1 äu, 2 eu, 3 eu, 4 eu, 5 Eu, 6 Eu, 7 äu*	AB-CD/15	
Einzelarbeit	b) Die TN schreiben den Singular und lesen beide Formen noch einmal laut vor. **VERTIEFUNG:** Die TN überlegen sich weitere Nomen mit *au* und bilden davon den Plural. *Lösung: 2 Traum, 3 Baum, 4 Verkauf*		

SOZIALFORM	ABLAUF		
Einzelarbeit	c) Die TN markieren die richtige Antwort. *Lösung: meistens mit eu, nur dann mit äu, wenn es eine Grundform mit au gibt.*		
Partnerarbeit	d) Fordern Sie die TN auf, entsprechende Wörter, ggf. im Wörterbuch, zu suchen.	Wörterbuch	

LERNWORTSCHATZ (Arbeitsbuch → S. AB 41)

SOZIALFORM	ABLAUF	MATERIAL	ZEIT
Einzelarbeit	Abstrakte Nomen zu lernen, kann manchmal ein bisschen schwierig sein. Regen Sie die TN dazu an, sich eine **Fantasie-Gestalt** auszudenken, der sie bestimmte Eigenschaften zuschreiben. Oder, wenn die TN jemanden aus ihrer Umgebung kennen, dann beschreiben sie diese Person in bestimmten Situationen. Zum Beispiel: *Anna arbeitet in einer Klinik. Sie hat Schichtdienst. Sie arbeitet sehr verantwortungsvoll und ist sehr teamfähig. Sie hat eine starke Persönlichkeit ...*		

LEKTIONSTEST 2 (Arbeitsbuch → S. AB 42)

SOZIALFORM	ABLAUF	MATERIAL	ZEIT
Einzelarbeit	Mithilfe des Lektionstests haben die TN die Möglichkeit, ihr neues Wissen in den Bereichen Wortschatz, Grammatik und Redemittel zu überprüfen. Wenn die TN mit einzelnen Bereichen noch Schwierigkeiten haben, können sie gezielt einzelne Module wiederholen.		

REFLEXION DER LEKTION

SOZIALFORM	ABLAUF	MATERIAL	ZEIT
Gruppenarbeit	Um sich noch einmal intensiver mit den Lesetexten dieser Lektion zu beschäftigen, können Sie ein **Textquiz (Glossar → S. 137)** anbieten: Bilden Sie Gruppen und bitten Sie die TN, sich individuell die Lesetexte noch einmal anzusehen und einen auszuwählen. Zu diesem schreiben sie drei bis fünf Quizfragen. Diese Fragen werden im Anschluss den anderen Gruppen gestellt. Die Gruppe, die jeweils als Erstes die richtige Antwort weiß, bekommt einen Punkt. Die Gruppe mit den meisten Punkten hat gewonnen.		

EINSTIEG

Vor dem Öffnen des Buches

SOZIALFORM	ABLAUF	MATERIAL	ZEIT
Plenum	Fordern Sie die TN auf, alle elektronischen Geräte auf den Tisch zu legen, die sie bei sich haben, und zu sagen, wozu sie diese benötigen. Machen Sie eine kleine Kursstatistik, welche und wie viele elektronischen Geräte im Kurs vorhanden sind. Gehen Sie noch nicht weiter darauf ein, in welchen Situationen und wie oft die TN diese Geräte benutzen.		

1 Mediennutzung

SOZIALFORM	ABLAUF	MATERIAL	ZEIT
Einzelarbeit	**AB 43/Ü1** Wortschatzwiederholung zu digitalen Medien – eignet sich gut als Vorentlastung für die Übung im KB; auch als Hausaufgabe geeignet.		
Plenum	a) Fordern Sie die TN auf, alle Medien zu nennen, die die Frau im Zug benutzt, und sammeln Sie diese in einer linken Spalte an der Tafel. Schreiben Sie in einer rechten Spalte die passenden Verben dazu, die die TN nennen.		
Partnerarbeit Plenum	b) Bringen Sie Fotos von Medien mit, die es vor 20 Jahren gab, wie *Telefon mit Schnur, Kassettenrekorder, Plattenspieler, Münztelefon im Zug, Telefonhäuschen* etc. und hängen Sie sie an die Tafel. Die TN schauen sich die Fotos an und überlegen dann zu zweit, welche Medien man wann wie vor 20 Jahren benutzte, ob es diese Medien heute noch gibt bzw. welche man stattdessen heutzutage benutzt. Sammeln Sie die Ergebnisse im Plenum.	Fotos von Medien aus früheren Jahren	
Partnerarbeit Gruppenarbeit Plenum	c)+d) Die TN sprechen über ihre eigene Mediennutzung. **VERTIEFUNG:** Wenn sich die TN mit der Lernpartnerin / dem Lernpartner ausgetauscht haben, können sie zu viert zusammenkommen und die Mediengewohnheiten der Lernpartnerin / des Lernpartners den anderen vorstellen. Die Gesprächsergebnisse können die TN am Ende der Gruppenarbeit an der Tafel zusammenführen, indem sie eine Statistik dazu anlegen, welche Medien wie oft im Kurs benutzt werden.		
Einzelarbeit	**AB 43/Ü2** Hörübung zum Thema „Medienkonsum"; auch als Hausaufgabe geeignet.	AB-CD/16	

2 Lesegewohnheiten

SOZIALFORM	ABLAUF	MATERIAL	ZEIT
Gruppenarbeit Plenum	a)+b) Die TN überlegen zu viert, wo man überall lesen kann, und notieren auf ein Kärtchen jeweils einen Ort, zum Beispiel *im Zug, im Bett, am Schreibtisch, am Esstisch, in der Bibliothek, im Schwimmbad* etc. Anschließend zieht eine Person nach der anderen ein Kärtchen und erzählt, mit welchem Medium sie was wie häufig an diesem Ort liest. Im Plenum berichtet jede Gruppe über Gemeinsamkeiten und Unterschiede.	Kärtchen	

SEHEN UND HÖREN 1

1 Ein erster Eindruck

SOZIALFORM	ABLAUF	MATERIAL	ZEIT
Plenum	Lassen Sie die TN beschreiben, was sie auf den Fotos sehen, und erwähnen Sie, dass alle drei Fotos am selben Ort aufgenommen wurden. Sammeln Sie dann die Vermutungen im Plenum. **VERTIEFUNG:** Sinnesfoto (Glossar → S. 136): Die TN beschreiben die Fotos genauer. Fragen Sie die TN, was die abgebildeten Personen wohl in dieser Situation sehen, fühlen, hören, riechen. Dadurch wird das ganzheitliche Wahrnehmen geschult, was wiederum die Kreativität und das Sprechvermögen fördert.		

2 Ein besonderer Laden

SOZIALFORM	ABLAUF	MATERIAL	ZEIT
Plenum	a) Die Überschrift verrät nur, dass es sich um „einen besonderen Laden" handelt. Die TN lesen die sechs Themen. Fragen Sie sie, was für ein Laden es wohl ist. Die TN sehen dann die Fotoreportage einmal komplett und bringen die Themen in die richtige Reihenfolge. *Lösung: 1 Sitzgelegenheiten vor dem Buchladen, 2 Einrichtung und Angebote im Buchladen, 3 Kommentare der Kunden, 4 Lebensstationen der Buchhändlerin, 5 Zielgruppe des Ladens, 6 Veranstaltungen in der Buchhandlung*	DVD 1/09	
Einzelarbeit Plenum	b) Die TN sehen den Film noch einmal abschnittweise und machen sich Notizen zu den Fragen. Kontrolle im Plenum. *Lösungen:* Abschnitt 1: *1 ein Café, Bücher, Veranstaltungen, 2 Buch & Bohne;* Abschnitt 2: *1 Kaffeemaschine und Theke, 2 Sachbücher, Krimis, 3 Hörbücher, 4 für Bücher, die in einzelnen Ländern spielen, 5 Kinderbücher, etwas zum Spielen, eine Tafel, eine alte Schreibmaschine, kleinere Spielzeuge;* Abschnitt 3: *Kundin 1 findet die Veranstaltungen im Buchladen toll; lässt sich Bücher empfehlen; Kunde 2 hat den Laden zufällig entdeckt; unterhält sich gern mit der Besitzerin; Kunde 3 kauft fast immer ein Buch; findet, dass der Laden die Kunden zum Kaufen animiert;* Abschnitt 4: *in Budapest geboren, in Mannheim studiert, in München 15 Jahre im Controlling gearbeitet;* Abschnitt 5: *1 Münchner Autoren, 2 ein Nachbarschaftsbuchladen, 3 hat Potenzial*	DVD 1/10-14	
Einzelarbeit	**AB 44/Ü3** Wortschatzübung zum Thema; auch als Hausaufgabe geeignet.		

3 Ihr Buchladen. Berichten Sie.

SOZIALFORM	ABLAUF	MATERIAL	ZEIT
Gruppenarbeit Plenum	Die TN sprechen darüber, wo sie normalerweise Bücher kaufen und wie sie *Buch & Bohne* finden. Tragen Sie im Plenum die Gruppenergebnisse zusammen. **VERTIEFUNG:** Machen Sie eine Blitzumfrage im Kurs, wer noch in traditionelle Buchläden geht oder die Bücher eher über das Internet bestellt. Die TN befragen in einer Minute so viele Lernpartner wie möglich. Sammeln Sie die Ergebnisse im Plenum. Sprechen Sie danach mit den TN über die Vor- und Nachteile beider Kaufformen.		

Ich kann jetzt ...

SOZIALFORM	ABLAUF	MATERIAL	ZEIT
Einzelarbeit	Die TN markieren, was auf sie zutrifft.		

SCHREIBEN

1 Sophies Geburtstag

SOZIALFORM	ABLAUF	MATERIAL	ZEIT
Einzelarbeit Plenum	Die TN lesen die E-Mail und unterstreichen die Geschenkvorschläge. Besprechung im Plenum. **VERTIEFUNG:** Wenn Sie die Möglichkeit haben, sich den Bildband *Deutschland – Entdeckung von oben* von Gerhard Launer auszuleihen, nehmen Sie ihn mit in den Kurs und diskutieren Sie darüber, ob er ein gutes Geschenk wäre. Eine andere Möglichkeit ist es, sich gemeinsam einzelne Fotos oder ein Video zu dem Buch anzusehen. Beides ist im Internet zu finden. *Lösung: einen großformatigen Bildband, zum Beispiel „Deutschland – Entdeckung von oben"; alternativ ein elektronisches Buch und ein Lesegerät dazu, zum Beispiel ReaderXpress*	Bildband „Deutschland – Entdeckung von oben" und/oder Fotos daraus aus dem Internet	

2 Argumentieren und überzeugen

SOZIALFORM	ABLAUF	MATERIAL	ZEIT
Partnerarbeit Plenum	Die TN finden Argumente, die für bzw. gegen ein E-Book sprechen, und schreiben sie in eine Tabelle. Für ein E-Book sprechen zum Beispiel: *geringes Gewicht, geringes Volumen, deshalb praktisch für unterwegs, braucht keinen Platz auf dem Bücherregal, günstiger als ein gedrucktes Buch*; dagegen sprechen: *kleiner Bildschirm, blendet in der Sonne, ist stromabhängig, empfindlich, eventuell teuer.* Diskutieren Sie die Vor- und Nachteile anschließend im Plenum. **TIPP:** Schlagen Sie den TN vor, sich in bestimmte Rollen hineinzuversetzen, zum Beispiel in die eines Managers, der viel unterwegs ist, in die eines „Genießers", der den Geruch der Buchseiten liebt, in die eines Angestellten, der viel am PC arbeitet, in die eines Technikfreaks etc. Das hilft den TN, Argumente zu finden.		

3 Antwort an Stefan

SOZIALFORM	ABLAUF	MATERIAL	ZEIT
Einzelarbeit	Die TN verfassen eine Antwort an Stefan. Weisen Sie sie darauf hin, die dafür vorgegebenen Redemittel zu benutzen. Weisen Sie auch auf die Übersicht über die Redemittel im Anhang hin.		
Gruppenarbeit	**TIPP:** Um die TN für (eigene) Fehler zu sensibilisieren, bietet es sich an, sie erst einmal selbst die Texte korrigieren zu lassen. Verteilen Sie die Antwortschreiben im Kurs und bitten Sie die TN, den vorliegenden Text zu korrigieren und im Anschluss zu zweit zu besprechen. Alternativ bietet sich auch die Form einer **Kommentarlawine (Glossar → S. 134)** an: Lassen Sie Gruppen bilden. Jede/r TN schreibt einen Text. Danach liest jede/r TN einen Text aus der Gruppe (nicht den eigenen) und kommentiert ihn im Hinblick auf Fehler. Hierfür können Textstellen eingekreist und am Rand mit einer Bemerkung versehen werden. Dann wird der Text an die/den nächsten TN weitergegeben. Diese/r liest die Anmerkungen und kommentiert sie oder fügt neue hinzu. So wird weitergemacht, bis jede/r das eigene Blatt zurückbekommt. Die Kommentare werden nun zur Überarbeitung herangezogen. **VERTIEFUNG:** TN, die Schwierigkeiten mit dem Verfassen freier Texte haben, können **AB 44/Ü4** als Vorlage für ihren Antwortbrief nutzen; die Übung ist auch als Hausaufgabe zur Wiederholung der Redemittel geeignet.		
Einzelarbeit	**AB 45/Ü5** Eine E-Mail zum Thema „Geschenk für eine Arbeitskollegin finden" korrigieren; auch als Hausaufgabe geeignet.		

Ich kann jetzt …

SOZIALFORM	ABLAUF	MATERIAL	ZEIT
Einzelarbeit	Die TN markieren, was auf sie zutrifft.		

LESEN 1

Vor dem Öffnen des Buches

SOZIALFORM	ABLAUF	MATERIAL	ZEIT
Plenum	Wiederholen Sie die Verben mit Präpositionen, die im Text von Übung 2 auf dieser Seite vorkommen: *sich beschäftigen mit, suchen nach, sich informieren über, gehören zu, hindeuten auf.*		8 – 9

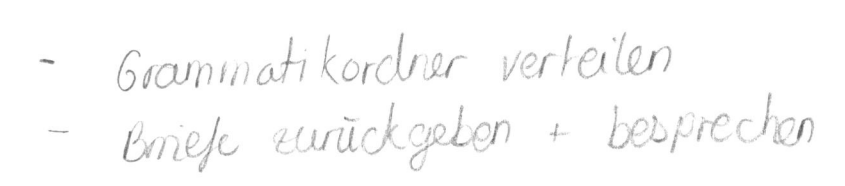

+ Vokabeln von heute erklären

– Grammatikordner verteilen

– Briefe zurückgeben + besprechen

1 Sehen Sie das Bild an.

SOZIALFORM	ABLAUF	MATERIAL	ZEIT
Plenum	a)+b) Die TN betrachten die Zeichnung und erklären, was die Person rechts im Bild macht. (Sie versucht durch das Auseinanderziehen der Finger das Bild in der Zeitung zu vergrößern, als handle es sich um einen Touchscreen.) Die TN erzählen von ähnlichen Erlebnissen. **TIPP:** Wissenschaftler haben festgestellt, dass das Bedienen des Touchscreens die Gehirnstruktur verändert. Das visuelle Denken wird mehr gefordert und dadurch auch stärker ausgebildet. **VERTIEFUNG:** Geben Sie den TN die Information aus dem TIPP und fragen Sie sie, ob sie dieser zustimmen/nicht zustimmen und warum. Fragen Sie die TN danach, ob sie denken, dass Tablet-PCs in Zukunft die Printmedien vollständig ersetzen werden. Die TN sprechen im Plenum.		

2 Das Leseverhalten der Jugend

SOZIALFORM	ABLAUF	MATERIAL	ZEIT
Einzelarbeit	a) Die TN lesen den Anfang des Zeitungsartikels und markieren, worum es geht. Fragen Sie nach der Stelle im Text, in der die zentrale Aussage steht (Zeile 6: „lesen dennoch weiterhin …"). *Lösung: … junge Leute trotz intensiver Internet-Nutzung noch gern Zeitung lesen*		3 – 9 05
Plenum	b) Sammeln Sie in Stichworten mögliche Gründe für diesen Trend an der Tafel, wie zum Beispiel, dass man so an das Spüren der Seiten und die Geräusche beim Umblättern gewohnt ist, dass man Themen gern kompakt im Überblick vor sich liegen hat, dass man sich spontan etwas notieren oder herausschneiden kann etc.		
Einzelarbeit	c) Die TN lesen den Text weiter und ordnen die Zwischenüberschriften zu. *Lösung: 1 Printmedien erfreuen sich wachsender Beliebtheit, 2 Zeitungen in Deutschland fast doppelt so beliebt wie in Nordamerika, 3 Printmedien wegen ihres übersichtlichen Aufbaus beliebt, 4 Jugend imitiert Verhalten der Eltern; Überschriften, die nicht passen: Keine großen Veränderungen im Medienkonsum; Gleichaltrige als Vorbilder* **VERTIEFUNG:** Wer möchte, kann auch eigene Überschriften zu den Textabschnitten schreiben.		9 05 9 20
Partnerarbeit	d) Die TN unterstreichen die im Text genannten Gründe und vergleichen sie mit ihren Vermutungen aus 2b). *Lösung: Zeile 30: Artikel in den Printmedien würden nach Themenkomplexen zusammengestellt; Zeile 31: optisch ansprechendes, übersichtliches Angebot von Artikeln; Zeile 37 f.: … Mehrzahl der heutigen Teenager sei in Haushalten aufgewachsen, …*		9 30 – 9 30
Plenum	**INTERKULTURELLES:** Lassen Sie Ihre TN erzählen, wie das Leseverhalten in ihren Heimatländern ist. Fragen Sie, wie beliebt Printmedien im Vergleich zu digitalen Medien unter Jugendlichen sind.		
Einzelarbeit	**AB 45/Ü6** Wortschatzübung: Begriffe zum Thema „Printmedien"; auch als Hausaufgabe geeignet.		9 30 9 35

3 Verweiswörter im Text

SOZIALFORM	ABLAUF	MATERIAL	ZEIT
Plenum	Vor dem Öffnen des Buches: Wiederholen Sie die Verben mit Präpositionen, die im Text von Übung 2 vorkommen: *sich beschäftigen mit, suchen nach, sich informieren über, gehören zu, hindeuten auf.*		
Einzelarbeit Plenum	a)+b) Die TN ergänzen. Besprechen Sie das Beispiel im Plenum und erarbeiten Sie ggf. auch Nummer 1 zunächst gemeinsam. Weisen Sie auch auf die Grammatikübersicht im Kursbuch (→ S. 52/1) hin. *Lösung: a 1 Worauf deuten die Zahlen hin? Darauf, dass sich der Medienkonsum nicht so stark gewandelt hat. 2 Was tun in den USA nur rund 40 Prozent? In den USA lesen nur 40 Prozent regelmäßig Tageszeitung. 3 Was ist eine andere Erklärung für die Popularität der Tagespresse? Dass die Mehrzahl der heutigen Teenager in Haushalten aufgewachsen ist, in denen Zeitungen einfach dazugehörten. b 2 Das hat mich überrascht. 3 Daran hatten sie sich gewöhnt. 4 Damit überzeugen sie auch jugendliche Leser.*		$9^{\underline{35}}$ $10^{\underline{00}}$
Einzelarbeit	**AB 46/Ü7** Grammatikwiederholung zu Präpositionen und Präpositionalpronomen (*dafür, darüber* etc.).		$10^{\underline{30}}$ $10^{\underline{45}}$
Einzelarbeit	**AB 46–47/Ü8** Grammatik entdecken: Verben mit Präpositionalpronomen erkennen und den Pronomen die entsprechenden Satzteile zuordnen.		$10^{\underline{45}}$ $11^{\underline{00}}$
Einzelarbeit	**AB 47/Ü9** Grammatikübung: Sätze mit Präpositionalpronomen *da(r)-* und dem Verweiswort *das* schreiben; auch als Hausaufgabe geeignet.		$11^{\underline{00}}$ $11^{\underline{15}}$

Ich kann jetzt …

SOZIALFORM	ABLAUF	MATERIAL	ZEIT
Einzelarbeit	Die TN markieren, was auf sie zutrifft.		
Plenum	**VERTIEFUNG:** Suchen Sie sich aus einer Liste von Verben mit Präpositionen etwa 20 (für Ihre TN) wichtige Verben heraus und machen Sie einen **Partnerlauf** (Glossar → S. 136): Einigen Sie sich auf eine bestimmte Bewegung zu jeder Präposition – zum Beispiel bei „mit": *Partner/in unterhaken,* bei „nach": *etwas nachmachen, was die/der andere zeigt,* bei „über": *Handflächen übereinanderlegen,* bei „zu": *aufeinander zugehen,* bei „auf": *die Arme gemeinsam öffnen und schließen.* Die TN gehen mit Musik durch den Raum. Jedes Mal, wenn Sie die Musik stoppen, nennen Sie eines der herausgesuchten Verben (zum Beispiel *animieren*); die TN führen die Bewegung zu der passenden Präposition aus (zu = *aufeinander zugehen*). Wiederholen Sie dieses Bewegungsspiel von Zeit zu Zeit mit denselben oder mit neuen Verben. Es eignet sich auch gut als Energieaufbauübung (Glossar → S. 133).	Musik	

WORTSCHATZ

1 Medienbranche

SOZIALFORM	ABLAUF	MATERIAL	ZEIT
Einzelarbeit Plenum	a)+b) Die TN ordnen die Berufe und Tätigkeiten zu. *Lösung: a A Stylist/in / Maskenbildner/in, B Schauspieler/in, C Regisseur/in, D Kamerafrau/-mann, E Journalist/in, F Fotograf/in, G Drehbuchautor/in, H Nachrichtensprecher/in, I Redakteur/in; b A die Maske machen, die Schauspieler schminken und stylen, B eine Rolle spielen, das Skript auswendig lernen, einen Film drehen, C einen Drehort aussuchen, Regie führen, einen Film drehen, D eine Szene filmen/aufnehmen, hinter der Kamera stehen, E einen Artikel verfassen, Hintergründe recherchieren, Interviews führen, F Prominente fotografieren, Pressefotos machen, G ein Drehbuch verfassen, eine Buchvorlage umschreiben, H zum Fernsehpublikum sprechen, Nachrichten vorlesen, I eine Seite gestalten, einen Artikel überarbeiten* **VERTIEFUNG:** Schreiben Sie einige Verben aus Übung b an die Tafel und fragen Sie die TN, welche Nomen dazu passen – zum Beispiel *verfassen: einen Artikel, ein Drehbuch, Nachrichten; spielen: eine Rolle, eine Szene* etc.		
Partnerarbeit Gruppenarbeit	c) TN, die sich eher noch etwas schwertun, können für ihre Quizkarten die Tätigkeiten aus Übung 1b) verwenden, die anderen TN suchen sich weitere Tätigkeiten aus. **VERTIEFUNG:** Zwei Teams gehen zusammen. Spielen Sie „*Wer bin ich?*": Jede/r TN schreibt auf einen kleinen Zettel einen Beruf. Dieser Zettel wird mit ein bisschen Creme auf die Stirn der Lernpartnerin / des Lernpartners geklebt, ohne dass sie/er den Beruf sehen kann. Machen Sie auch dabei mit. Ziel ist es, durch Ja-Nein-Fragen herauszubekommen, welchen Beruf man selbst in dem Spiel ausübt. Die jüngste Person beginnt und stellt Fragen mithilfe der Tätigkeiten aus 1b), zum Beispiel: *Stehe ich hinter der Kamera?* Ist die Antwort *Ja*, darf weitergefragt werden, ist die Antwort *Nein*, ist die nächste Person an der Reihe.	Creme, Kärtchen	

2 Filmgenres

SOZIALFORM	ABLAUF	MATERIAL	ZEIT
Partnerarbeit Gruppenarbeit Plenum	a)+b) Klären Sie die Bedeutung der Adjektive. Dann ordnen die TN sie den Filmgenres zu. Weisen Sie darauf hin, dass die Zuordnung subjektiv ist und dass die TN die Filmgenres auch mit Adjektiven beschreiben können, die nicht im Schüttelkasten stehen. Danach sprechen sie zu viert darüber, wie ihnen bestimmte Filmgenres gefallen bzw. nicht gefallen und führen ihre Meinungen im Plenum zusammen. *Lösungsvorschlag:* Komödie: *humorvoll, lustig/amüsant, witzig*; Krimi: *turbulent, abwechslungsreich, un-/interessant*; Horrorfilm: *grausam, gruselig, reißerisch*; Dokumentarfilm: *aktuell, informativ, lehrreich*; Historienfilm: *bilderreich*; Liebesfilm: *gefühlvoll, romantisch, traurig*; Thriller: *temporeich, unterhaltsam*; Science-Fiction: *un-/sachlich, turbulent*; Literaturverfilmung: *authentisch*; Western: *langweilig, romantisch* **VERTIEFUNG:** Die TN stellen kurz einen Film vor, den sie in letzter Zeit im Fernsehen oder Kino gesehen haben. Sie benutzen dabei die Adjektive aus 2a) – zum Beispiel: *Ich habe gestern den aktuellen „Tatort" gesehen. Die Handlung in diesem Krimi war sehr turbulent. Es ging um …*		

Einzelarbeit	**AB 48/Ü10** Wortschatzübung zu Adjektiven; auch als Hausaufgabe geeignet.		

3 Wortbildung: Nachsilben bei Adjektiven

SOZIALFORM	ABLAUF	MATERIAL	ZEIT
Einzelarbeit	a) Die TN ordnen die Adjektive aus Übung 2a entsprechend ihrer Endungen. Weisen Sie auch auf die Grammatikübersicht im Kursbuch (→ S. 52/2) hin. *Lösung: -isch: authentisch, reißerisch, romantisch; -ig: gruselig, langweilig, lustig, traurig, witzig; -ent/-ant: turbulent, amüsant, un/interessant; -ell: aktuell; -reich/-arm: bilderreich, lehrreich, temporeich, ereignisreich, abwechslungsreich, handlungsarm; -voll: gefühlvoll, humorvoll; -sam: grausam, unterhaltsam; -iv: informativ; -lich: un/sachlich*		
Plenum	b) Schreiben Sie die Endungen aus Übung 3a) an die Tafel und nennen Sie mehrere Beispiele mit *-isch*. Fragen Sie die TN, ob sich anhand der Endung irgendeine Bedeutung erkennen lässt. Lesen Sie dann das Beispiel in der Sprechblase und lassen Sie die TN für andere Adjektive mit *-voll* Umschreibungen finden. Gehen Sie so mit allen Endungen vor. *Lösung: -reich, -voll = viel, -arm = wenig*		
Einzelarbeit Plenum	c) Die TN markieren die Antwort. Kontrolle im Plenum. Fragen Sie anschließend, welches Adjektiv mit diesen Endungen Ihre TN aus ihrer Sprache kennen. Die TN lesen den Lerntipp und wenden ihn möglichst bei den Adjektiven aus 2a) an. Schreiben Sie eine Tabelle an die Tafel und erarbeiten Sie sie Schritt für Schritt mit den TN zusammen. {{subtable}}		
Einzelarbeit Plenum	**TIPP:** Vielleicht können sich die TN auch Brücken aus der Herkunft der Wörter bilden: *aktuell:* Französisch, *turbulent:* Latein, *informativ:* Latein, *amüsant:* Französisch, *interessant:* Latein **VERTIEFUNG:** Die TN setzen die Tabelle für die weiteren Adjektive aus 2a) als Hausaufgabe fort. Weisen Sie darauf hin, dass es nicht überall einen Eintrag gibt bzw. manche Wörter auch nicht so frequent sind, wie zum Beispiel *authentifizieren*. Kontrolle im Plenum. **TIPP:** Fordern Sie die TN auf, auch beim Vokabellernen entsprechende Nomen und Verben zu den Adjektiven zu bilden und umgekehrt. *Lösung: Sie kommen aus einer anderen Sprache.*		
Einzelarbeit	**AB 48/Ü11** Grammatikübung: Nomen zu Adjektiven auf *-ant, -ig, -lich, -isch, -ell* umformen und mit der richtigen Endung in einen Lückentext einsetzen; auch als Hausaufgabe geeignet.		

Eingebettete Tabelle (in Zeile c):

Adjektiv	Nomen	Verben
aktuell	Aktualität	aktualisieren
authentisch	Authentizität	authentifizieren
turbulent	Turbulenz	-
bilderreich	Bild	bilden
gefühlvoll	Gefühl	fühlen
grausam	Grausamkeit	grausen
gruselig	Grusel	gruseln

| Gruppenarbeit | **VERTIEFUNG:** Um den Lernwortschatz der Wortschatzseiten zu vertiefen, teilen Sie den Kurs in Gruppen von 3–5 TN und kopieren Sie die Kopiervorlage Lektion 3 (→ S. 114) pro Gruppe einmal. Jede/r TN bekommt reihum eine Karte. Der unterstrichene Begriff auf der Karte muss nun von dem TN erklärt werden, der die jeweilige Karte bekommen hat. Die anderen TN aus der Gruppe sollen ihn anhand der Erklärungen erraten. Beim Umschreiben des gesuchten Begriffes dürfen aber die anderen Wörter auf der Karte <u>nicht</u> zu Hilfe genommen werden. Jeweils der TN, der rechts neben dem Erklärenden sitzt, darf mit auf das Kärtchen schauen, und muss kontrollieren, ob tatsächlich keiner der „verbotenen" Begriffe genannt wird (es darf nur gesagt werden, ob es sich bei dem gesuchten Wort um ein Nomen, ein Verb oder ein Adjektiv handelt). Geben Sie den TN eine Zeitvorgabe (zum Beispiel 2 Minuten), in der der Begriff erraten werden muss. Wer aus der Gruppe den gesuchten Begriff in der vorgegebenen Zeit errät, bekommt die Karte. Wurde einer der Begriffe auf der Karte doch genannt, so ruft der kontrollierende TN laut „Stopp" und beendet die Runde. Wurde der Begriff nicht erraten, wird die Karte aus dem Spiel genommen. Die/Der TN mit den meisten Karten am Ende gewinnt das Spiel.
TIPP: Als Vorbereitung können Sie die TN dazu auffordern, vor dem Spiel den Lernwortschatz (→ S. AB 57) sowie die Wortschatzseiten des Kursbuchs noch einmal gründlich anzusehen. In Kursen mit TN, für die die Aufgabenstellung noch etwas zu schwer ist, können Sie den TN vor der Umschreibung des gesuchten Begriffs etwas Zeit zum Überlegen geben. | Kopiervorlage Lektion 3 | |

Ich kann jetzt …

SOZIALFORM	ABLAUF	MATERIAL	ZEIT
Einzelarbeit	Die TN markieren, was auf sie zutrifft.		
Gruppenarbeit	**VERTIEFUNG:** Jede Gruppe erhält einen Würfel, auf den Sie jeweils sechs verschiedene Adjektivendungen geklebt haben, zum Beispiel: *-isch, -ig, -sam, -reich, -lich, -voll.* Reihum wird gewürfelt und versucht, ein Adjektiv mit der Endung zu nennen. **TIPP:** Sie können zum Erstellen der Würfel auch die Kopiervorlage Lektion 5 (→ S. 117) zu Hilfe nehmen und individuelle Würfel basteln (lassen).	Würfel mit verschiedenen Adjektivendungen; Kopiervorlage Lektion 5, dickeres Papier, Kleber	

HÖREN

1 Sehen Sie die Filmplakate an. Welcher Film würde Sie interessieren?

SOZIALFORM	ABLAUF	MATERIAL	ZEIT
Plenum	Die TN sagen, welcher Film sie interessieren würde und warum. Wenn jemand einen der beiden Filme schon gesehen hat, kann sie/er den Inhalt erzählen.		

2 „Almanya – Willkommen in Deutschland"

SOZIALFORM	ABLAUF	MATERIAL	ZEIT
Einzelarbeit	Die TN lesen zunächst die Fragen zu Abschnitt 1 und hören dann den Radiokommentar zweimal, markieren im ersten Abschnitt die richtige Antwort und beantworten die Fragen zu Abschnitt 2. _Lösung:_ Abschnitt 1: _1, 2, 5, 6;_ Abschnitt 2: _1 einfühlsam und humorvoll, 2 weil sie diese Welt selbst erlebt haben und mit viel Humor eine Brücke zwischen den Kulturen schlagen können und ihnen die Balance zwischen Tradition und Moderne gelingt, 3 über 1,4 Millionen, 4 beim Deutschen Filmpreis_ **LANDESKUNDE:** Der Deutsche Filmpreis ist die renommierteste Auszeichnung für den deutschen Film. Er ist hoch dotiert und wird seit 1951 jedes Jahr vergeben. Es gibt verschiedene Kategorien wie zum Beispiel die Kategorie „bester Spielfilm", „beste Regie" etc.	CD 1/13–14	
Plenum	**INTERKULTURELLES:** Fragen Sie die TN, ob auch ihre Familien in zwei Ländern gelebt haben, und wenn ja, was das für ihre Familien und Verwandten bedeutet (hat).		

3 Würden Sie den Film gern ansehen? Warum (nicht)?

SOZIALFORM	ABLAUF	MATERIAL	ZEIT
Plenum	Die TN sagen, ob sie sich den Film gerne anschauen würden oder nicht und begründen dabei ihre Meinung. Die TN lesen auch die Informationen aus _Wussten Sie schon?_ Besprechen Sie die Unterschiede zwischen dem deutsch-türkischen Kino um 1975 und heute. Fragen Sie, was mit „Kino der doppelten Kulturen" gemeint ist.		
Einzelarbeit	**AB 49/Ü12** Lesetext über Leben und Werk der Filmemacherinnen von _Almanya,_ angelehnt an _Wussten Sie schon?_ im Kursbuch.		
Einzelarbeit	**AB 50/Ü13** Schreibübung zum Thema „Filme empfehlen". Mithilfe aufgelisteter Redemittel soll ein Filmtipp formuliert werden; auch als Hausaufgabe geeignet.		

4 Wir brauchen Kinokarten.

SOZIALFORM	ABLAUF	MATERIAL	ZEIT
Einzelarbeit	a) Die TN markieren die richtige Antwort. _Lösung: die Rautetaste drücken_ **VERTIEFUNG:** Lassen Sie sich von den TN auf deren Mobiltelefonen oder Smartphones die Rautetaste zeigen.		
Einzelarbeit Plenum	b) Die TN lesen zunächst die Fragen zum jeweiligen Abschnitt, hören dann abschnittsweise die passende Telefonansage und beantworten die Fragen. Kontrolle im Plenum. _Lösung:_ Abschnitt 1: _1 im ABC-Kino, 2 Karten reservieren, den aktuellen Spielplan hören, einen anderen Tag wählen, 3 die Taste 2;_ Abschnitt 2: _1 vier, 2 nein, nur drei von vier, 3 die Rautetaste, 4 Filmauswahl, Uhrzeit, Anzahl der Karten, Platzkategorie;_ Abschnitt 3: _1 Den Film Almanya um 20.15 Uhr für zwei Personen, Kategorie A; 2 die Karten abholen_ **VERTIEFUNG:** Fragen Sie die TN, ob sie schon einmal in so einer Situation waren oder bereits etwas anderes in Deutschland/Österreich/Schweiz über das Telefon bestellt haben.	CD 1/15–17	

5 Uneingeleitete *wenn*-Sätze

SOZIALFORM	ABLAUF	MATERIAL	ZEIT
Einzelarbeit	a) Die TN lesen den Satz und markieren, welcher darunter stehende Satz das Gleiche ausdrückt. Weisen Sie die TN auch auf die Grammatikübersicht im Kursbuch (→ S. 52/3) hin. *Lösung: Wenn Sie reservieren …*		
Einzelarbeit	b)+c) Die TN formen die Sätze wie im Beispielsatz um und ergänzen die Regel in c). *Lösung: b) 2 Wenn Sie einen anderen Tag auswählen möchten, drücken Sie bitte die 3. 3 Wenn Sie keine Cinecard haben, drücken Sie bitte die 1. 4 Wenn Sie noch weitere Informationen brauchen, warten Sie bitte auf den nächsten freien Mitarbeiter. 5 Wenn Sie einen bestimmten Film suchen, geben Sie den Namen auf der Tastatur ein. c) Im normalen Nebensatz steht* <u>wenn</u> *in Position 1,* <u>das Verb</u> *steht am Ende. Im uneingeleiteten Nebensatz steht* <u>das Verb</u> *in Position 1,* <u>wenn</u> *fällt weg.*		
Einzelarbeit	**AB 50/Ü14** Hörübung zu *wenn*-Sätzen und Umformungsübung zu uneingeleiteten *wenn*-Sätzen; auch als Hausaufgabe geeignet.	AB-CD/17	

Ich kann jetzt …

SOZIALFORM	ABLAUF	MATERIAL	ZEIT
Einzelarbeit	Die TN markieren, was auf sie zutrifft.		
Partnerarbeit	**VERTIEFUNG:** Bringen Sie Kurzrezensionen der genannten und anderer Filme dieser Art mit in den Kurs. Geeignet sind zum Beispiel *Kebab Connection, Meine verrückte türkische Hochzeit, Türkisch für Anfänger, Soul Kitchen (s.a. Sicher! B1+, AB 109).* Jeweils zwei TN lesen einen Text. Anschließend erzählen sich zwei Paare gegenseitig von den Filmen.	Filmrezensionen	

LESEN 2

1 Wozu lädt das Schild ein? Markieren Sie.

SOZIALFORM	ABLAUF	MATERIAL	ZEIT
Einzelarbeit	Die TN markieren die richtige Antwort. *Lösung: Sonntags in einer Kneipe gemeinsam einen Fernsehkrimi anzusehen.*		
Plenum	**VERTIEFUNG:** Fragen Sie die TN, ob sie schon einmal eine Fernsehsendung in einer Kneipe gesehen haben, und wenn ja, wo das war und welchen Film sie gesehen haben.		

2 Das „Tatort-Public-Viewing"

SOZIALFORM	ABLAUF	MATERIAL	ZEIT
Plenum	Die TN lesen die Überschrift. Fragen Sie sie, was der Begriff „Tatort" bedeutet und worum es in dem Text gehen könnte. Sammeln Sie die Vermutungen an der Tafel. Dann lesen die TN den Text und beantworten die Fragen. *Lösung: 2 Der „Tatort" ist die Lieblingsserie deutscher Fernsehzuschauer. 3 Er selbst wollte den „Tatort" an seinem Arbeitsplatz anschauen. Er wollte einen Event daraus machen. 4 Der Laden ist immer voll mit netten Saft- und Rotwein-Trinkern. 5 In der Freiburger Mensabar, um das durchgefeierte Wochenende mit kostenloser heißer Suppe und dem „Tatort" ausklingen zu lassen. 6 Charakterstarke Kommissar-Teams, die realistische Darstellung und die Tradition* **VERTIEFUNG:** Auf der Tatort-Website der ARD werden alle Kommissar-Teams, geordnet nach den Städten, in denen sie ermitteln, beschrieben. Diese Charakterdarstellungen können Sie als Ausdruck mit in den Kurs bringen. In Gruppen wählen sich die TN ein Tatort-Team aus, lesen sich die Charakterdarstellungen durch und entwerfen ein **Standbild** (→ Glossar S. 137) zu den jeweiligen Charakteren. Die anderen raten die Eigenschaftsadjektive. **INTERKULTURELLES:** Fragen Sie die TN, ob es in ihren Heimatländern auch so eine bekannte Krimiserie gibt, seit wann es sie gibt und was das Typische daran ist.	Charakterdarstellungen der Tatort-Kommissare	

3 In Ihrem Heimatland

SOZIALFORM	ABLAUF	MATERIAL	ZEIT
Plenum	Fragen Sie Ihre TN, ob es Public-Viewing in ihren Heimatländern gibt, und wenn nicht, welche Serien aus ihren Heimatländern sie dafür geeignet fänden.		

4 *dass*-Sätze oder Infinitiv + *zu*

SOZIALFORM	ABLAUF	MATERIAL	ZEIT
Einzelarbeit Plenum	a) Zunächst formen die TN die Sätze um. Kontrolle im Plenum. *Lösung: 1 …, dass er den Krimi alleine anschaut. 2 Er findet es großartig, dass er so viele Menschen mit seinen Kneipen-Fernsehabenden glücklich macht. → Das Subjekt im Hauptsatz und im dass-Satz sind identisch.* Fragen Sie die TN anschließend, was ihnen auffällt. Helfen Sie ggf., indem Sie nach dem Subjekt im jeweiligen *dass*-Satz und dem entsprechenden Hauptsatz fragen. Weisen Sie auch auf die Grammatikübersicht im Kursbuch (→ S. 52/4a) hin.		
Einzelarbeit	b)+c) Die TN suchen die Entsprechung mit Infinitiv + *zu*. *Lösung: b 1 Die Zuschauer bekommen die Aufgabe, den Mörder zu erraten. 2 Der Wirt bittet die Gäste, nicht so laut zu sein. 3 – ; c 3: Nach Verben des Sagens und des Wissens steht kein Infinitiv mit „zu".*		
Einzelarbeit	**AB 51/Ü15** Grammatik entdecken: Übung zu *dass*- und Infinitivsätzen; auch als Hausaufgabe geeignet.		

5 *dass*-Sätze als Ergänzung

SOZIALFORM	ABLAUF	MATERIAL	ZEIT
Plenum Einzelarbeit	Sehen Sie sich den Beispielsatz gemeinsam an und fragen Sie, was beim Umformen aus dem Nebensatz geworden ist. Helfen Sie, wenn nötig, indem Sie fragen, um was für einen Satzteil es sich bei *Beliebtheit von „Tatort"* handelt, und mit welchem Fragewort man danach fragt (Nominativergänzung, *Wer oder Was?*). Die TN ergänzen selbstständig die Sätze 2–4 in der richtigen Form. Weisen Sie auch auf die Grammatikübersicht im Kursbuch (→ S. 52/4b) hin. Die TN lesen im Anschluss die Informationen zu *Wussten Sie schon?* *Lösung: 2 Der Wirt sorgt für die Getränke der Gäste. 3 Selbstverständlich ist Christian an der Zufriedenheit der Gäste interessiert. 4 Viele geben ihre Schwäche für den Tatort zu.*		
Einzelarbeit	**AB 52/Ü16** Grammatik entdecken: *dass*- und Infinitivsätze als Ergänzung; auch als Hausaufgabe geeignet.		
Einzelarbeit	**AB 52–53/Ü17** Grammatikübung zu *dass*- und Infinitivsätzen als Ergänzung; auch als Hausaufgabe geeignet.		
Einzelarbeit	**AB 53/Ü18** Fragen zu einem Hörtext mit landeskundlichen Informationen über „Public Viewing", angelehnt an *Wussten Sie schon?* im Kursbuch.	AB-CD/18	

Ich kann jetzt …

SOZIALFORM	ABLAUF	MATERIAL	ZEIT
Einzelarbeit	Die TN markieren, was auf sie zutrifft.		
Gruppenarbeit	**VERTIEFUNG:** Die TN arbeiten in zwei Gruppen: Die eine Gruppe schreibt Satzanfänge zum Thema „*dass*-Sätze und ihre Entsprechungen" aus Übung 4 und 5 im Kursbuch (→ S. 49) oder der Grammatikübersicht (→ S. 52) auf Kärtchen, die andere Gruppe schreibt die Regeln dazu auf andere Kärtchen. Die Kärtchen werden getauscht. Danach beginnt ein/e TN der zweiten Gruppe, einen Satzanfang zu beenden. Die erste Gruppe sucht das Kärtchen mit der richtigen Regel heraus und liest diese vor. Ggf. wird der Satz von Gruppe 2 gemeinsam korrigiert. Ziel ist es, so oft wie möglich den Infinitiv + *zu* zu benutzen. Die Kärtchen kommen dann in die **Wiederholungskiste (Glossar → S. 138)** und können zu einem späteren Zeitpunkt wieder als Übung dienen. Legen Sie sich von Beginn des Kurses an eine Wiederholungskiste zu, in der Sie in Briefumschlägen wichtige Redemittel, Grammatik oder Wortschatz aus den Lektionen sammeln. Die TN schreiben die Inhalte auf Kärtchen, Sie stecken diese in nach Lektionen und Rubriken benannte Briefumschläge und diese in die Wiederholungskiste. Die Inhalte stehen den TN zu jedem beliebigen Zeitpunkt zur Verfügung, zum Beispiel wenn Sie binnendifferenzierend arbeiten möchten und TN mehr Hilfestellung zu einem Thema benötigen, oder wenn Sie / die TN einfach nur wiederholen möchten.	Kärtchen Briefumschläge, Kiste (Schuhkarton)	

SPRECHEN

Vor dem Öffnen des Buches

SOZIALFORM	ABLAUF	MATERIAL	ZEIT
Plenum	Fragen Sie die TN, ob sie sich regelmäßig über die aktuellen Nachrichten informieren und an welchen Nachrichten sie interessiert sind (aus Politik, Sport, dem Heimatland, dem Ausland etc.).		

1 Nachrichtenquellen

SOZIALFORM	ABLAUF	MATERIAL	ZEIT
Einzelarbeit	Die TN öffnen das Kursbuch und ordnen die Nachrichtenquellen den Bildern zu. *Lösung: A Tageszeitungen, B Fernsehnachrichten, C Live-Ticker, D Radionachrichten* **VERTIEFUNG:** Fragen Sie die TN, über welche Medien sie sich in ihren Heimatländern und in Deutschland/Österreich/Schweiz am häufigsten informieren. Fragen Sie auch nach Unterschieden.		

2 Projekt: Meldungen aus Nachrichten präsentieren

SOZIALFORM	ABLAUF	MATERIAL	ZEIT
Einzelarbeit	**AB 54/Ü19** Diese Wortschatz- und Leseübung zum Thema „Nachrichten analysieren" eignet sich sehr gut als Vorübung für die Präsentation; auch als Hausaufgabe geeignet.		
Plenum	a)–c) Bitten Sie die TN, zu Hause eine Nachrichtenmeldung aus einer selbst gewählten Quelle auszusuchen und diese im Kurs zu präsentieren. Sprechen Sie im Folgenden die Vorbereitung und Durchführung der Präsentation detailliert durch, so wie sie in Übung 2b beschrieben wird. Das verleiht Ihren TN bei einem so komplexen Projekt wie diesem Sicherheit. Gehen Sie auch noch einmal die Redemittel in 2c) durch und fordern Sie die TN auf, diese in ihrer Präsentation anzuwenden. Sie können anschließend ein Beispiel geben, indem Sie selbst eine Nachricht des Vortages mit Redemitteln aus der Liste präsentieren. **TIPP:** Legen Sie gemeinsam einen genauen Terminplan fest, wann wer mit der Präsentation an die Reihe kommt. Fragen Sie dabei zunächst nach Freiwilligen. Sie können den Terminplan im Kursraum aufhängen oder ihn per E-Mail an die TN schicken.	aktuelle Meldung aus den Nachrichten	

Ich kann jetzt ...

SOZIALFORM	ABLAUF	MATERIAL	ZEIT
Einzelarbeit	Die TN markieren, was auf sie zutrifft.		
Plenum	**VERTIEFUNG:** Nach Zustimmung der TN können Sie sie während der Nachrichtenpräsentation filmen. Mithilfe der Rückmeldebögen können die TN sich später noch einmal selbst betrachten und ihre Präsentation reflektieren.		

SEHEN UND HÖREN 2

1 „KOKOWÄÄH" [kɔkovɛ̃]

SOZIALFORM	ABLAUF	MATERIAL	ZEIT
Partnerarbeit	a)+b) Die TN nennen ihre Vermutungen.		

2 Sehen Sie den Filmtrailer zu „KOKOWÄÄH" in Abschnitten.

SOZIALFORM	ABLAUF	MATERIAL	ZEIT
Einzelarbeit	Die TN sehen den Filmtrailer abschnittsweise an und beantworten die Fragen. *Lösung:* <u>Abschnitt 1</u>: *Magdalena ist seine leibliche Tochter, acht Jahre alt und soll bei ihm wohnen.* <u>Abschnitt 2</u>: *2 „Kokowääh" bezieht sich auf das französische Gericht Coq au vin (Hahn in Wein); der Name wird aus stilistischen Gründen falsch geschrieben, nämlich so, wie man ihn ausspricht.* <u>Abschnitt 3</u>: *1 Henry bringt Magdalena in die Schule, sie backen zusammen, machen eine Kissenschlacht, unternehmen Ausflüge; Henrys Ex-Freundin; 2 Henry soll sich wie ein richtiger Vater um Magdalena kümmern.* <u>Abschnitt 4</u>: *1 Er erzählt seiner Ex-Freundin, dass ein Kind das Letzte sei, was er sich vorgestellt habe, aber dass er sie nun sehr lieb gewonnen habe. 3 Er versöhnt sich sicher mit seiner Ex-Freundin.* <u>Abschnitt 5</u>: *Zuerst hat Henry kein Interesse, eine Vater-Tochter-Beziehung aufzubauen, dann geht er auf das Mädchen ein und beschützt sie auch vor Schulkameraden, was ihr gefällt. Allmählich lernen sie sich kennen. Durch viele schöne gemeinsame Erlebnisse finden sie schließlich zueinander und es entsteht eine Vater-Tochter-Beziehung.*	DVD 1/15–20	
Einzelarbeit	**AB 55/Ü20** Leseübung: Die Inhaltsangabe von *Kokowaääh* in die richtige Reihenfolge bringen; auch als Hausaufgabe geeignet.		

3 Würden Sie den Film gern ansehen? Warum (nicht)?

SOZIALFORM	ABLAUF	MATERIAL	ZEIT
Plenum	Die TN sprechen im Kurs über den Film und wie er ihnen gefallen hat und ob sie sich den Film gern ansehen würden.		

Mein Dossier …

SOZIALFORM	ABLAUF	MATERIAL	ZEIT
Einzelarbeit	**AB 55/Ü21** Die TN gestalten eine Seite für ihr Dossier über ihren deutschsprachigen Lieblingsfilm.		

Ich kann jetzt …

SOZIALFORM	ABLAUF	MATERIAL	ZEIT
Einzelarbeit	Die TN markieren, was auf sie zutrifft.		

| Gruppenarbeit | **VERTIEFUNG:** Texte weiterschreiben (Glossar → S. 137): Die TN schreiben zu viert oder fünft eine Fortsetzung von *Kokowääh*: Dazu schreibt ein/e TN einen Satz auf ein leeres Blatt und gibt dieses weiter. Reihum schreibt jedes Gruppenmitglied einen weiteren Satz dazu, bis die neue Handlung steht. Anschließend werden die Geschichten im Kurs präsentiert. | | |
| Plenum | Wenn Sie möchten, bringen Sie den Trailer von „Kokowääh 2" mit in den Kurs und sehen Sie sich ihn gemeinsam an. Welche Gruppe lag mit ihrer Geschichte am nähesten? | Filmtrailer *Kokowääh 2* | |

AUSSPRACHE: Die Wortpaare *l – r* (Arbeitsbuch → S. AB 56)

1 Buchstabensalat

SOZIALFORM	ABLAUF	MATERIAL	ZEIT
Plenum	a)+b) Lesen Sie das Gedicht im Plenum vor. Die TN nennen das Prinzip, nach dem hier die Buchstaben getauscht wurden, und lesen das Gedicht noch einmal, aber mit einer richtigen Buchstabenreihenfolge vor. *Lösung: b Richtung: Manche meinen, rechts und links kann man nicht verwechseln, welch ein Irrtum; die Buchstaben „r" und „l" wurden getauscht.*		
Einzelarbeit Plenum	c) Die TN überlegen sich einen Satz, tauschen die Buchstaben und wer möchte, nennt ihn im Plenum laut. Schreiben Sie die Sätze ggf. an die Tafel. *Beispiel: Wel andelen eine Glube gläbt, färrt serbst hinein.*		

2 *l* und *r*

SOZIALFORM	ABLAUF	MATERIAL	ZEIT
Einzelarbeit	Bei dieser Übung geht es um die Differenzierung zwischen [l]- und [r]-Lauten. Besonders TN aus dem asiatischen Raum fällt diese Unterscheidung schwer. Die TN hören die Wörter und sprechen sie nach.	AB-CD/19	
Plenum	**TIPP:** Führen Sie Ausspracheübungen mit den TN immer laut durch; nur so üben und verinnerlichen die TN die korrekte Aussprache. Wenn die TN Schwierigkeiten bei der Bildung der Laute haben, weisen Sie darauf hin, dass beim *l* die Zunge gewölbt und an die obere Zahnreihe gedrückt wird. Das *r* wird im Rachen mit dem Zäpfchen gebildet. Diesen Laut kann man üben, indem man die TN mit Wasser gurgeln lässt.		
Partnerarbeit	**VERTIEFUNG:** Geben Sie den TN Wörter vor und lassen Sie sie in Partnerarbeit Fragen und Antworten dazu schreiben, zum Beispiel: *Milch und Fleisch / Kühlschrank → Wo sind die Milch und das Fleisch? Im Kühlschrank.* Schreiben Sie alles an die Tafel und markieren Sie jeweils das *l* und das *r*. Weitere Beispiele, die die TN zu zweit besprechen können, sind: *Kartoffeln/Keller; Bluse, Kleid und Mantel/Kleiderschrank; Mehl und Salz/Schüssel; Zirkel und Lineal/Schulrucksack; Äpfel und Birnen/Obstschale.* Kontrolle im Plenum.		
Plenum			

3 r-Laute

SOZIALFORM	ABLAUF	MATERIAL	ZEIT
Partnerarbeit	**FOKUS PHONETIK:** Es wird zwischen dem konsonantischen und dem vokalischen *r* unterschieden; zu dem konsonantischen *r* gehören: [r] im Anlaut → **R**eise, **R**auch, **r**iechen; [r] nach Konsonanten → g**r**oß, Sp**r**ache, k**r**achen. Zu dem vokalischen *r* gehören alle [r]-Laute nach langen Vokalen oder in unbetonten Verbindungen → hö**r**te; abe**r**, Vate**r**. Das vokalische [r] wird nicht als *r*, sondern als tiefes Schwa [ə] realisiert/gesprochen. **VERTIEFUNG:** Geben Sie weitere Wörter mit vokalischen R-Lauten vor. Die TN bilden in Partnerarbeit eine Geschichte und sprechen die Wörter dabei laut; zum Beispiel: *etwas vergessen, sich verspäten, sich verlaufen, sich erkundigen, jemanden herholen, vor dem Theater, zur Vorstellung, im Garten arbeiten, vorher, reife Kirschen ernten* a)+b) Die TN arbeiten zu zweit und unterstreichen die Wörter. Zur Kontrolle hören sie den Text. Da diese Übung relativ anspruchsvoll ist, können die TN auch zuerst den Text hören und sich dabei Notizen machen, dann lesen und danach noch einmal hören. *Lösung: zweitausenddreizehn, Österreicher, deutsch-österreichische, Christoph, Preis, Nebenrolle, darin, tragikomischen, österreichische, Regisseur, großer, deutschsprachige*	AB-CD/20	
Einzelarbeit Plenum	c) Die TN überlegen noch einmal, in welchem Wort man das *r* hört und in welchem nicht und füllen die Tabelle aus. Kontrolle im Plenum. Lassen Sie, wenn nötig, den Text noch einmal anhören. *Lösung:* <u>Man hört das r</u>: *am Wortanfang: Regisseur; nach Konsonanten: Preis;* <u>man hört das r nicht</u>: *nach kurzen Vokalen: starren (aus Übung 2); nach langen Vokalen: Jahr; am Wort- oder Silbenende: Schauspieler*	AB-CD/20	

4 Zungenbrecher

SOZIALFORM	ABLAUF	MATERIAL	ZEIT
Plenum	Die TN hören die Zungenbrecher und sprechen sie nach. **TIPP:** Machen Sie einen Wettbewerb: Wer kann den Zungenbrecher am schnellsten fehlerfrei sprechen? **VERTIEFUNG:** Die TN können auch aus der Lektion Wörter mit *l* und *r* heraussuchen und selbst Zungenbrecher schreiben.	AB-CD/21	

LERNWORTSCHATZ (Arbeitsbuch → S. AB 57)

SOZIALFORM	ABLAUF	MATERIAL	ZEIT
Einzelarbeit	*Adjektive* speichert man am besten im Langzeitgedächtnis, indem man sie als *Gegensatzpaar* lernt, zum Beispiel *unterhaltsam – langweilig*. Lassen Sie die TN möglichst viele Gegensatzpaare aus dem Lernwortschatz dieser oder früherer Lektionen bilden und prüfen Sie diese in den nächsten Stunden ab.		

LEKTIONSTEST 3 (Arbeitsbuch → S. AB 58)

SOZIALFORM	ABLAUF	MATERIAL	ZEIT
Einzelarbeit	Mithilfe des Lektionstests haben die TN die Möglichkeit, ihr neues Wissen in den Bereichen Wortschatz, Grammatik und Redemittel zu überprüfen. Wenn die TN mit einzelnen Bereichen noch Schwierigkeiten haben, können sie gezielt einzelne Module wiederholen.		

REFLEXION DER LEKTION

SOZIALFORM	ABLAUF	MATERIAL	ZEIT
Plenum	Die TN geben ihr Feedback zu bestimmten Themen aus der Lektion per **Ampelkarten (Glossar → S. 132)**: Alle TN erhalten je ein grünes, ein gelbes und ein rotes Kärtchen. Dann nennen die TN reihum ein Thema der Lektion. Die anderen TN zeigen bei jedem genannten Thema, wie gut es ihnen gefallen hat, indem sie entweder die grüne (sehr gut), gelbe (mittelmäßig) oder rote Karte (nicht so gut) hochzeigen. Fordern Sie einzelne TN auf, die eigene Meinung zu begründen. Diese Methode ist auch geeignet, um zu erfahren, wie gut die TN einzelne Themen beherrschen. Fragen Sie dazu nach einem bestimmten, im Unterricht behandelten Thema, zum Beispiel aus der Rubrik *Ich kann jetzt …* Nennen Sie je einen Beispielsatz und lassen Sie die Ampelkarten dann in folgender Bedeutung benutzen: grün = *Ich habe es verstanden*; gelb = *Ich habe noch Fragen*; rot = *Ich habe es noch nicht gut verstanden, ich brauche eine Wiederholung*. So haben Sie als KL sehr schnell einen Überblick, ob die Mehrheit des Kurses bei bestimmten Themen noch einmal Hilfe braucht oder nur Einzelne, denen Sie dann bei Gelegenheit individuell Hilfe anbieten können.	grüne, gelbe und rote Kärtchen	

EINSTIEG

Vor dem Öffnen des Buches

SOZIALFORM	ABLAUF	MATERIAL	ZEIT
Partnerarbeit	Improvisationsübung (Glossar → S. 134): Zwei TN stellen sich gegenüber auf. Wählen Sie ein Thema aus, zum Beispiel „Aktivitäten im Unterricht" oder „Schulabschluss". Ein TN gibt ein Wort passend zum Thema vor, die/der andere sagt schnell ein anderes Wort, das ihr/ihm dazu einfällt, zum Beispiel *Tafel – abwischen, Diktate – schreiben*. Achten Sie darauf, dass die TN möglichst schnell agieren und keine großen Pausen entstehen.		

1 Quiz

SOZIALFORM	ABLAUF	MATERIAL	ZEIT
Partnerarbeit Plenum	a) Lassen Sie die TN zu zweit die richtigen Antworten erraten. Vergleichen Sie die Vermutungen anschließend im Plenum.		
Partnerarbeit Plenum	b) Die TN finden die richtigen Lösungen selbst, indem sie Text E im Kursbuch auf Seite 55 lesen. Kontrolle im Plenum. *Lösung: 1 a, 2 b, 3 c, 4 c*		
Einzelarbeit Plenum	**AB 59/Ü1** Wortschatzwiederholung zum Thema; auch als Hausaufgabe geeignet. **VERTIEFUNG:** Fragen Sie die TN, was sie direkt nach Abschluss der Schule gemacht haben. Fordern Sie sie auf, drei Aktivitäten auf einen Zettel zu schreiben, von denen eine eine Lüge (Glossar → S. 136) ist. Dann werden die Zettel eingesammelt. Jede/r TN zieht nun einen und versucht herauszubekommen, wem der Zettel gehört und welche Aktivität darauf gelogen ist. Dazu gehen alle TN durch den Raum und befragen sich gegenseitig. Am Ende werden die Ergebnisse vorgestellt. Das fördert enorm die sprachliche Leistungsfähigkeit und ist eine sehr gute Konzentrationsübung.		

LESEN

1 Zwischen Schule und Beruf

SOZIALFORM	ABLAUF	MATERIAL	ZEIT
Partnerarbeit	a) Fordern Sie die TN auf, sich in die Situation eines Schulabgängers hineinzuversetzen. Die TN können auch ihre eigenen Erfahrungen einbringen oder erzählen, was sie nach der Schule am liebsten getan hätten.		
Plenum Partnerarbeit	b) Die TN lesen gemeinsam die Aufgabe. Zeigen Sie dann auf die Fotos auf Seite 55. Die TN vermuten, was die Personen auf den Fotos machen. Lenken Sie ggf. durch Fragen in die richtige Richtung, die Texte werden noch nicht gelesen. Die TN sprechen nun mit ihrer Lernpartnerin / ihrem Lernpartner, welche Person sie gern einen Tag lang begleiten würden und warum. Fragen Sie anschließend zwei bis drei TN nach den Äußerungen der Lernpartnerin / des Lernpartners.		

2 Angebote für Schulabgänger

SOZIALFORM	ABLAUF	MATERIAL	ZEIT
Plenum Einzelarbeit Plenum	Die TN lesen den Lerntipp und das Beispiel. Fordern Sie die TN dann auf, die im Lerntipp beschriebene Lesestrategie bei der Suche nach dem passenden Angebot für die Personen 1–5 anzuwenden. Kontrolle im Plenum. *Lösung: 1 B, 2 F, 3 -, 4 A, 5 C* **TIPP:** Dieser Übungstyp ist dem Prüfungsteil „Leseverstehen" einiger B2-Prüfungen entnommen. Dort haben die TN die Aufgabe, kurze Texte bestimmten Personen zuzuordnen. Die Schwierigkeit besteht darin, dass nicht zu jeder der Personen tatsächlich ein Zeitungstext passt. Neben der im Lerntipp gegebenen Strategie hilft den TN sicher auch der Hinweis, dass sie die Texte nicht genau lesen und verstehen müssen, sondern dass es darum geht, die Texte stichpunktartig zu lesen.		
Einzelarbeit	**AB 59/Ü2** Wortschatzübung zu Tätigkeiten nach der Schulzeit; auch als Hausaufgabe geeignet.		
Einzelarbeit	**AB 59–60/Ü3** Hörübung: Zwei Personen berichten über ihre Tätigkeit nach der Schule; auch als Hausaufgabe geeignet.	AB-CD/22–23	
Einzelarbeit	**AB 60/Ü4** Filmtipp: Inhalt und Filmkritik zu „Beste Zeit" als Leseübung; auch als Hausaufgabe geeignet.		

3 Temporales ausdrücken

SOZIALFORM	ABLAUF	MATERIAL	ZEIT
Einzelarbeit	a) Die TN ergänzen die Konnektoren. *Lösung: 1 Während, 2 Sobald, 3 Ehe*		
Einzelarbeit Plenum	b) Die TN lesen gemeinsam die Regel und ergänzen dann selbstständig die Tabelle. Kontrolle im Plenum. *Lösung: gleichzeitig: Während ...; nachzeitig: Ehe ...*		
Einzelarbeit Plenum	c) Die TN markieren in der Tabelle aus b) die Satzteile mit gleicher Bedeutung. Kontrolle im Plenum. *Lösung: „Bevor er sich für einen Beruf entscheidet" und „Vor seiner Entscheidung für einen Beruf"*		
Einzelarbeit Plenum	d) Die TN ergänzen die alternativen Ausdrucksweisen. Weisen Sie die TN danach auch auf die Grammatikübersicht im Kursbuch (→ 64/1, 2) hin. Kontrolle im Plenum. *Lösung: d Nachdem sie die Schule abgeschlossen haben, entscheiden sich .... Solange die „Work & Traveller" unterwegs sind, stehen sie ...*		
Einzelarbeit	**AB 61/Ü5** Grammatikwiederholung zu temporalen Konnektoren. Diese Übung eignet sich auch gut als Vorentlastung; auch als Hausaufgabe geeignet.		
Einzelarbeit	**AB 61–62/Ü6–7** Grammatik entdecken: Sätze mit temporalen Konnektoren bilden und die unterschiedlichen Zeitenfolgen von Nebensatz und Hauptsatz bei diesen Konnektoren erkennen.		
Einzelarbeit	**AB 62–63/Ü8–9** Grammatikübungen zu den temporalen Konnektoren *während, solange, als, bevor/ehe, nachdem, sobald*; auch als Hausaufgabe geeignet.		
Einzelarbeit	**AB 63/Ü10** Grammatik entdecken: verbale und nominale Ausdrücke für temporale Zusammenhänge erkennen und anwenden.		

Einzelarbeit	**AB 64/Ü11–12** Umformungsübung zu temporalen nominalen Ausdrücken; als Hausaufgabe geeignet.		
Gruppenarbeit	**VERTIEFUNG:** Kopieren Sie die Kopiervorlage Lektion 4/1 (→ S. 115), (wenn möglich auf Papier unterschiedlicher Farbe, zum Beispiel die temporalen Konnektoren auf gelbes, die Hauptsätze auf rotes Papier), und mischen Sie die Karten getrennt nach ihren Kategorien. Jede Gruppe (mindestens 2 TN) bekommt ein Set, also zwei Stapel. Die TN ziehen der Reihe nach eine Karte von jedem Stapel, zum Beispiel: *als* und *unter Leistungsdruck stehen* und verbinden beide Karten zu einem Satz, zum Beispiel: *Als ich unter Leistungsdruck stand, habe ich viele Fehler gemacht.* Wenn kein Satz möglich ist, darf die/der TN eine neue Karte ziehen.	Kopiervorlage Lektion 4/1, farbiges Papier	
Plenum	**TIPP:** Fordern Sie die TN auf, ihre Sätze zu notieren. Diese lassen Sie sich am Ende von jeder Gruppe vorlesen. So können Sie kontrollieren, ob die TN auch wirklich korrekte Sätze gebildet haben.		

4 Wie geht es in Ihrem Heimatland nach der Schule weiter? Sprechen Sie.

SOZIALFORM	ABLAUF	MATERIAL	ZEIT
Gruppenarbeit	Die TN sprechen über die Zeit nach der Schule in ihren Heimatländern. Weisen Sie sie darauf hin, dabei die Redemittel zu benutzen. TN gleicher Herkunft können zusammenarbeiten und schriftlich festhalten, welche Wege es in ihrem Land gibt. Wenn Ihre TN alle aus demselben Land kommen, können Sie Gruppen nach Regionen zusammenstellen. Danach stellen die Gruppen ihre Diskussionsergebnisse im Plenum vor.		
Plenum Einzelarbeit	**VERTIEFUNG:** Die TN schreiben einen Zeitungsbericht, zum Beispiel für eine spätere Kurszeitung, über die Zeit zwischen Schule und Ausbildung in ihrem Heimatland. Fordern Sie sie zunächst auf, Ideen und Gedanken in Form einer Mindmap zu sammeln. Danach sollen sie sich einen Anfang- und Schluss-Satz überlegen und dann erst den Bericht schreiben. Zum Schluss sollen sie noch eine Überschrift zu ihrem Artikel finden.		

Ich kann jetzt …

SOZIALFORM	ABLAUF	MATERIAL	ZEIT
Einzelarbeit	Die TN markieren, was auf sie zutrifft.		
Gruppenarbeit	**VERTIEFUNG:** Lassen Sie die TN recherchieren, welche unterschiedlichen Betätigungsmöglichkeiten es nach dem Schulabschluss in Deutschland, Österreich und der Schweiz gibt. Geben Sie verschiedene Rechercheaufträge: für jedes Land eine Gruppe. Zum Beispiel: *Wo kann man sich über Praktikumsplätze informieren? Wo findet man im Internet Material über Work & Travel, wo über den freiwilligen Dienst im Ausland und wo über den Bundesfreiwilligendienst? Welche Ausbildungsmöglichkeiten gibt es? Welche Firmen sind dort ansässig?* etc. Fordern Sie die TN auf, dazu jeweils ein Plakat anzufertigen und in der nächsten Stunde in einer **Kursausstellung** (Glossar → S. 135) zu präsentieren. Die Plakate werden aufgehängt und die TN gehen herum, machen sich Notizen zu den Arbeiten	Plakat	
Plenum	(z.B. was sie selbst interessant finden und worüber sie mehr erfahren wollen) und besprechen ihre Notizen danach im Kurs.		

HÖREN

1 Bildunterschriften

SOZIALFORM	ABLAUF	MATERIAL	ZEIT
Partnerarbeit Plenum	Die TN finden geeignete Bildunterschriften für die Fotos. **VERTIEFUNG:** Lassen Sie die TN zu zweit eine frei erfundene Geschichte zu den Fotos schreiben. Jede/r TN überlegt zusammen mit der Lernpartnerin / dem Lernpartner, wo die Hauptperson sich befindet, mit wem sie da ist und warum, wie lange sie noch da sein wird und was sie gerade erlebt hat. Vergleichen Sie die Geschichten dann im Kurs.		

2 Radiosendung

SOZIALFORM	ABLAUF	MATERIAL	ZEIT
Plenum Einzelarbeit	Die TN lesen zunächst gemeinsam den Lerntipp. Dann lesen sie die Aufgabe zu Abschnitt 1, hören diesen zweimal und suchen die Antwort. Stellen Sie nun die drei Fragen aus dem Lerntipp: *Wer spricht?* (eine Radiomoderatorin) *Worüber?* (über Arbeitsmöglichkeiten im Ausland) *Mit welchen Ziel?* (um zu informieren) Spielen Sie dann die Abschnitte 2 und 3 des Radiobeitrags zweimal vor und lassen Sie die TN die jeweiligen Fragen beantworten. *Lösung:* <u>Abschnitt 1</u>: *Informationen über Arbeitsmöglichkeiten im Ausland.* <u>Abschnitt 2</u>: *1 die Auszeit: eine Zeit, in der man sich von Alltagsverpflichtungen lösen und etwas ganz anderes machen kann; das Brückenjahr: ein Jahr zwischen Schulabschluss und Berufsausbildung oder Studium; 2 ein Visum mit zeitlich begrenzter Arbeitserlaubnis. 3 eine Kollegin.* <u>Abschnitt 3</u>: *1 für Nicht-Deutschsprachige; in Wien, Salzburg und Innsbruck sowie in der Alpenregion; im Hotelgewerbe, in der Gastronomie- und in der Tourismus-Branche (als Ski-/Snowboardlehrer); 2 Dolmetscher; 3 Alles, was in der Gastronomie anfällt, zum Beispiel Zimmermädchen, Küchenhilfe, Bedienung; die Ruhe; keine extra-Papiere (zum Beispiel Visum)* **LANDESKUNDE:** zu Abschnitt 3, Aufgabe 1: Fragen Sie die TN, ob sie schon einmal in Österreich/Tirol waren, was ihnen gefallen hat, ob sie Unterschiede zu Deutschland bemerkt haben (und welche) oder ob sie sich persönlich auch vorstellen könnten, auf einer Hütte zu arbeiten. Sollten die TN keine Vorstellung von einer Almhütte haben, dann bringen Sie Fotos mit oder verweisen Sie auf das Foto im Arbeitsbuch (→ S. AB 64). **TIPP:** Wenn man das Thema eines Hörtextes kennt, wird Vorwissen aktiviert und deshalb das Verständnis des Hörtextes erleichtert. Kennt man das Ziel, das der Autor mit dem Text verfolgt, erleichtert das ebenfalls die Informationsaufnahme.	CD 1/18–20 Fotos von einer Almhütte	

3 Ihre Meinung

SOZIALFORM	ABLAUF	MATERIAL	ZEIT
Partnerarbeit Plenum	Die TN führen jeweils drei Kurzinterviews mit ihrer Lernpartnerin / ihrem Lernpartner im **Kugellager (Glossar → S. 135)** durch. Nach zwei Minuten wird jeweils gewechselt. Danach werden die Tendenzen im Plenum zusammengeführt. **VERTIEFUNG:** Die TN erzählen von Jobs, die sie selbst während oder nach der Schulzeit gemacht haben.		

| Einzelarbeit | **AB 64–65/Ü13** Lückentext als Wortschatzübung zum Radiobeitrag im Kursbuch; auch als Hausaufgabe geeignet. | | |
| Einzelarbeit | **AB 65–66/Ü14** Leseübung zum Thema „Work & Travel" mit anschließender Schreibübung; auch als Hausaufgabe geeignet. | | |

Ich kann jetzt …

SOZIALFORM	ABLAUF	MATERIAL	ZEIT
Einzelarbeit	Die TN markieren, was auf sie zutrifft.		
Gruppenarbeit	**VERTIEFUNG:** Projekt: Die TN bilden Gruppen. Dazu können Sie je nach TN-Anzahl drei oder vier alte Postkarten in jeweils drei oder vier Teile zerschneiden. Jede/r zieht einen Schnipsel und sucht die TN mit den dazugehörigen anderen Teilen der Postkarte. Zusammen bilden sie eine Gruppe und wählen ein Land, in dem sie gern „Work & Travel" machen würden. Sie informieren sich darüber im Internet: Was für Agenturen gibt es? Was muss man beim Aufenthalt beachten? Was für Jobmöglichkeiten gibt es? Wo kann man wohnen? Wie sollte man sich versichern?	drei bis vier Postkarten	
Plenum	Jeweils zwei TN jeder Gruppe sind nun Experten. Sie haben einen Infostand im Kursraum. Die anderen TN gehen herum und informieren sich an den anderen Infoständen. Nach einer Weile wechseln Experten und Besucher die Rollen.		

SCHREIBEN

Vor dem Öffnen des Buches

SOZIALFORM	ABLAUF	MATERIAL	ZEIT
Partnerarbeit Plenum	Bringen Sie Fotos von berühmten Museen mit (Rijksmuseum – Amsterdam, Nationales Archäologisches Museum – Athen, Pergamonmuseum – Berlin, Uffizien – Florenz, National Gallery – London, Prado – Madrid, Metropolitan Museum of Art – New York, Louvre – Paris, Eremitage – St. Petersburg, etc.). Hängen Sie auf einer Seite der Tafel die Fotos und auf der anderen Seite Kärtchen mit den Namen der Museen auf. Die TN diskutieren zu zweit, welches Museum wie heißt und warum. Versuchen Sie dann, im Plenum die richtige Lösung zu finden. Fragen Sie die TN, ob sie gern ins Museum gehen und wenn ja, wie oft, wo, wann und mit wem sie das letzte Mal im Museum waren.	Fotos berühmter Museen Kärtchen, auf denen die Namen der Museen stehen	

1 Museumsbesuche

SOZIALFORM	ABLAUF	MATERIAL	ZEIT
Plenum	a)+b) Die TN beantworten die Fragen. Fragen Sie die TN auch, ob sie schon einmal in einem solchen Museum waren und wenn ja, wie es ihnen gefallen hat. *Lösung: a Wachsfigurenkabinett, Museum für moderne Kunst*		

2 Blog

SOZIALFORM	ABLAUF	MATERIAL	ZEIT
Einzelarbeit Plenum	a)–c) Die TN lesen den Beitrag und beantworten die Fragen. Kontrolle jeweils im Plenum. *Lösung: a Johanna schreibt über ihr Praktikum in London; b über persönliche Erlebnisse berichten; c 1: Johanna unterwegs, 2: Hallo zusammen, 3: Mein Journal – 12. Mai*		
Partnerarbeit Plenum	d) Die TN lesen den Text erneut und suchen gemeinsam Antworten auf die Fragen. Kontrolle im Plenum. *Lösung: etwa 18–20 Jahre (Johanna ist „Azubi", also Auszubildende) – ihre Rückkehr aus London nach ihrem Azubi-Praktikum, Freunden mitzuteilen, was sie dort gemacht hat – Sie hat mit anderen Azubis am Leonardo-Programm teilgenommen, London angeschaut, ist mit ihrer Freundin Tamara bei „Madame Tussaud's" gewesen – dass sie ihr Englisch verbessern konnte, fremde Kulturen kennengelernt und Freunde gefunden hat – einen Auslandsaufenthalt, das Leonardo-Programm*		
Einzelarbeit Plenum	e) Die TN ordnen die Themen den Einträgen zu. Tauschen Sie sich danach im Plenum darüber aus, ob und wozu die TN selbst die verschiedenen Journale benutzen.		
Plenum	Lesen Sie gemeinsam den Landeskundetipp in *Wussten Sie schon?* Fragen Sie die TN, ob schon einmal jemand an einem solchen oder ähnlichen Programm teilgenommen hat oder ein vergleichbares Programm kennt.		
Einzelarbeit	**AB 66–67/Ü15** Informationstext über ein Leonardo-da-Vinci-Projekt mit Wortschatzübung, angelehnt an *Wussten Sie schon?* im Kursbuch; auch als Hausaufgabe geeignet.		

3 Schreiben Sie einen Blogbeitrag über einen Auslandsaufenthalt.

SOZIALFORM	ABLAUF	MATERIAL	ZEIT
Plenum Einzelarbeit	Lesen Sie zunächst gemeinsam die Aufgabenstellung und die Redemittel. Fordern Sie die TN dann auf, sich an den Ort, über den sie schreiben wollen, zu „beamen", indem sie sich intensiv vorstellen, was sie dort sehen, hören, fühlen und riechen. Dazu sollen sie zunächst einige Stichpunkte notieren und danach den Fragenkatalog im Kursbuch abarbeiten. Das hilft ihnen, sich wieder in die Situation vor Ort einzufühlen und eine deutlichere Bewertung abgeben zu können. Weisen Sie auch auf die Redemittel im Anhang hin. **TIPP:** Für TN, die vertiefend arbeiten wollen, ist es sinnvoll, vorbereitend Übung **AB 67/Ü16** mit Wortschatztraining zu Erfahrungsberichten durchzuführen.		
Partnerarbeit Plenum	**VERTIEFUNG:** Die Lernpartner tauschen nach dem Schreiben ihre Texte aus und lesen. Jede/r TN stellt der/dem jeweils anderen nun zwei bis drei weitere Fragen zum Aufenthalt. Zum Schluss fasst jede/r die Erfahrung der Lernpartnerin / des Lernpartners in nur einem Satz zusammen – zum Beispiel: *Maries Aufenthalt in ... war eine große Bereicherung für sie, weil sie ... erlebt hat.*		

Ich kann jetzt …

SOZIALFORM	ABLAUF	MATERIAL	ZEIT
Einzelarbeit	Die TN markieren, was auf sie zutrifft.		
Plenum	**TIPP:** Planen Sie einen Museumsbesuch in Ihrem Wohnort. Alternativ können Sie die TN auffordern, über ein Museum zu berichten, das sie in letzter Zeit besucht haben.		

SPRECHEN

1 Berufsorientierung

SOZIALFORM	ABLAUF	MATERIAL	ZEIT
Plenum	a) Die TN sehen sich die Fotos an und vermuten, wo sich die jungen Leute darauf wohl befinden. Stellen Sie zur allgemeinen Verständnissicherung Fragen zum Thema „Messe" wie: *Was ist eine Messe? Wie stellen Sie sich eine Messe vor? Was macht man dort? Wer geht dorthin? Was für Messen kennen Sie? Waren Sie schon einmal auf einer Messe?* Die TN berichten im Plenum. *Lösung: Auf einer Messe; Die Besucher informieren sich an Informationsständen.*		
Einzelarbeit	**AB 68/Ü17** Leseübung zu Berufsmessen; gut als Vorbereitung auf das Rollenspiel im Kursbuch (→ S.60/1b) geeignet.		
Einzelarbeit	**AB 68/Ü18** Wiederholung des Konjunktiv II zum Thema „Berufswünsche äußern"; gut als Vorbereitung auf das Rollenspiel im Kursbuch (→ S. 60/1b) geeignet.		
Einzelarbeit	**AB 69/Ü19** Kommunikationsübung zu einem Gespräch auf der Berufsorientierungsmesse; gut als Vorbereitung auf das Rollenspiel und die Intention „höflich um etwas bitten / nach etwas fragen / Wünsche und Vorlieben äußern"geeignet.	AB-CD/24	
Plenum	b) Bereiten Sie Rollenkarten vor. Kopieren Sie dazu die Rollen für die Schüler und die Messevertreter und kleben Sie jeweils eine auf ein stabiles Kärtchen. Alternativ können Sie auch die Karten aus der Kopiervorlage Lektion 4/2 (→ S. 116) der Kursgröße entsprechend kopieren und auslegen. Die TN lesen die Rollen im Kursbuch und wählen dann eine Rollenkarte. Um Uneinigkeiten bei der Verteilung der Rollen zu vermeiden, können Sie die Karten als Lose verteilen. Bei größeren Gruppen können Sie Rollenkarten auch mehrfach vergeben. Lassen Sie die TN „einer Person" dann jeweils in Gruppen überlegen.	mindestens 13 Rollenkarten auf stabilem Papier, Kopiervorlage Lektion 4/2	

Einzelarbeit	c) Nun bereiten sich die TN mithilfe der Redemittel auf das Rollenspiel vor. Fordern Sie die TN in der Rolle der Messevertreter auf, symbolisch ihren Messestand zu gestalten. Bringen Sie dazu, wenn möglich, größere Bögen Karton und verschiedene Stifte mit. Je realistischer die Stände gestaltet werden, desto authentischer wirkt danach die Gesprächssituation. **VERTIEFUNG:** Die TN lernen zunächst die Redemittel auswendig. Dazu eignet sich zum Beispiel die **Memo-Route (Glossar → S. 136)**: Suchen Sie gemeinsam mit den TN einen bestimmten Punkt im Kursraum, an dem sie beginnen wollen, zum Beispiel an der Tür. Gedanklich legen die TN nun dort die Redemittel zu *sich vorstellen* ab. Dann suchen die TN einen neuen Platz rechts von dem ersten und legen dort gedanklich alle Redemittel zu *Wünschen und Vorlieben äußern* ab etc., bis die sechs Redemittelblöcke alle ihren imaginären Platz haben. Beim eigentlichen Rollenspiel sollen die TN dann immer, wenn sie sich wieder an bestimmte Redemittel erinnern wollen, zu „ihren" Punkten im Raum sehen und gedanklich die Memo-Route abgehen. Das fördert die Gedächtnisleistung um ein Vielfaches.	DIN-A2/DIN-A3-Bögen Karton, Stifte	
Plenum	d) Die Schüler führen mithilfe ihrer eigenen Stichpunkte Beratungsgespräche mit denjenigen Messevertretern durch, deren Angebot auf die jeweilige Rolle passen könnte. Weisen Sie die TN darauf hin, dass es bei solchen Gesprächen besonders wichtig ist, sich möglichst interessiert und überzeugend zu präsentieren. Im Anschluss nennen die Messevertreter die Person, der sie die beschriebene Stelle geben würden, und begründen dies. **VERTIEFUNG:** Die Lernpartner entscheiden sich individuell für eine berufliche Ausgangssituation und überlegen sich interessante Optionen für die nahe Zukunft. Eine/r spielt dann die/den Berufsanfänger/in, die/der andere übernimmt die Rolle als Messevertreter/in. Dabei sollte noch einmal verstärkt auf die Redemittel geachtet werden.		

Ich kann jetzt …

SOZIALFORM	ABLAUF	MATERIAL	ZEIT
Einzelarbeit	Die TN markieren, was auf sie zutrifft.		
Gruppenarbeit	Die Redemittel, die die TN hier gelernt haben, können Sie als Satzanfänge auf Kärtchen schreiben lassen und in Briefumschläge stecken. Dann können Sie sie zu einem späteren Zeitpunkt wieder zur Hand nehmen und wiederholen – siehe **Wiederholungskiste (Glossar → S. 138)**.	Kärtchen, Briefumschläge	

WORTSCHATZ

1 Bewertungen ausdrücken

SOZIALFORM	ABLAUF	MATERIAL	ZEIT
Partnerarbeit	a)+b) Die TN ordnen die Aussagen den Bildern zu und erklären, wo eine Bewertung erkennbar ist. *Lösung: a: A – Frau links, B – lächelnde Frau rechts, C – Mann rechts mit Hand am Kinn, D – Mann links; b: bei B an „netterweise", bei C an „dummerweise"; diese Adverbien verstärken die Sprechintention.*		
Einzelarbeit	c) Die TN formulieren die Sätze um. *Lösung: Überraschenderweise möchte Karin als Au-pair arbeiten. Karin möchte überraschenderweise als Au-pair arbeiten. Die Adverbien stehen auf Position 1 oder 3.*		

2 Nachsilbe -*weise* bei Adverbien

SOZIALFORM	ABLAUF	MATERIAL	ZEIT
Plenum Einzelarbeit/ Partnerarbeit Plenum	a) Bilden Sie zunächst gemeinsam zwei Wörter mit verschiedenen Fugenelementen, zum Beispiel *glücklicherweise* und *seitenweise*. Fragen Sie die TN, was ihnen auffällt. Danach bilden die TN mithilfe des Kursbuches und ggf. eines Wörterbuches Adverbien mit -*weise* aus den angegebenen Adjektiven und Nomen. Kontrolle im Plenum. **TIPP:** Schreiben Sie die Adverbien, die die TN Ihnen nennen, je nach Fugenelement an die Tafel. Links schreiben Sie die Adverbien, die aus Adjektiven gebildet werden; daneben schreiben Sie die Nomen mit dem Fugen -*s*, daneben die Nomen mit dem Fugenelement -*n* und rechts die Nomen ohne Fugenelement. Die TN können sich so die Regel in 2 c selbst erschließen. > glücklicherweise beispielsweise seitenweise wahlweise > erfreulicherweise *Lösung: glücklicherweise, erfreulicherweise, dummerweise, verständlicherweise, interessanterweise, lustigerweise, freundlicherweise, erstaunlicherweise, üblicherweise, überraschenderweise, vernünftigerweise, sinnvollerweise, schlauerweise, netterweise, blöderweise, notwendigerweise, zufälligerweise, beispielsweise, vergleichsweise, seitenweise, massenweise, wahlweise;*	Wörterbuch	
Einzelarbeit	b) Anschließend kreuzen die TN in der Tabelle an, wie die Adverbien gebildet werden. *Lösung: normalerweise – er, stellenweise – n, probeweise –*		
Einzelarbeit Plenum	c) Die TN ergänzen die Regel. Weisen Sie die TN auf die Grammatikübersicht (→ S. 64/3) hin. Kontrolle im Plenum. *Lösung: Zwischen Adjektiv und -weise steht meistens -er. Zwischen Nomen und -weise steht meistens -s, seltener -n oder nichts.*		
Einzelarbeit	**AB 70/Ü20** Grammatikübung zu Adverbien mit der Endung -*weise*; auch als Hausaufgabe geeignet.		

Ich kann jetzt …

SOZIALFORM	ABLAUF	MATERIAL	ZEIT
Einzelarbeit	Die TN markieren, was auf sie zutrifft.		
Partnerarbeit	**VERTIEFUNG 1:** Die TN sprechen über ihre persönliche Wohnsituation. Was für Wünsche und Abneigungen haben sie?		
Partnerarbeit	**VERTIEFUNG 2:** Ein/e TN schreibt einen Satz auf, zum Beispiel „Mein Freund und sein Bruder haben am gleichen Tag Geburtstag." Die Lernpartnerin / Der Lernpartner versucht, den Satz durch ein Adverb mit -*weise* zu modifizieren und schreibt: „Mein Freund und sein Bruder haben *lustigerweise* am gleichen Tag Geburtstag." Die Lernpartner probieren aus, wie sich der Satz mithilfe von verschiedenen Adverbien verändert: „Mein Freund und sein Bruder haben *normalerweise* am gleichen Tag Geburtstag." (geht inhaltlich nicht) und sprechen über die Bedeutungsunterschiede der Sätze. Dann überlegt die Lernpartnerin / der Lernpartner einen neuen Satz. Gehen Sie herum und helfen Sie bei Schwierigkeiten.		
Plenum	Abschließend werden die schönsten Sätze dem Plenum vorgestellt und an der Tafel notiert.		

SEHEN UND HÖREN

1 Kunstausbildung

SOZIALFORM	ABLAUF	MATERIAL	ZEIT
Partnerarbeit	a) Die TN nennen ihre Vermutungen. Verweisen Sie noch einmal auf Lektion 3 im Kursbuch (→ S. 44 f.) und wiederholen Sie, wenn nötig, den Wortschatz zu diesem Thema. *Lösung: A Kostüm; B Tanz; C Gesang*		
Plenum Partnerarbeit	b) Zeigen Sie den Anfang des Films. Lassen Sie dann zu zweit vermuten, um was für ein Gebäude es sich handelt. *Lösung: Man sieht die Bayerische Theaterakademie in München.* **LANDESKUNDE:** Die Bayerische Theaterakademie ist eine der führenden Institutionen für die Ausbildung von Bühnenberufen. 1993 wurde sie von ihrem Namenspatron gegründet und umfasst mittlerweile neun Studiengänge, wie zum Beispiel die Studiengänge Schauspiel, Regie, Musical, Gesang/Musiktheater, Maskenbild, Dramaturgie, Theater-, Film- und Fernsehkritik, Bühnenbild und Bühnenkostüm.	DVD 1/21	

2 Porträts von Studierenden einer Akademie

SOZIALFORM	ABLAUF	MATERIAL	ZEIT
Plenum	Lesen Sie gemeinsam die Landeskundeinformation in *Wussten Sie schon?* und geben Sie den TN noch mehr Fakten zur Kulturlandschaft in D-A-CH. **LANDESKUNDE:** Deutschland gilt als Land mit der höchsten Theaterdichte der Welt. Das gilt ebenso für die Museen, Literaturhäuser, Archive, Bibliotheken und Festivals. In Berlin gibt es zum Beispiel drei Opernhäuser. Der Kulturbereich ist ein großer Arbeitgeber. Um nur ein Beispiel zu nennen: Die Hälfte aller professionellen Sinfonieorchester der Welt spielt in Deutschland.		

Einzelarbeit Plenum	Anschließend sehen die TN den Film in Abschnitten. Abschnitt 1: Die TN sehen den Abschnitt an und formulieren mögliche Fragen, die die Studierenden im Film beantworten. Kontrolle im Plenum. *Lösungsvorschlag:* Evgenija: *Wie alt warst du, als du das erste Mal die Aufnahmeprüfung gemacht hast? Hast du die Aufnahmeprüfung noch einmal versucht zu bestehen? Warum hattest du beim ersten Mal eine Niederlage? Haben dir die Leute an der Schauspielschule geholfen, weil du das Abitur gemacht hast? Wieso wolltest du so unbedingt Schauspielerin werden?* Marc: *Welche Rollen spielst oder singst du am liebsten? Hast du irgendwelche Vorlieben beim Singen oder Spielen? Welche Rollen/Stücke wünscht du dir am meisten?*	DVD 1/22	
Einzelarbeit Plenum	Abschnitt 2: Die TN schauen den zweiten Abschnitt an und ordnen danach zu, was sie verstanden haben. Kontrolle im Plenum. *Lösungsvorschlag:* 1 Edouardo: *Produktionen, an denen er mitgearbeitet hat;* Frau Effenberg: *Aufgabenbereiche im Studiengang Maskenbild;* Melanie: *Lieblingsfächer;* Dimitrij: *Entwicklung während des Studiums;* 2 Eduardo: *Er wünscht sich, dass jeder Student aus seiner Klasse die Möglichkeit bekommt, an einer richtigen Produktion teilzunehmen;* Frau Effenberg: *Die Studentinnen und Studenten müssen in der Lage sein, sich vieles von der Vielfalt der Inhalte selbst zu erarbeiten;* Herr Pfitzner: *Es geht bei dem Studiengang darum, sich mit der Kunst auseinanderzusetzen, es ist nicht nur ein reines Handwerk, sondern auch viel „Gespür";* Melanie: *Man sollte seiner Kreativität freien Lauf lassen können;* Dimitrij: *Der Höhepunkt war der Moment, als er gemerkt hat, dass die alte Leidenschaft wieder da war, kombiniert mit allem, was er bislang gelernt hat.*	DVD 1/23	
	Abschnitt 3: Die TN sehen und hören andere Studenten und überlegen sich die Frage zu ihren Antworten. *Lösung: Was waren für dich der glücklichste Moment an der Akademie?*	DVD 1/24	
Einzelarbeit	**AB 70/Ü21** Wortschatzübung zum Thema „Theaterakademie".		
Einzelarbeit Plenum	**AB 70–71/Ü22** Landeskundeübung zur Homepage eines Stadttheaters, angelehnt an *Wussten Sie schon?* im Kursbuch (→ S. 63/2). **VERTIEFUNG:** Fordern Sie die TN auf, auf die Homepage ihres lokalen Theaters zu gehen und sich anhand der Rubriken im Arbeitsbuch (→ S. AB 71/22) Notizen zu machen. Kontrolle im Plenum.		

3 Unterhalten Sie sich.

SOZIALFORM	ABLAUF	MATERIAL	ZEIT
Gruppenarbeit	Die TN sprechen zu dritt über die Personen. Am Ende können Sie an der Tafel abfragen, welche Person am häufigsten genannt wurde, und vereinzelte Gründe, warum die TN mit dieser Person gern weiter sprechen würden, noch einmal nennen lassen.		

Mein Dossier

SOZIALFORM	ABLAUF	MATERIAL	ZEIT
Einzelarbeit	**AB 71/Ü23** Die TN schreiben über die Zeit, als sie volljährig wurden. Lassen Sie in der nächsten Kursstunde ein oder zwei TN ihren Text vortragen und die anderen dazu Fragen stellen. Hier passt die Methode **Freier Stuhl (Glossar → S. 134)**: Bilden Sie einen Stuhlkreis. Mit etwas Abstand zu den anderen bleiben zwei Stühle nebeneinander frei. Die/Der Vortragende setzt sich auf den einen Stuhl und liest ihren/seinen Text vor. Wer eine Frage dazu hat, setzt sich nach dem Vortrag auf den zweiten freien Stuhl, stellt die Frage, die/der Vortragende beantwortet sie. Dann macht sie/er den Stuhl für die/den nächsten TN mit einer Frage frei. Sind alle Fragen beantwortet, kommt die/der nächste Vortragende an die Reihe. Diese Methode fokussiert und wirkt sich positiv auf die Konzentration aus.		

Ich kann jetzt ...

SOZIALFORM	ABLAUF	MATERIAL	ZEIT
Einzelarbeit	Die TN markieren, was auf sie zutrifft.		

AUSSPRACHE: Die Konsonanten *p – t – k, b – d – g* (Arbeitsbuch → S. AB 72)

1 Die „aspirierten" Konsonanten

SOZIALFORM	ABLAUF	MATERIAL	ZEIT
Einzelarbeit	a)+b) Die TN versuchen, das Papier beim Sprechen in Bewegung zu setzen.		
Plenum	**VERTIEFUNG:** Fragen Sie nach Wörtern, die mit diesen Konsonanten beginnen, und schreiben Sie sie an die Tafel. Suchen Sie gemeinsam auch Wörter, bei denen die Konsonanten in der Mitte und am Ende stehen, und lassen Sie die Übung erneut durchführen. Wann bewegt sich das Papier und wann nicht? Hier sollen die TN zu der Erkenntnis gelangen, dass die Konsonanten *p, t* und *k* nur am Wortanfang aspiriert werden. **TIPP:** Bitten Sie die TN sich vorzustellen, sie wären beim Theater und müssten ganz übertrieben deutlich sprechen. Um das zu üben, sollten die TN zunächst sooft wie möglich flüstern, weil man dabei automatisch deutlicher sprechen muss, um verstanden zu werden. Zum Üben eignen sich zum Beispiel folgende Sätze, die Sie an die Tafel schreiben können: *Kaufen Sie bei uns die blauen Plastikblumen zum billigen Probierpreis.* *Dieses Tablett wird am Donnerstag für den Transport der Torten nach Dresden benötigt.* *Gudrun und Karla Kuhne fahren am Montag für einige Tage zur Kur nach Grimma.* *Lösung: a bei p; b bei t und k*		

2 Wortpaare

SOZIALFORM	ABLAUF	MATERIAL	ZEIT
Einzelarbeit	Die TN hören und sprechen nach. **TIPP:** Machen Sie die TN darauf aufmerksam, dass die angegebenen Lautpaare in vielen Dialekten nicht klar voneinander zu unterscheiden sind. Im Fränkischen oder Sächsischen zum Beispiel wird [p] fast immer als [b] realisiert. Näheres dazu lernen die TN in *Sicher!* B2.2, Lektion 12.	AB-CD/25	

3 *b-d-g* am Wortende

SOZIALFORM	ABLAUF	MATERIAL	ZEIT
Einzelarbeit	a)+ b) Die TN hören, sprechen nach und markieren die passende Antwort. **FOKUS PHONETIK:** Die Beispiele sollen deutlich machen, dass [b] im Wort- und Silbenauslaut zu [p] → Betrie**b**, [d] zu [t] → Klei**d**, [g] zu [k] → tru**g** wird. Dieses Phänomen nennt man Auslautverhärtung. *Lösung: Sie klingen wie p-t-k.*	AB-CD/26	

4 Lautkombination

SOZIALFORM	ABLAUF	MATERIAL	ZEIT
Partnerarbeit	Die TN diktieren sich gegenseitig die Sätze. Die TN, die geschrieben haben, sprechen sie danach noch einmal laut vor.		

LERNWORTSCHATZ (Arbeitsbuch → S. AB 73)

SOZIALFORM	ABLAUF	MATERIAL	ZEIT
Einzelarbeit	Soweit möglich, sollten die TN neue Wörter im Kontext lernen. Suchen Sie mit den TN bei einem Verb die Situationen, in denen es benutzt wird, schreiben Sie Synonyme auf oder erweitern Sie das Wortfeld. Zum Beispiel das Verb *bewerten:* Situationen: *Ich habe Anne nach ihrem Aussehen bewertet. Ich bewerte die Tests der Studenten. Meine Hausaufgabe wurde mit „gut" bewertet.* Synonyme: *beurteilen, benoten.* Wortfeld: *die Bewertung, die Wertung, bewertbar.* Bei Kollokationen wie zum Beispiel *Wissen erwerben* oder *Kenntnisse anwenden* schreiben Sie am besten immer die komplette Wortverbindung auf.		

LEKTIONSTEST 4 (Arbeitsbuch → S. AB 74)

SOZIALFORM	ABLAUF	MATERIAL	ZEIT
Einzelarbeit	Mithilfe des Lektionstests haben die TN die Möglichkeit, ihr neues Wissen in den Bereichen Wortschatz, Grammatik und Redemittel zu überprüfen. Wenn die TN mit einzelnen Bereichen noch Schwierigkeiten haben, können sie gezielt einzelne Module wiederholen.		

REFLEXION DER LEKTION

SOZIALFORM	ABLAUF	MATERIAL	ZEIT
Gruppenarbeit	Überlegen Sie, in wie viele Gruppen Sie die TN aufteilen werden, und wählen Sie für jede Gruppe einen Lesetext aus, entweder aus der aktuellen Lektion oder aus dem Lehrwerkservice (zum Beispiel den aktuellen Lesetexten). Teilen Sie den Text je nach Gruppengröße in gleich lange Abschnitte auf, die Sie nummerieren. Die TN bearbeiten den Text jetzt mit der Methode **Gestaltung durch ein Wort (Glossar → S. 134)**. Jeder Person aus der Gruppe wird ein Abschnitt zugewiesen. Die TN versuchen, für ihren Textabschnitt ein markantes Wort zu finden, das den Inhalt am besten wiedergibt. Dieses Wort wird auf ein Extrablatt geschrieben und kreativ gestaltet. Dann zeigt jeder TN aus der Gruppe gemäß der Reihenfolge der Abschnitte den anderen Gruppenmitgliedern sein Wort. Die anderen versuchen zu erraten, worum es in dem Abschnitt geht. Jeder TN erzählt den Inhalt seines Textes und begründet im Anschluss, warum gerade dieses Wort gewählt wurde.	Text aus den letzten Lektionen oder aus dem Lehrwerkservice / aktuelle Lesetexte	

EINSTIEG

Vor dem Öffnen des Buches

SOZIALFORM	ABLAUF	MATERIAL	ZEIT
Plenum Partnerarbeit	Bringen Sie Porträts aus Zeitschriften mit und legen Sie sie auf dem Tisch aus. Die TN wählen jeweils ein Porträt aus, das sie schön finden. Sie beschreiben ihrer Lernpartnerin / ihrem Lernpartner, wie die dargestellte Person aussieht und warum sie das Porträt ausgewählt haben. Alternativ können Sie den TN auch vorschlagen, Porträts zu wählen, die ihnen nicht gefallen und dies zu begründen. Die Lernpartner sprechen über ihre Entscheidung.	Porträts aus Zeitschriften	
Einzelarbeit	**AB 75/Ü1** Wortschatzwiederholung: Wortgitter zum Thema „Aussehen"; auch als Hausaufgabe geeignet.		

1   Gutes Styling ist (fast) alles!

SOZIALFORM	ABLAUF	MATERIAL	ZEIT
Partnerarbeit	a)+b) Die TN sprechen über die Fotomontage und ihre Vermutungen. Weisen Sie sie darauf hin, dabei die Redemittel zu benutzen. *Lösungsvorschlag: a Auf der linken Bildhälfte sieht die Frau natürlich und normal aus. Man hat den Eindruck, dass sie müde ist. Auf der rechten Bildhälfte dagegen wirkt sie schöner, attraktiver. Man sieht, dass sie geschminkt ist und ihre Haare gestylt sind. Man würde nicht denken, dass es dieselbe Person ist. Vermutlich wurde sie für eine Werbekampagne so gestylt. b Das Foto wurde vermutlich von einer Kosmetikfirma genutzt, die zeigen wollte, welche Wirkung man mit ihren Produkten erzielen kann.*		
Partnerarbeit Plenum	c) Zu zweit begründen die TN ihre Wahl. Fragen Sie anschließend im Plenum, wem die linke Bildhälfte besser gefällt und lassen Sie Gründe nennen. Sammeln Sie dann die Gründe derjenigen, denen die rechte Bildhälfte mehr zusagt.		
Einzelarbeit	**AB 75/Ü2** Kommunikationsübung mit Wortschatz zum Thema „Styling"; auch als Hausaufgabe geeignet.		

LESEN 1

1   „Ganz normale" Frauen

SOZIALFORM	ABLAUF	MATERIAL	ZEIT
Plenum Einzelarbeit Plenum	a) Die TN sehen sich die Überschrift und das Foto an und nennen ihre Vermutungen, warum „ganz normal" wohl in Anführungsstrichen steht. Lesen Sie dann gemeinsam die Aufgabe und fragen Sie nach, zu welchem Zweck Fotoshootings normalerweise stattfinden und wer dabei nicht fehlen darf. Was zeichnet diese Personen aus? Die TN lesen dann den Blog-Eintrag und markieren die richtige Antwort. Danach sprechen Sie im Kurs darüber, ob Laura und ihre Freundin in das übliche Bild von Models passen und warum (nicht). *Lösung: Sie wird mit ihrer Freundin ein Fotoshooting machen.*		
Einzelarbeit Plenum	b) Die TN notieren, welche Auswahlkriterien die Modezeitschrift hatte. Kontrolle im Plenum. *Lösung: selbstbewusste Frauen in natürlicher Schönheit; Frauen, die mitten im Leben stehen; Frauen, die Mode aus dem täglichen Leben tragen*		

2 Reaktionen

SOZIALFORM	ABLAUF	MATERIAL	ZEIT
Plenum Gruppenarbeit Einzelarbeit Plenum	a) Fragen Sie die TN, was sie auf Lauras Blog-Eintrag antworten würden. **TIPP:** Die TN überlegen in Gruppen, was sie Laura spontan antworten würden und machen sich Notizen dazu. Danach trägt jeweils ein TN die Ideen seiner Gruppe mündlich vor. Dann lesen die TN die Aufgabe und die beiden Kommentare. Fordern Sie die TN auf, die Satzteile, die die jeweiligen Aspekte bewerten, zu unterstreichen und an das Zeilenende ein „p" für positive bzw. ein „n" für negative Beurteilung zu schreiben. Kontrolle im Plenum. *Lösung: 1 p: im Grunde toll; n: aber ... doch wieder super jung, super schlank und super hübsch; Normale Frauen ... findet man leider ... nicht. 2 p: Da kann man zeigen, was wirklich in JEDER Frau steckt! n: ..., wenn ihr nach dem Fotoshooting nicht gleich einen Job als Model bekommt.*		
Gruppenarbeit	b) Die TN diskutieren über die Fragestellungen. Fordern Sie sie auf, dabei die angegebenen Redemittel zu benutzen.		
Einzelarbeit Gruppen- arbeit/Partner- arbeit/Einzel- arbeit	**AB 76/Ü3** Wortschatzübung zu den Texten in Aufgabe 1 und 2; auch als Hausaufgabe geeignet. **VERTIEFUNG:** Bieten Sie die Wortschatzübung als **Memo-Spiel** (Glossar → S. 136) an. Schreiben Sie dazu die Begriffe der linken Spalte auf zum Beispiel rote Karten, die Erläuterungen in der rechten Spalte jeweils auf eine grüne Karte. Jede Gruppe bekommt einen Kartensatz mit allen Wörtern aus der Übung. Reihum versuchen die TN nun, richtige Kartenpaare aufzudecken. Spielvarianten: Jeweils zwei TN bekommen einen Kartensatz. Ein/e TN erhält die Karten mit den Begriffen, der/die andere die Erklärungen. Nun nennt ein/e Lernpartner/in einen Begriff, der/die andere sucht die entsprechende Erklärung dazu. Die Zuordnung der Karten kann auch in Einzelarbeit durchgeführt werden. Sie können eine bestimmte Zeit vorgeben. Wer die meisten richtigen Kartenpaare gefunden hat, hat gewonnen.	Karten in verschiedenen Farben (rot und grün)	
Einzelarbeit	**AB 76/Ü4** Kommunikationsübung: Redemittel zur Zustimmung und Ablehnung; auch als Hausaufgabe geeignet. Weisen Sie die TN auch auf die Redemittel „einer Meinung zustimmen/widersprechen" im Anhang hin.		
Plenum	**LANDESKUNDE:** Lesen Sie gemeinsam den Landeskundetipp in *Wussten Sie schon?* Wenn Sie die Möglichkeit dazu haben, bringen Sie einige der genannten Zeitschriften mit in den Kurs. In deutschen Arztpraxen liegen solche Zeitschriften aus. Fragen Sie, ob Sie ältere Exemplare mitnehmen dürfen. Ansonsten sind sie in Bibliotheken auszuleihen oder im Internet anzusehen.	Frauenzeitschriften	
Einzelarbeit	**AB 77/Ü5** Landeskundeübung: Lesetext zum Leseverhalten von Männern bei Zeitschriften; angelehnt an *Wussten Sie schon?* im Kursbuch (→ S. 67/2b).		

3 Das Verb *lassen*

SOZIALFORM	ABLAUF	MATERIAL	ZEIT
Plenum Gruppenarbeit Einzelarbeit Plenum	a) Lassen Sie die Aufgabenstellung vorlesen und sehen Sie sich gemeinsam den ersten Satz an. Erklären Sie die Bedeutung von „lassen" in diesem Satz. Danach bilden die TN in Gruppen frei weitere Sätze mit „lassen" in dieser Bedeutung. Weisen Sie die TN auch auf die Grammatikübersicht im Kursbuch (→ S. 76/1) hin. Gehen Sie von Gruppe zu Gruppe, überprüfen Sie die jeweiligen Sätze und korrigieren Sie gegebenenfalls. Die TN machen die weiteren Aufgaben dann selbstständig. Kontrolle im Plenum. *Lösung: 1 (...), dass die nicht-professionellen Models, ... 3 Ihr werdet sehen und staunen,... 4 Da kann man so eine Aktion ...*		
Plenum Einzelarbeit Plenum	b) Sehen Sie sich gemeinsam das Lösungsbeispiel des ersten Satzes an und fragen Sie die TN, was ihnen in diesem auffällt. Die TN sollen selbst erkennen, dass bei Perfekt-Sätzen mit „lassen" am Satzende immer zwei Infinitive stehen und „lassen" dabei die letzte Position einnimmt. Die weiteren Aufgaben lösen die TN dann selbstständig. Kontrolle im Plenum. *Lösung: 2 Aus ganz normalen Frauen haben sich richtige Hingucker machen lassen. 3 Laura und Lina haben sich nicht irritieren lassen. 4 Man hat auch durchschnittlich aussehende Frauen mitmachen lassen. – Am Satzende stehen zwei Infinitive, das Verb „lassen" steht dabei immer an letzter Position.*		
Einzelarbeit	**AB 77/Ü6** Grammatik entdecken: die vier Bedeutungen des Verbs „lassen" einer bestimmten Situation zuordnen sowie Umformungsübung zur Bildung der Vergangenheit bei Sätzen mit „lassen".		
Einzelarbeit Partnerarbeit	**AB 78/Ü7–8** Grammatikübungen zum Verb „lassen". Die Ausdrücke zur Typ-Veränderung in Übung 8 eignen sich auch gut, um daraus Fragen zu formulieren und Interviews führen zu lassen, zum Beispiel: *Hast du dich schon einmal in Modefragen beraten lassen? Hast du dich schon einmal professionell schminken lassen? Hast du schon einmal deine Haare ganz anders schneiden lassen als sonst?* etc.; auch als Hausaufgabe geeignet.		

Ich kann jetzt ...

SOZIALFORM	ABLAUF	MATERIAL	ZEIT
Einzelarbeit	Die TN markieren, was auf sie zutrifft.		
Gruppenarbeit	**VERTIEFUNG:** Die TN machen jeweils zu viert ein Rollenspiel. Sie sind in einer Talkshow mit dem Thema „Normale Frauen als Models?". Es gibt eine/n Gastgeber/in, ein professionelles Model, eine/n Geschäftsführer/in einer Modezeitschrift und ein/e Lehrer/in, die/der sich Sorgen um die Zukunft der immer mehr gestylten Teenager macht. Jede/r TN wählt eine Rolle und bereitet sich vor, indem sie/er sich zwei bis drei Argumente für die eigene Rolle notiert. Dabei soll jede/r einen Satz mit „lassen" formulieren. Dann führen die Gruppen das Rollenspiel durch.		

HÖREN

Vor dem Öffnen des Buches

SOZIALFORM	ABLAUF	MATERIAL	ZEIT
Plenum	Fragen Sie Ihre TN, welche berühmten Models sie kennen. Sammeln Sie Namen und lassen Sie die TN erzählen, was sie über diese Models wissen. Überlegen Sie anschließend gemeinsam, wie das Leben eines Models wohl aussieht.		

1 Leben auf dem Laufsteg

SOZIALFORM	ABLAUF	MATERIAL	ZEIT
Einzelarbeit Plenum	a)+b) Die TN machen sich Stichpunkte. Sammeln und diskutieren Sie diese dann im Kurs.		

2 Interview mit einem Model

SOZIALFORM	ABLAUF	MATERIAL	ZEIT
Plenum	**TIPP:** Um den Einstieg zu erleichtern und da es sich um ein interessantes Thema handelt, können Sie schon vor der Beschäftigung mit der Aufgabe im Kurs über internationale Schönheitsideale sprechen. Fragen Sie die TN nach den Schönheitsidealen in ihren Heimatländern und ob sie Ideale aus anderen Ländern oder Kulturen kennen. **INTERKULTURELLES:** Gehen Sie näher auf die individuellen Schönheitsideale in den Heimatländern der TN ein. Wie ist es bei Frauen, wie bei Männern? Gibt es bekannte männliche Models? Kommen Männer mit langen Haaren an? Je internationaler der Kurs ist, desto facettenreicher werden die Informationen. Geben Sie den TN auch die Möglichkeit, Nachfragen zu stellen oder Details zuzufügen.		
Partnerarbeit	a) Die TN sprechen über die Fotos, das Schönheitsideal und die Herkunft von Kentas Eltern.		
Einzelarbeit	b) Lassen Sie die TN zuerst die Themen lesen. Dann hören sie das Interview einmal komplett und nummerieren die Reihenfolge. *Lösung: 2 Entdeckung als Model 3 der japanische Geschmack 4 Geldverdienen durch Modeln 5 Reaktionen der Freunde 6 Schulabbruch 7 Trennung von der Familie 8 Rückkehr nach Deutschland 9 Zukunftspläne*	CD 1/21	
Einzelarbeit Plenum	c) Die TN hören das Interview noch einmal abschnittsweise und beantworten die Fragen. Lassen Sie die Fragen und Aussagen auch hier jeweils vor dem Hören lesen. Kontrolle im Plenum. *Lösung: Abschnitt 1: 1 japanische Mutter, deutscher Vater, 2 in der Schule durch einen Fotografen; Abschnitt 2: 1 die Mischung zwischen Europäischem (Statur, große Augen) und Asiatischem (das familiäre Japanische), 2 Europa: starker Körperbau und kurze Haare, Japan: längere Haare, nicht so breit gebaut; Abschnitt 3: 1, 3, 5; Abschnitt 4: 1 ... ist er zurück nach Deutschland gekommen. 2 ... modeln können. 3 ... dort erwachsen geworden ist. 4 ... die Höflichkeit und den Respekt voreinander. 5 ... eher in Japan.*	CD 1/22–25	
Einzelarbeit	**AB 79/Ü9** Hör- und Schreibübung zum Interview mit Kenta Kuhne und zu internationalen Schönheitsidealen; auch als Hausaufgabe geeignet.	AB-CD/27	

3 Nach dem Interview

SOZIALFORM	ABLAUF	MATERIAL	ZEIT
Plenum Gruppenarbeit	Lesen Sie gemeinsam den Lerntipp und die Redemittel. Die TN üben die Redemittel zu dritt ein. Dabei versucht jede/r, jeden Satzanfang zu beenden. Lassen Sie die TN mithilfe der Redemittel über das Thema diskutieren. Bei größeren Gruppen bietet es sich an, den Kurs in zwei Gruppen (positive/negative Seite) aufzuteilen.		
Plenum	**VERTIEFUNG:** Um die Diskussion vielschichtig zu führen, eignen sich die **Denkhüte (Glossar → S. 133)**. Bringen Sie vier verschiedenfarbige Papierhüte mit in den Unterricht. Jeder Farbe wird eine bestimmte Sichtweise bzw. Charaktereigenschaft zugeordnet – zum Beispiel *Grün:* argumentiert sachlich; *Rot:* ist impulsiv, zeigt Gefühle; *Schwarz:* sieht alles negativ; *Blau:* ist idealistisch etc.	vier farbige Hütchen	
Gruppenarbeit	Dann wird der Kurs in diese vier Farbgruppen aufgeteilt, und jede Gruppe überlegt sich Argumente, die zu der jeweiligen Sichtweise passen. Bei der roten Gruppe sollten es einfache, aber provokante Sätze sein wie zum Beispiel *„In diesem Job sind doch nur Magermodels gefragt“*. Gehen Sie von Gruppe zu Gruppe und helfen Sie bei Schwierigkeiten. Dann einigt sich der Kurs auf vier TN, die sich je einen Hut aufsetzen und die Diskussion durchführen. Nach einer Weile wechseln die TN.		

4 Futur II

SOZIALFORM	ABLAUF	MATERIAL	ZEIT
Einzelarbeit	a) Die TN hören die Äußerungen und ergänzen die Sätze. *Lösung: Da wird sich Ihr Leben ganz schön verändert haben. Und Ihre Freunde, die werden ein bisschen neidisch gewesen sein. Als 17-Jähriger wird das am Anfang gar nicht so einfach gewesen sein.*	CD 1/26	
Einzelarbeit	b)+c) Die TN markieren die richtige Antwort und formulieren die Äußerungen um. Weisen Sie auch auf die Grammatikübersicht im Kursbuch (→ S. 76/2) hin. *Lösung: b bei Vermutungen über die Vergangenheit; c Vermutlich hat sich Ihr Leben da ganz schön verändert. Und Ihre Freunde, die sind wahrscheinlich/sicherlich ein bisschen neidisch gewesen. Ich nehme an, als 17-Jähriger ist das am Anfang gar nicht so einfach gewesen.*	·	
Einzelarbeit	**AB 79/Ü10** Grammatikwiederholung: Futur I; auch als Hausaufgabe geeignet.		
Einzelarbeit	**AB 80/Ü11** Grammatik entdecken: Futur II; auch als Hausaufgabe geeignet.		
Einzelarbeit	**AB 80–81/Ü12–13** Grammatikübungen zum Futur I und II sowie zu Adverbien der Vermutung; auch als Hausaufgabe geeignet.		

Ich kann jetzt …

SOZIALFORM	ABLAUF	MATERIAL	ZEIT
Einzelarbeit	Die TN markieren, was auf sie zutrifft.		
Plenum	**VERTIEFUNG:** Die TN überlegen sich Vermutungen über andere TN, laufen durch den Raum und fragen sich zum Beispiel: *Du gehst sicherlich oft ins Kino, oder? Du wirst wohl geschlafen haben, als ich dich gestern angerufen habe?* Helfen Sie bei Schwierigkeiten.		

SPRECHEN

1 Wie kann man attraktiver werden?

SOZIALFORM	ABLAUF	MATERIAL	ZEIT
Partnerarbeit Plenum Partnerarbeit	Die TN notieren ihre Ideen. Diese werden anschließend im Plenum vorgelesen und an der Tafel gesammelt. **TIPP:** In Kursen mit einem guten Kursklima können die TN mit ihrer Lernpartnerin / ihrem Lernpartner eigene Typberatungen durchführen. Dabei nimmt ein/e TN die Rolle des Experten, die/der andere TN die Rolle der Kundin / des Kunden ein. Sie können dabei auf die vorher gesammelten Tipps zurückgreifen. Nach fünf Minuten wechseln die Lernpartner ihre Rollen. **VERTIEFUNG:** Bringen Sie Artikel aus Zeitungen und Zeitschriften mit, die sich mit Typveränderungen beschäftigen, zum Beispiel Vorher-Nachher-Bilder. Lassen Sie die TN zu zweit beschreiben, mit welchen Mitteln die Verschönerung erreicht wurde.	Vorher-Nach-her-Artikel aus Zeitschriften	
Einzelarbeit	**AB 81/Ü14** Wortschatzübung zu Angeboten der Schönheitsbranche.		

2 Rollenspiel

SOZIALFORM	ABLAUF	MATERIAL	ZEIT
Plenum	a) Fragen Sie die TN, wer welche Rolle spielen möchte, und achten Sie darauf, dass alle acht Rollen zugeteilt werden. Je nachdem, wie groß Ihr Kurs ist, können sich auch mehrere TN (einzeln oder in „Rollen-Gruppen") mit einer Rolle beschäftigen.		
Partnerarbeit Plenum	b) Die TN ordnen die Diskussionsmittel. Kontrolle im Plenum. *Lösung:* etwas raten: *An deiner Stelle würde ich … Warum versuchst du nicht, …? Probier doch mal … ; Wenn du wirklich … werden möchtest, würde ich auf jeden Fall …; … solltest du unbedingt ausprobieren / machen (lassen);* von etwas abraten: *Von … kann ich nur abraten. Auf keinen Fall solltest du … Die Folgen sind nämlich …; … ist viel zu gefährlich / absolut übertrieben; Dass … ungefährlich ist, behauptet nur, wer keine Ahnung von … hat. … ist weder effektiv noch …*		
Einzelarbeit	**AB 82/Ü15** Kommunikationsübung zu den Redemitteln „jemandem etwas raten / von etwas abraten". Weisen Sie auch auf die Redemittel im Anhang hin.		
Einzelarbeit Gruppenarbeit	c)+d) Die TN notieren Argumente für die eigene Rolle. Gibt es mehrere TN in derselben Rolle, arbeiten sie dabei gemeinsam. Führen Sie dann das Rollenspiel mit jeweils vier TN durch. Am Ende sagen „Sven" und „Elsa", welche Argumente sie überzeugt haben. Achten Sie darauf, dass auch „Sven" und „Elsa" ihre Wünsche/Bewertungen deutlich und ausführlich formulieren, damit auch die TN dieser Rollen genügend Sprechzeit erhalten.		

Ich kann jetzt …

SOZIALFORM	ABLAUF	MATERIAL	ZEIT
Einzelarbeit	Die TN markieren, was auf sie zutrifft.		

WORTSCHATZ

Vor dem Öffnen des Buches

SOZIALFORM	ABLAUF	MATERIAL	ZEIT
Plenum	Schreiben Sie die Redewendung „auf eigenen Füßen stehen" an die Tafel. Fragen Sie die TN nach der Bedeutung (selbstständig sein) und führen Sie den Begriff „Redewendung" ein. Fragen Sie die TN, ob ihnen weitere Redewendungen mit Körperteilen bekannt sind und klären Sie gegebenenfalls deren Bedeutung.		

1 Redewendungen zum Thema „Körper"

SOZIALFORM	ABLAUF	MATERIAL	ZEIT
Partnerarbeit	Die TN ergänzen die Redewendungen im Buch, allein oder mit einer Lernpartnerin/einem Lernpartner. *Lösung: 1 auf eigenen Füßen stehen, auf großem Fuß leben, kalte Füße bekommen; 2 kein Auge zutun, jemandem die Augen öffnen, ein Auge zudrücken; 3 den Kopf verlieren, sich etwas durch den Kopf gehen lassen, von Kopf bis Fuß; 4 etwas hängt einem zum Hals heraus, jemandem um den Hals fallen, Hals über Kopf; 5 etwas in die Hand nehmen, zwei linke Hände haben, in festen Händen sein; 6 eine starke Schulter zum Anlehnen brauchen, etwas auf die leichte Schulter nehmen.*		
Einzelarbeit Plenum	**AB 83/Ü16** Wortschatzübung zur Bedeutung der Redewendungen. Kontrolle im Plenum.		

2 Bedeutungen der Redewendungen

SOZIALFORM	ABLAUF	MATERIAL	ZEIT
Plenum	Lesen Sie gemeinsam den Lerntipp und suchen Sie mit den TN eine Redewendung in einem einsprachigen Wörterbuch. Damit möglichst immer zwei TN ein Wörterbuch benutzen können, bitten Sie die TN in der vorhergehenden Stunde, nach Möglichkeit ein einsprachiges Wörterbuch mitzubringen. Eventuell können sie sich auch in Bibliotheken Wörterbücher ausleihen. Haben Sie nur ein Wörterbuch zur Verfügung, empfiehlt es sich, vor der Stunde Kopien der betreffenden Seiten zu erstellen. **VERTIEFUNG:** Sprechen Sie mit den TN darüber, welche Erfahrungen sie mit Wörterbüchern gemacht haben. Sammeln Sie gemeinsam die Vor- und Nachteile von ein- und zweisprachigen Wörterbüchern an der Tafel. Falls es den TN aus dem Stegreif zu schwer fällt, Vor- und Nachteile zu finden, können Sie auch noch zweisprachige Wörterbücher bereitstellen, sodass die TN direkt anhand der Bücher vergleichen können.	einsprachiges Wörterbuch bzw. Kopien einzelner Seiten zweisprachige Wörterbücher	

Partnerarbeit	a) Sorgen Sie dafür, dass alle Körperteile und die entsprechenden Redewendungen aus Aufgabe 1 in Zweiergruppen bearbeitet werden. Dazu können Sie die Körperteile auf Zettel schreiben oder zeichnen und die Zettel ziehen lassen. Kontrolle im Plenum.	einsprachige Wörterbücher	
Plenum	**VERTIEFUNG:** Nennen Sie eine Redewendung und fordern Sie die TN auf, diese in ihren zweisprachigen Wörterbüchern zu suchen. Wie viele unterschiedliche Erklärungen gibt es?	zweisprachige Wörterbücher	
	TIPP: Redewendungen wirklich zu verstehen und anzuwenden ist für einen Nichtmuttersprachler eine Kunst. Fordern Sie die TN deshalb auf, neue Redewendungen immer im Kontext zu lernen und darauf zu achten, in welchen Situationen die Redewendung außerdem benutzt wird.		
Partnerarbeit	b)+c) Auf einen Zettel schreiben die TN eine konkrete Situation, in der man die Redewendung anwenden kann. Dann tauschen die Lernpartner ihre Zettel aus und ergänzen die Redewendungen. Gehen Sie von Gruppe zu Gruppe und prüfen Sie, ob die Situationen zu der jeweiligen Redewendung gut gewählt wurden.		
Plenum	d) Die TN stellen Redewendungen pantomimisch dar. Der restliche Kurs versucht, die dargestellten Redewendungen zu erraten. Helfen Sie ggf. mit kleinen Hinweisen.		

Ich kann jetzt …

SOZIALFORM	ABLAUF	MATERIAL	ZEIT
Einzelarbeit	Die TN markieren, was auf sie zutrifft.		
Plenum	**VERTIEFUNG:** Zeichnen Sie einen großen Körperumriss auf ein Plakat. Die TN schreiben die gelernten Redewendungen an die passenden Stellen.	Plakat	

LESEN 2

1 Wie fit sind Sie?

SOZIALFORM	ABLAUF	MATERIAL	ZEIT
Plenum	a) Fragen Sie Ihre TN, ob und wie oft sie Sport treiben, welche Sportart sie ausüben oder gerne ausüben würden.		
Partnerarbeit	b) Die TN lesen das Vorwort und beantworten die Fragen. *Lösung: Der Test dient dazu, seine Kraft, Beweglichkeit und Koordination zu überprüfen. Man braucht dazu eine 1-Liter-Flasche Wasser und eine Uhr mit Sekundenzeiger.*		
Einzelarbeit	c) Die TN überfliegen den Text und ordnen die Zeichnungen zu. *Lösung: A 2, B 5, C 6, D 1, E 4, F 3*		
	TIPP: Um sicherzugehen, dass die TN den Text wirklich nur überfliegen, machen Sie doch einen Wettbewerb daraus: Wer als Erste/r fertig ist, sagt laut „Stopp" und hat gewonnen.		

Gruppenarbeit	d) Lassen Sie die TN Gruppen à drei Personen bilden. Eine/r aus der Gruppe wird zur/zum Verantwortlichen der Gruppe ernannt und liest jeweils eine Anleitung laut vor, die anderen Gruppenmitglieder praktizieren die Übung. Dabei stoppt die/der Verantwortliche die Zeit und ruft den anderen Gruppenmitgliedern ihre jeweilige Zeit zu. So ist nur eine Stoppuhr pro Gruppe nötig. Damit jedes Gruppenmitglied am Ende ein vollständiges Ergebnis hat, muss die/der Verantwortliche einer Übung diese nach dem Stoppen alleine wiederholen und eine/r der anderen TN stoppt die Zeit. Die Position der/des Verantwortlichen sollte bei jeder Übung innerhalb der Gruppe rotieren. **VERTIEFUNG:** Die TN beschreiben reihum eine eigene, ähnliche Übung, und die anderen in der Gruppe, bei Lernpartnern jeweils die/der andere, führt die Übung durch.	je eine 1-Liter-Flasche Wasser pro TN, 1 eine Uhr oder Handy pro Gruppe	
Plenum	e) Die TN sprechen darüber, welche Übung wofür gut ist und begründen ihre Antwort. *Lösung:* Kraft: *D, F*; Beweglichkeit: *A, B*; Koordination: *C, E*		
Einzelarbeit Gruppenarbeit Plenum	f)+g) Die TN zählen ihre Punkte zusammen und lesen ihre Testergebnisse. Dann tauschen sie sich mit den anderen TN der Gruppe aus. **VERTIEFUNG:** Fragen Sie die TN, ob sie wissen, was Aqua-Jogging und Zumba ist und ob sie das schon einmal gemacht haben. Lassen Sie sie gegebenenfalls von ihren Erfahrungen erzählen. Vertiefen Sie das Thema Zumba aber nicht zu sehr, denn in Sehen und Hören auf Seite 75 wird dieses Thema noch behandelt.		
Einzelarbeit	**AB 83/Ü17** Wortschatz- und Schreibübung zum Thema „Fitness"; auch als Hausaufgabe geeignet.		

2 Verbverbindungen

SOZIALFORM	ABLAUF	MATERIAL	ZEIT
Einzelarbeit	a) Die TN sollen die Bildung des Perfekts von Verben erkennen, die mit Infinitiven ohne *zu* verbunden werden. Sie markieren die entsprechenden Sätze. *Lösung: … und habe gut Tennis spielen gelernt. … habe ich plötzlich hinter mir meinen Freund laut lachen hören. Er hat mich auf einem Bein stehen sehen … Ich bin natürlich so lange stehen geblieben.*		
Einzelarbeit	b) Beim Vergleich der Formen sollen die TN selbst herausfinden, dass bei Verbverbindungen mit *hören* und *sehen* im Perfekt zwei Infinitive aufeinanderfolgen. Weisen Sie auch auf die Grammatikübersicht im Kursbuch (→ S. 76/3) hin. *Lösung: Verbverbindungen mit <u>hören</u> und <u>sehen</u> …*		
Einzelarbeit	**AB 84/Ü18** Grammatik entdecken zu Verbverbindungen mit Infinitiven ohne *zu* im Präsens und Perfekt; auch als Hausaufgabe geeignet.		
Einzelarbeit	**AB 84/Ü19** Grammatikübung zu Verbverbindungen mit Infinitiven ohne *zu*; auch als Hausaufgabe geeignet.		

| Gruppenarbeit | **VERTIEFUNG:** Teilen Sie die TN in Zweier- bis Vierergruppen auf. Kopieren Sie die Kopiervorlage Lektion 5 (→ S. 117) am besten auf dickeres Papier oder Karton entsprechend der Anzahl der Gruppen. Schneiden Sie die drei Würfel aus und kleben Sie sie zusammen. Auf dem einen Würfel stehen die Verben *gehen, lernen, bleiben, sehen, hören* und *lassen.* Auf dem zweiten Würfel die Tempusformen *Präsens, Perfekt* und *Imperfekt.* Den dritten Würfel können Sie aus der Kopiervorlage übernehmen oder mithilfe des Blanko-Modells Verben aus dem aktuellen Lernwortschatz wie *färben, kreisen, stylen, schütteln* eintragen sowie zwei „?", bei denen die TN das Verb frei wählen dürfen. Sie können auch für jede Gruppe einen anderen dritten Würfel herstellen, der dann ggf. nach einer bestimmten Zeit getauscht wird. Jede Gruppe bekommt ein Set der drei unterschiedlichen Würfel. Die TN würfeln nacheinander mit allen drei Würfeln. Entsprechend der gewürfelten Angaben bilden sie einen Satz, zum Beispiel: *Perfekt, färben, sehen: Ich habe ihn die Haare färben sehen.* Falls sich kein sinnvoller Satz aus dem Gewürfelten ergibt, dürfen die TN das Würfeln wiederholen oder auch die Verben verändern. Ermutigen Sie die TN zu lustigen Sätzen und | Kopiervorlage Lektion 5, dickeres Papier oder Karton, Kleber | |
| Plenum | lassen Sie am Ende jede Gruppe zwei bis drei Sätze vortragen. | | |

Ich kann jetzt ...

SOZIALFORM	ABLAUF	MATERIAL	ZEIT
Einzelarbeit	Die TN markieren, was auf sie zutrifft.		
Partnerarbeit	**VERTIEFUNG:** Auf Zeit (Glossar → S. 132): Die Lernpartner legen gemeinsam eine Liste mit Verbverbindungen an. Als Hilfe dient die Grammatikseite im Kursbuch (→ S. 76/3). Eine/r nimmt die Liste und nennt das erste Verb. Die/der andere muss so schnell wie möglich ein passendes zweites Verb nennen, zum Beispiel *tanzen – gehen, Tennis spielen – lernen, stehen – bleiben.* Es kann mehrere Lösungen geben, zum Beispiel *tanzen lernen, tanzen gehen.* Wichtig ist es, schnell zu antworten. Die Lernpartner notieren ihre individuellen Verbverbindungen auf der Liste. Nach einer von Ihnen festgelegten Zeit oder wenn die Liste abgearbeitet ist, wechseln die Lernpartner ihre Rollen. Anschließend werden die Listen aller Lernpartner in die **Wiederholungskiste** (Glossar → S. 138) gelegt, um sie zu einem späteren Zeitpunkt zu wiederholen und zu ergänzen.		

SCHREIBEN

1 Gemeinsam Sport treiben

SOZIALFORM	ABLAUF	MATERIAL	ZEIT
Einzelarbeit Plenum	Die TN lesen die Kleinanzeigen und ergänzen, was die Inserenten suchen. Kontrolle im Plenum. *Lösung: 1 einen Tennispartner auf mittlerem Niveau, 2 einen Tanzpartner für lateinamerikanische Tänze, 3 eine/n Partner/in für Nordic Walking*		

2 Einen Sportpartner suchen

SOZIALFORM	ABLAUF	MATERIAL	ZEIT
Einzelarbeit	a)+b) Die TN überlegen sich eine Sportart, in der sie gerne eine Partnerin / einen Partner hätten und formulieren eine Such-Anzeige dafür. Lassen Sie die Anzeigen auf ein loses Blatt schreiben, um damit weiterarbeiten zu können.		
Plenum	**TIPP:** Falls die TN Probleme damit haben, für bestimmte Sportarten die deutschen Entsprechungen zu finden, können Sie zuvor im Kurs alle im Deutschen bekannten Sportarten an der Tafel sammeln und/oder gemeinsam die deutschen Übersetzungen für nur in der Fremdsprache bekannte Aktivitäten suchen. Fordern Sie dazu die TN auf, diese Sportarten möglichst genau zu beschreiben *(Ist es ein Teamsport? Benötigt man bestimmte Hilfsmittel? Gibt es diese Sportart bei Olympia? etc.).*		

3 Einen Sportpartner finden

SOZIALFORM	ABLAUF	MATERIAL	ZEIT
Einzelarbeit	a) Die Anzeigen werden ausgelegt. Jede/r TN sucht sich eine passende Anzeige und antwortet darauf. Wenn mehrere TN auf dieselbe Anzeige antworten wollen, schreiben sie ihre Antwort nicht auf die Rückseite, sondern auf ein Extra-Blatt.		
Gruppenarbeit	b)+c) Die TN lesen die Reaktion(en) auf ihre eigene Anzeige und tauschen sich mit den Verfasserinnen/Verfassern aus. Sie können die TN auch auffordern, sich wirklich zu verabreden.		
Plenum	Lesen Sie gemeinsam den Landeskundetipp. **VERTIEFUNG:** Bei Inlandkursen können Sie Rechercheaufträge vergeben zu Fragen wie *Welche Sportvereine gibt es in Ihrem Wohnort? Was wird dort angeboten? Wie viel kostet der jährliche Beitrag?* Sammeln Sie die Informationen im Kurs und gestalten Sie eine Wandzeitung. **INTERKULTURELLES:** Fragen Sie die TN, wo und wie die Menschen in ihren Heimatländern Sport treiben, ob es auch Sportvereine oder Vergleichbares gibt und ob es üblich ist, Inserate für Sportpartner aufzugeben. Fragen Sie auch, ob den TN in Deutschland, im Vergleich zu ihren Heimatländern, überraschende oder lustige Unterschiede bei der Art und Weise, wie die Menschen bestimmte Sportarten betreiben, aufgefallen sind und wenn ja, welche.		
Einzelarbeit	**AB 85/Ü20** Schreibübung: zwölf Fehler in einer Anzeige korrigieren; auch als Hausaufgabe geeignet.		
Einzelarbeit	**AB 85/Ü21** Hörübung zu Sportangeboten auf einer Website, die in einer Tabelle zu korrigieren sind.	AB-CD/28	

Einzelarbeit	**AB 86/Ü22** Landeskundelesetext über den FC Bayern, bei dem Wörter am rechten Rand rekonstruiert werden sollen, angelehnt an *Wussten Sie schon?* im Kursbuch (→ S. 74/3); auch als Hausaufgabe geeignet.		
Plenum	**VERTIEFUNG:** Fragen Sie die TN, welche deutschen Fußballvereine sie kennen, ob sie schon einmal bei einem Bundesligaspiel waren und ob sie einen deutschen Lieblingsverein haben. Vor allem bei Gruppen mit vielen männlichen TN kann dies schnell zu einer angeregten Diskussion führen, sodass die TN unbewusst zur Kommunikation angeregt werden.		

Ich kann jetzt …

SOZIALFORM	ABLAUF	MATERIAL	ZEIT
Einzelarbeit	Die TN markieren, was auf sie zutrifft.		
Plenum	**VERTIEFUNG:** Bringen Sie Kleinanzeigen zu Sportaktivitäten aus Zeitungen oder dem Internet mit in den Kurs und legen Sie diese im Kursraum aus. Die TN suchen sich eine aus und formulieren eine Antwort.	Kleinanzeigen aus Zeitungen oder dem Internet	

SEHEN UND HÖREN

1 Sehen Sie die Bilder an.

SOZIALFORM	ABLAUF	MATERIAL	ZEIT
Plenum	a)–c) Die TN sehen sich die Fotos an und nennen ihre Vermutungen. Fragen Sie Ihre TN, ob sie bereits an Fitnessprogrammen wie Zumba, Pilates oder Yoga teilgenommen haben. **INTERKULTURELLES:** Fragen Sie die TN, welche Sportarten in ihren Heimatländern besonders populär sind und ob es dort ähnliche oder andere Trendsportarten gibt. Sollte einigen TN eine erwähnte Sportart unbekannt sein, erklärt der entsprechende TN diese. **VERTIEFUNG:** Die TN suchen eine Person im Kurs, die mit zu einem		
Partnerarbeit	Zumba-Kurs gehen würde. Sie befragen sich dazu im **Speed-Dating** (Glossar → S. 137). Aufgabe ist es, das Gegenüber in 30 Sekunden vom Zumba-Kurs zu überzeugen.		

2 Sehen Sie nun das Video in Abschnitten <u>ohne Ton</u> an.

SOZIALFORM	ABLAUF	MATERIAL	ZEIT
Plenum	Die TN sehen den Anfang des Videos <u>ohne Ton</u> und sprechen darüber, welche Musik am besten passen könnte.	DVD 1/25	

3 Sehen Sie nun das Video in Abschnitten <u>mit Ton</u> an.

SOZIALFORM	ABLAUF	MATERIAL	ZEIT
Einzelarbeit	Die TN beantworten die Fragen und ergänzen die Sätze. *Lösung:* <u>Abschnitt 1</u>: *1 weil Zumba eine Mischung aus verschiedenen Tänzen ist, 2 weil Zumba als Party beworben wird, 3 weil es einfache Schritte sind, die immer wiederholt werden, 4 In der Schweiz. – Zu erkennen am Dialekt und einzelnen Wörtern wie „Älterli"*; <u>Abschnitt 2</u>: *1 diesen Kurs gefunden hat. 2 individuell; 3 Kursleiter, 100 ... Woche*	DVD 1/26–27	

4 Sehen Sie das Video noch einmal ganz an.

SOZIALFORM	ABLAUF	MATERIAL	ZEIT
Einzelarbeit	a) Die TN markieren die richtigen Antworten. *Lösung: Arme über dem Kopf strecken, Hüften kreisen, rückwärts hüpfen, springen mit Armkreisen, vorwärts hüpfen, Körper nach vorne beugen*	DVD 1/28	
Gruppenarbeit Plenum	b) Bitten Sie freiwillige TN, zu viert eine kleine Choreografie vorzubereiten und sie im Kurs vorzustellen. In sehr aktiven Kursen können die TN auch als Hausaufgabe in Kleingruppen eigene Choreografien ausarbeiten und sie als Aktivierung zu Beginn der folgenden Unterrichtsstunde gemeinsam mit dem Rest des Kurses durchführen. **VERTIEFUNG:** Verbinden Sie die einzelnen Bewegungen mit Sprache. Wählen Sie ein Thema, das viel Wiederholung benötigt, zum Beispiel Artikeltraining, Verben mit Präpositionen, Infinitiv mit *zu* etc. Beispiel Artikeltraining: Wählen Sie eine Bewegung für jeden Artikel aus, zum Beispiel *die Hüfte kreisen* für „der", *in die Hände klatschen* für „die" und *Arme über dem Kopf strecken* für „das". Nennen Sie Nomen aus einem bestimmten Themenbereich. Die TN machen dazu die entsprechenden Bewegungen. Diese Übung ist auch sehr gut als **Energieaufbauübung (Glossar → S. 133)** geeignet.		

5 Wortbildung: Nominalisierung von Verben mit Nomen/Adverbien

SOZIALFORM	ABLAUF	MATERIAL	ZEIT
Einzelarbeit Plenum	Die TN ergänzen die Verben mit Nomen bzw. Adverbien, aus denen die Komposita zusammengesetzt sind. Weisen Sie auch auf die Grammatikübersicht im Kursbuch (→ S. 76/4) hin. Kontrolle im Plenum. *Lösung: mit den Armen kreisen, den Kopf schütteln, rückwärts hüpfen*		
Einzelarbeit	**AB 86–87/Ü23–Ü24** Grammatikübungen zur Nominalisierung von Verben; auch als Hausaufgabe geeignet.		

Mein Dossier

SOZIALFORM	ABLAUF	MATERIAL	ZEIT
Einzelarbeit	**AB 87/Ü25** Die TN schreiben ihr persönliches Bewegungsprogramm; auch als Hausaufgabe geeignet.		

Ich kann jetzt …

SOZIALFORM	ABLAUF	MATERIAL	ZEIT
Einzelarbeit	Die TN markieren, was auf sie zutrifft.		
Einzelarbeit Plenum	**VERTIEFUNG:** Die TN recherchieren zu Hause im Internet nach neuen Sportarten und präsentieren ihre Ergebnisse im Kurs in Form eines Steckbriefs: *Wie heißt die Sportart? Worum geht es dabei? Handelt es sich um einen Einzel- oder Gruppensport? Welche Hilfsmittel braucht man? Wie gefährlich ist die Sportart? Wie viel Training ist erforderlich? Gibt es Wettkämpfe?*		

AUSSPRACHE: Die Konsonanten *f – v – w* (Arbeitsbuch → S. AB 88)

1 Wortpaare

SOZIALFORM	ABLAUF	MATERIAL	ZEIT
Plenum	a) Die TN hören die Wörter und sprechen sie nach. Hier werden die Wörter gegenübergestellt, die als [f] ausgesprochen werden, auch wenn sie unterschiedlich geschrieben werden: *f (fasten), ff (hoffen), v (Vogel)* oder *v* im Silbenauslaut (*aktiv*).	AB-CD/29	
Plenum	b) Die TN hören Wörter, die aus anderen Sprachen entliehen sind; *v* und *f* werden nicht gleich ausgesprochen. **FOKUS PHONETIK:** Die Internationalismen werden wie das deutsche [w] (*warten*) realisiert.	AB-CD/30	
Plenum	c) Die TN lesen die Regel und ergänzen sie. *Lösung: Die Buchstaben f und v werden in deutschen Wörtern gleich ausgesprochen. Bei Internationalismen ist die Aussprache von v und f unterschiedlich.* **FOKUS PHONETIK:** Das *v* wird bei Wörtern germanischer Herkunft wie *f* (*vier, Volk*) und bei Wörtern romanischer Herkunft wie *w* gesprochen (*Visum, Villa*), s. Übung b).		
Partnerarbeit	d) Die TN arbeiten zu zweit und überlegen sich lustige Sätze. **TIPP:** Als Vorentlastung können Sie auch weitere Wörter gegenüberstellen lassen, zum Beispiel in der Kombination *Fuchs – Wanze – Vogel; Fenster – Veranda – Wohnung; Feld – Wiese – Villa, …*		

2 Meersalzgrotten in Baden-Baden

SOZIALFORM	ABLAUF	MATERIAL	ZEIT
Einzelarbeit Plenum	a)+b) Die TN ergänzen die fehlenden Buchstaben. Im Anschluss hören und vergleichen sie. Schreiben Sie ggf. den Text auf eine Overhead-Folie oder an die Tafel, damit die TN das richtige Schriftbild vor Augen haben. Kontrolle im Plenum. *Lösung: weltbekannten, befinden, Wie, wohltuende, Wirkung, auf, Atemwege, Effekt, sanften, etwas, vollkommen*	AB-CD/31 Text auf Overhead-Folie	

3 Rückendiktat

SOZIALFORM	ABLAUF	MATERIAL	ZEIT
Partnerarbeit	Die TN diktieren die Sätze ihrer Lernpartnerin / ihrem Lernpartner. **TIPP:** Die TN können auch aus der Lektion Wörter mit *f – v – w* heraussuchen und selbst Sätze schreiben, die sie sich gegenseitig diktieren.		

LERNWORTSCHATZ (Arbeitsbuch → S. AB 89)

SOZIALFORM	ABLAUF	MATERIAL	ZEIT
Einzelarbeit	Geben Sie den TN den Tipp, das Vokabellernen *mit Bewegungen* zu verbinden, zum Beispiel, um sich Artikel oder auch Verben mit Präpositionen einzuprägen. Beispiel Artikeltraining: Wählen Sie eine Bewegung für die drei Artikel aus, zum Beispiel *Hüfte kreisen* für „der", *in die Hände klatschen* für „die" und *Arme über dem Kopf strecken* für „das". Halten Sie die TN dazu an, beim Lernen neuer Nomen jeweils die entsprechende Bewegung zu machen. Bei Verben mit Präpositionen überlegen sich die TN für jede Präposition eine andere Bewegung. Indem die TN ihren Körper auf diese Weise aktiv am Lernen beteiligen, können sie sich die Wörter besser merken. Im Kurs können Sie diese Lernstrategie als **Artikelgymnastik** (Glossar → S. 132) anwenden.		

LEKTIONSTEST (Arbeitsbuch → S. AB 90)

SOZIALFORM	ABLAUF	MATERIAL	ZEIT
Einzelarbeit	Mithilfe des Lektionstests haben die TN die Möglichkeit, ihr neues Wissen in den Bereichen Wortschatz, Grammatik und Redemittel zu überprüfen. Wenn die TN mit einzelnen Bereichen noch Schwierigkeiten haben, können sie gezielt einzelne Module wiederholen.		

REFLEXION DER LEKTION

SOZIALFORM	ABLAUF	MATERIAL	ZEIT
Gruppenarbeit	Spielen Sie *Stadt-Land-Fluss* mit folgenden Kategorien: Körperteile, Sportarten, Aussehen (Adjektive), Bewegungsverben. **TIPP:** Alternativ können Sie auch die Vorlage aus der Kopiervorlage Lektion 6/2 (→ S. 119) anpassen und kopieren.	Papier, Stifte; Kopiervorlage Lektion 6/2	

EINSTIEG

1 Sehen Sie diese Anzeige an.

SOZIALFORM	ABLAUF	MATERIAL	ZEIT
Plenum	a)–c) Die TN schauen sich das Foto an und sprechen über die Fragen. *Lösung: a für Stadtführungen durch Dresden mit „Fräulein Kerstin"* **VERTIEFUNG:** Bringen Sie Werbeprospekte von Stadtführungen anderer Städte mit und verteilen Sie sie im Kurs. Fragen Sie die TN, welcher Prospekt den TN am besten gefällt und warum.	Werbeprospekte von Stadtführungen	

2 Stellen Sie sich vor: Sie reisen nach Dresden.

SOZIALFORM	ABLAUF	MATERIAL	ZEIT
Einzelarbeit Partnerarbeit Plenum	Bitten Sie die TN, zunächst ihre eigenen Interessen durch Nummerierung zu ordnen und sich anschließend mit ihrer/ihrem Lernpartnerin / Lernpartner auszutauschen. Fragen Sie anschließend im Plenum, wem welcher Aspekt der wichtigste und der am wenigsten wichtige ist, um Tendenzen im Kurs festzustellen.		

3 Wie kann man eine Stadt am besten kennenlernen? Diskutieren Sie zu zweit.

SOZIALFORM	ABLAUF	MATERIAL	ZEIT
Partnerarbeit Plenum Gruppenarbeit	Die TN diskutieren zu zweit darüber, wie man eine Stadt am besten kennenlernen kann und notieren ihre Ideen. Sammeln Sie die Ideen anschließend mündlich im Plenum. **VERTIEFUNG:** Die TN erzählen sich in der Gruppe, welche deutschsprachige Stadt sie schon kennengelernt haben und was sie dort alles gemacht haben.		
Einzelarbeit	**AB 91/Ü1** Wortschatzwiederholung zu Tätigkeiten in einer Stadt; auch als Hausaufgabe geeignet.		
Einzelarbeit	**AB 91/Ü2** Leseaufgabe zur Stadt(ent)führung Dresden mit Fräulein Kerstin; auch als Hausaufgabe geeignet.		
Einzelarbeit Plenum	**AB 92/Ü3** Filmtipp: Leseübung mit einer Filmkritik zu „Oh Boy", einem Film über Berlin; auch als Hausaufgabe geeignet. **VERTIEFUNG:** Fragen Sie die TN, was mit den Worten „abseits der Postkartenmotive" in der letzten Zeile der Filmkritik gemeint ist, welche Postkartenmotive in Berlin typisch sind und was das „andere Berlin" sein könnte. Sammeln Sie gemeinsam an der Tafel. **LANDESKUNDE:** Typische Berlin-Motive sind zum Beispiel: Fernsehturm, Charlottenburger Schloss, Gedächtniskirche, Museumsinsel, Regierungsinsel, Reichstag, Checkpoint Charlie.		

SEHEN UND HÖREN 1

1 Unterwegs in einer fremden Stadt

SOZIALFORM	ABLAUF	MATERIAL	ZEIT
Plenum Gruppenarbeit	a) Fragen Sie die TN, was sie mit den Fotos in Verbindung bringen. Was sehen sie, worum geht es in den Fotos? Sprechen Sie darüber, welche Arten von Stadtführungen/Rundgängen die TN bereits gemacht haben und fragen Sie auch, ob ihnen eine davon besonders gut im Gedächtnis geblieben ist und warum. Bilden Sie dann Gruppen. Dazu können Sie die **Vier Ecken (Glossar → S. 137)** Ihres Kursraumes benutzen: In Ecke A kommen die TN zusammen, die noch nie eine Stadtführung gemacht haben, in Ecke B die, die eine „klassische" Stadtführung gemacht haben, in Ecke C diejenigen, die eine Stadt in der Regel mit dem Stadtplan erobern, und Ecke D die, die mit dem Handy losziehen. Die TN unterhalten sich zunächst in ihren „Ecken" über ihre Erfahrungen und suchen sich dann aus jeder anderen Ecke eine Person, mit der sie eine neue Gruppe bilden und dann ihre Erfahrungen austauschen. *Lösung: A Rundgang mit einem professionellen Stadtführer B Rundgang mithilfe eines Smartphones C selbstständige Stadtführung mithilfe eines Stadtplans/Reiseführers zusammen mit Freunden*		
Partnerarbeit Gruppenarbeit	b) Zu zweit erstellen die TN eine Liste mit Vor- und Nachteilen der drei Arten einer Stadtbesichtigung aus a). Dann tauschen sie ihre Liste mit zwei anderen Lernpartnern aus und sprechen darüber. *Musterlösung: A <u>Vorteile</u>: Von Experten geleitet; man erfährt eventuell kleine historische Anekdoten; Nachfragen zu einzelnen Punkten sind jederzeit möglich; man muss sich nicht um die Organisation der Route kümmern; <u>Nachteile</u>: Durch feste Startzeiten der Führungen ist man zeitlich unflexibel; die Route ist vorgegeben, spontane Einschiebungen von Sehenswürdigkeiten sind nicht möglich; wenn der Stadtführer die Führung nicht interessant/lustig/informativ gestaltet, ist das für die Kunden enttäuschend; B <u>Vorteile</u>: Man ist sehr flexibel und kann seine Führung jederzeit beginnen; man kann unterschiedliche Routen wählen; man erhält informative/lustige Zusatzinformationen; durch GPS weiß man immer, wo man sich gerade befindet; <u>Nachteile</u>: Um die App benutzen zu können, benötigt man Internetzugang und GPS; die Apps sind nicht für jede Stadt verfügbar; weiterführende Nachfragen zu bestimmten Punkten sind nicht möglich; C <u>Vorteile</u>: Mit Freunden macht eine Stadtführung mehr Spaß; man ist sehr flexibel bei der Planung der Routen; spontane Änderungen der Route sind möglich; für die Gruppe weniger interessante Orte können ausgelassen werden; <u>Nachteile</u>: Man erhält nur die Informationen aus dem Reiseführer, keine zusätzlichen Informationen; falls der Reiseführer nicht auf dem aktuellsten Stand ist, werden „neue" Attraktionen eventuell nicht aufgeführt; die Einigung über die Route kann mit mehreren Personen mit unterschiedlichen Prioritäten problematisch werden.*		

2 Stadtführung 2.0

SOZIALFORM	ABLAUF	MATERIAL	ZEIT
Plenum	Lesen Sie gemeinsam den Lerntipp. Sprechen Sie mit den TN über ihre Erfahrungen beim Verstehen von fremdsprachlichen Filmbeiträgen im Original und über ihre Strategien, dabei so viel wie möglich zu verstehen. Fragen Sie dann nach der möglichen Bedeutung von „Stadtführung 2.0". *Lösung: „Stadtführung 2.0" bezeichnet Audioguides zur individuellen Städteerkundung. Sie sind für viele Städte zum Beispiel als App im Internet herunterzuladen und verfügen über ein GPS.*		

3 Erste Orientierung: Orte

SOZIALFORM	ABLAUF	MATERIAL	ZEIT
Plenum	a) Kündigen Sie an, dass die TN den Beitrag zunächst <u>ohne Ton</u> ansehen werden und dabei darauf achten sollen, welche Sehenswürdigkeiten und Orte gezeigt werden. Sammeln Sie die Aussagen anschließend im Kurs, aber korrigieren Sie noch nicht, wenn falsche Annahmen gemacht werden. Dann nennen die TN die Orte, welche ihrer Meinung nach keine „normalen" Sehenswürdigkeiten sind. Fragen Sie nach dem Grund dafür und warum diese Orte wohl im Beitrag gezeigt werden. *Lösung:* keine normalen Sehenswürdigkeiten: *Antiquariat Solder (Wilsberg), Toilette auf dem Domplatz* **INTERKULTURELLES:** Die TV-Krimireihe „Wilsberg" hat in Deutschland, Österreich und der Schweiz eine ähnliche Tradition wie der „Tatort". Die Handlung spielt rund um den Antiquar Wilsberg (gespielt von Leonard Lansink) aus Münster, der aus Geldnot immer wieder Aufträge als Privatdetektiv annimmt. Die erste Episode der Reihe wurde 1995 ausgestrahlt, seitdem wurden jährlich drei bis vier Folgen produziert.	DVD 1/29	
Einzelarbeit Plenum	b) Während die TN den Beitrag <u>mit Ton</u> sehen, überprüfen sie, ob ihre Vermutungen richtig waren, und beantworten die Frage, welche Orte und Sehenswürdigkeiten bekannt sind. Kontrolle im Plenum. *Lösung: Dom, Überwasserkirche, Domplatz, Picasso-Museum, Erbdrostenhof* **TIPP:** Sie können sich zur Unterstützung auch Prospektmaterial eines Touristen-Informationsbüros in Münster schicken lassen. Die TN bekommen die Aufgabe, die Sehenswürdigkeiten aus dem Magazinbeitrag in den Prospekten wiederzufinden und weitere Informationen hinzuzufügen.	DVD 1/29 Prospektmaterial aus Münster	

4 Audioguide Münster

SOZIALFORM	ABLAUF	MATERIAL	ZEIT
Einzelarbeit Plenum	Die TN sehen den Beitrag noch einmal in Abschnitten und markieren die richtigen Antworten. Die Fragen zu Abschnitt 4 werden im Plenum besprochen. Alternativ können Sie die zweite Frage auch schriftlich beantworten lassen; auch als Hausaufgabe geeignet. *Lösung:* Abschnitt 1: *1 an Orten anhalten und … 2 Wer die App entwickelt hat.* Abschnitt 2: *Weil sie die Stimme des Kommentators kennt.* Abschnitt 3: *Die Toiletten sind ein Kunstwerk.* Abschnitt 4: *1 eine super App, gibt viele Informationen, funktioniert einwandfrei 2 Smartphone statt Papier, gesprochene statt geschriebene Informationen, App nutzt GPS-Signal des Benutzers, weshalb man immer sieht, wo man ist; Flexibilität: Navigieren lassen ist ebenso möglich wie individuelle Route.*	DVD 1/30–33	

5 Irreale Bedingungen

SOZIALFORM	ABLAUF	MATERIAL	ZEIT
Plenum Einzelarbeit Plenum	a) Lesen Sie das Beispiel vor und fragen Sie im Kurs, was mit irrealen Bedingungen gemeint ist. Mögliche Antwort: Es handelt sich um Bedingungen, die es nicht wirklich gibt oder gab, die also nur gedacht sind. Dann lesen die TN die weiteren Sätze und ergänzen. Weisen Sie die TN auch auf die Grammatikübersicht im Kursbuch (→ S. 90/1) hin. Kontrolle im Plenum. *Lösung:* <table><tr><td></td><td>*reale Situation*</td><td>*irreale Bedingung*</td></tr><tr><td>*Gegenwart*</td><td>*Jana verwendet die App und sieht alle Attraktionen.*</td><td>*Wenn Jana die App nicht verwenden würde, würde sie nicht alle Attraktionen sehen.*</td></tr><tr><td>*Vergangenheit*</td><td>*Jana hat die App verwendet und dadurch alle Attraktionen gesehen.*</td><td></td></tr></table>		
Einzelarbeit	b)–d) Die TN beantworten die Fragen und formulieren die Sätze in der Vergangenheit. *Lösung:* b *Konjunktiv II;* c *hätte + gesehen;* d *2 Wenn er mir seine Adresse verraten hätte, hätte ich ihn besucht. Hätte er mir seine Adresse verraten, hätte ich ihn besucht. 3 Wenn wir unseren Schirm nicht vergessen hätten, müssten wir jetzt beim Regen nicht im Café warten. Hätten wir unseren Schirm nicht vergessen, müssten wir jetzt beim Regen nicht im Café warten. 4 Wenn sie Karten bestellt hätten, hätten sie sich das Musical ansehen können. Hätten sie Karten bestellt, hätten sie sich das Musical ansehen können.*		
Einzelarbeit	**AB 92/Ü4** Grammatikwiederholung zu irrealen *Wenn*-Sätzen in der Gegenwart; auch als Hausaufgabe geeignet.		
Einzelarbeit	**AB 93/Ü5** Grammatik entdecken zu irrealen Bedingungssätzen in der Vergangenheit.		
Einzelarbeit	**AB 93–94/Ü6–Ü7** Grammatikübung zu irrealen Bedingungssätzen in der Vergangenheit; auch als Hausaufgabe geeignet.		

Einzelarbeit	**AB 94/Ü8** Grammatikübung: Auf Fragen zu fiktiven Situationen antworten; auch als Hausaufgabe geeignet.		
Gruppenarbeit	**VERTIEFUNG:** Teilen Sie den Kurs in vier Gruppen. Jede Gruppe erhält ein Thema: Stadtführung, auf Reisen, in der Stadt unterwegs, Sehenswürdigkeiten. Die Gruppen überlegen sich zu ihrem Thema Fragen zu fiktiven Situationen wie in den Beispielen aus der AB-Übung; beim Thema „In der Stadt unterwegs" zum Beispiel: *Was würdest du tun, wenn du den Bus / die Bahn zur Sprachschule / ... verpassen würdest? Was hättest du getan, wenn du dein Handy im Kaufhaus verloren hättest? etc.* Die Fragen werden anschließend an die Nachbargruppe weitergereicht, die Antworten dazuschreibt; zum Beispiel: *Wenn ich den Bus verpassen würde, würde ich mit dem Fahrrad fahren. Hätte ich mein Handy verloren, hätte ich nicht*		
Plenum	*mehr nach Hause gefunden.* Kontrollieren Sie die Fragen und Antworten danach stichprobenartig im Plenum.		

Ich kann jetzt ...

SOZIALFORM	ABLAUF	MATERIAL	ZEIT
Einzelarbeit	Die TN markieren, was auf sie zutrifft.		
Gruppenarbeit	**VERTIEFUNG:** Die TN überlegen sich Situationen, die während des Unterrichts passieren könnten und schreiben diese auf Kärtchen; zum Beispiel *das Heft vergessen haben, zur Toilette gehen müssen, das Handy klingelt in der Tasche* etc. Dann werden die Kärtchen mit einer anderen Gruppe getauscht, und jede Gruppe nennt irreale Bedingungssätze; zum Beispiel: *Wärst du nicht zur Toilette gegangen, hättest du nicht die Hausaufgabe verpasst, etc.*	Kärtchen	

LESEN 1

1 Die Schweiz

SOZIALFORM	ABLAUF	MATERIAL	ZEIT
Gruppenarbeit	Zu dritt notieren die TN, was sie über die Schweiz wissen oder denken. Als Hilfestellung können Sie mehrere Kategorien an die Tafel schreiben: *Essen und Trinken, Landschaft, Städte, Sehenswürdigkeiten, Werbung,* etc. Im Anschluss präsentieren die Gruppen ihre Ergebnisse und vergleichen sie. Alternativ können Sie die Gruppen beauftragen, zu jeweils einer Kategorie Notizen auf einem Blatt zu machen. Nach zwei Minuten wird das Blatt an die jeweils nächste Gruppe weitergereicht, bis alle Gruppen ihre Notizen zu allen Kategorien ergänzt		
Plenum	haben. Am Ende präsentiert jeweils ein/e TN eine Kategorie im Plenum.		

2 Städtereisen

SOZIALFORM	ABLAUF	MATERIAL	ZEIT
Partnerarbeit	a) Die TN sprechen über die Städte. Als Hilfestellung können Sie auf die Landkarte der Schweiz in Ü1 hinweisen. Darauf können die TN beispielsweise sehen, welche der Städte an einem See / einem Fluss liegt und sich so an die Lösung heranarbeiten. Besprechen Sie die Lösungsvorschläge der Gruppe im Kurs und lassen Sie die TN ihre Zuordnungen begründen. **VERTIEFUNG:** Bringen Sie Bildmaterial zu Sehenswürdigkeiten in den drei Städten mit. Zeigen Sie sie im Kurs und erklären Sie kurz, was darauf zu sehen ist.	Fotos von Zürich, Bern, Basel	
Einzelarbeit	b) Die TN lesen die Texte und ordnen sie den Städten zu. *Lösung: A = Trendstadt am See, B = Hauptstadt, C = Kulturstadt am Rhein*		
Einzelarbeit	c) Die TN markieren mögliche Antworten. *Lösungsvorschlag: Basel: 4, 5; Bern: 1, 2, 3, 5; Zürich: 4, 6*		
Einzelarbeit	**AB 94/Ü9** Wortschatzübung zu Wörtern aus dem Kursbuchtext.		

3 Adjektive mit Präpositionen

SOZIALFORM	ABLAUF	MATERIAL	ZEIT
Plenum Einzelarbeit Plenum	a) Besprechen Sie das Beispiel in Satz 1 im Plenum. Die TN unterstreichen dann Adjektive und Präpositionen in den Folgesätzen. Weisen Sie die TN auch auf die Grammatikübersicht im Kursbuch (→ S. 90/2) hin. Weisen Sie die TN darauf hin, dass sie die Fragen selbst nicht beantworten müssen. Kontrolle im Plenum. *Lösung: 1 bekannt für 2 berühmt für 3 zufrieden mit 4 stolz auf 5 überrascht über, 6 begeistert von*		
Plenum	Lesen Sie gemeinsam den Lerntipp. Fragen Sie Ihre TN, welche Adjektive mit Präpositionen sie kennen, und notieren Sie diese in folgender Form, geordnet nach den Fällen, die die Präpositionen nach sich ziehen, an der Tafel oder auf einem Plakat: *bekannt für (+Akk.)* etc. Lassen Sie jeweils einen Beispielsatz bilden wie *Zürich ist bekannt für seine guten Einkaufsmöglichkeiten.* **VERTIEFUNG:** Legen Sie gemeinsam eine Liste an, indem Sie die TN ein Plakat mit wichtigen Adjektiven + Präpositionen schreiben lassen. Diese Liste kann immer wieder mit neuen Wörtern ergänzt werden. Üben Sie diese von Zeit zu Zeit ein, zum Beispiel mit der Methode **Ortswechsel (Glossar → S. 136)**. Dazu schreiben Sie die Präpositionen auf Kärtchen und hängen sie im Kursraum verteilt auf, zum Beispiel *„für"* ans Fenster, *„über"* an die Tafel, *„mit"* an die Tür etc. Dann nennen Sie ein Adjektiv und fordern die TN auf, schnell zum passenden Ort zu gehen. Diese Übung ist gleichzeitig eine gute **Energieaufbauübung (Glossar → S. 133)**.	Plakat	
Partnerarbeit Plenum	b) Die TN stellen sich gegenseitig Fragen zur Schweiz (oder auch anderen Ländern oder Städten) und antworten darauf. Lassen Sie zur Kontrolle anschließend die Lernpartner eine Frage mit Antwort im Plenum präsentieren.		

Einzelarbeit	**AB 95–96/Ü10** Grammatikübung zu Adjektiven mit Präpositionen mit sieben Kurzprofilen deutschsprachiger Städte; auch als Hausaufgabe geeignet. **INTERKULTURELLES:** Bitten Sie die TN, ein Kurzprofil wie in Übung 10 für ihre Heimatstadt anzufertigen. Fordern Sie die TN auf, die in der rechten Spalte vorgegebenen Adjektive mit Präpositionen in ihrem Text zu benutzen; auch als Hausaufgabe geeignet.		
Einzelarbeit	**AB 96/Ü11** Grammatikübung zu Adjektiven mit Präpositionen; auch als Hausaufgabe geeignet.		
Gruppenarbeit	**VERTIEFUNG:** Teilen Sie den Kurs in Gruppen von 2–4 TN. Kopieren Sie die Kopiervorlage Lektion 6/1 (→ S. 118) so oft, dass jede Gruppe einen Satz Dominosteine hat. Wenn Sie die Vorlage auf festeres Papier oder Karton kleben, sind sie stabiler. Die TN ordnen reihum die Adjektive den Präpositionen zu, sodass sich eine Schlange an Kärtchen ergibt. Dabei bildet jede/r zusätzlich jeweils einen Beispielsatz zu jeder neuen Kombination (Adjektiv – Verb), die sie/er einander zugeordnet hat. Die anderen TN kontrollieren, ob der Satz korrekt ist. Ist er richtig, kommt die/der nächste TN an die Reihe. **TIPP:** Lassen Sie die Gruppen ihre Sätze notieren. Am Ende tauschen sie ihre Sätze mit einer anderen Gruppe aus und kontrollieren sich gegenseitig.	Kopiervorlage Lektion 6/1, festeres Papier oder Karton	
Plenum	**LANDESKUNDE:** Lesen Sie gemeinsam die Informationen über das Schwytzerdütsch in *Wussten Sie schon?* Fragen Sie die TN, ob Sie schon einmal Schwytzerdütsch gehört haben und wenn ja, wo und in welchem Zusammenhang. **VERTIEFUNG:** An dieser Stelle können Sie einen Überblick über Dialekte im deutschsprachigen Raum einschieben. Fragen Sie die TN, welche Dialekte sie schon gehört haben, wie das für sie klang und ob sie etwas verstanden haben. Auf *www.dialektkarte.de* finden Sie viele verschiedene Hörbeispiele von Dialekten im deutschsprachigen Raum. **INTERKULTURELLES:** Fragen Sie die TN, ob es in ihren Heimatländern Dialekte gibt, welche Bevölkerungsgruppen einen bestimmten Dialekt sprechen und ob sie in ihrer Muttersprache hauptsächlich Dialekt oder die Hochsprache sprechen. Fragen Sie weiter, ob es in den Heimatländern der TN Dialekte gibt, die sie selbst nicht verstehen und woran das liegt (zum Beispiel andere Aussprache, andere Betonung, andere Ausdrücke, etc.).	Website www.dialektkarte.de	
Einzelarbeit	**AB 97/Ü12** Hörübung zu einem Veranstaltungsprogramm in Zürich, angelehnt an *Wussten Sie schon?* im Kursbuch; auch als Hausaufgabe geeignet.	AB-CD/32	

Ich kann jetzt …

SOZIALFORM	ABLAUF	MATERIAL	ZEIT
Einzelarbeit	Die TN markieren, was auf sie zutrifft.		

| Gruppenarbeit | **VERTIEFUNG: Zickzack (Glossar → S. 138)** Es werden so viele Adjektive mit Präpositionen auf Kärtchen geschrieben, wie es TN im Kurs gibt. Bei großen Gruppen teilen Sie am besten den Kurs in zwei kleinere Gruppen, in denen möglichst jedes Adjektiv einmal vertreten ist. Jede/r TN zieht ein Kärtchen und formuliert laut einen Satz mit dem entsprechenden Adjektiv. Helfen oder korrigieren Sie gegebenenfalls individuell. Ziel ist es zunächst, sich die Adjektive mit Präposition zu merken und sie mit der jeweiligen Person in Verbindung zu bringen, die das Adjektiv gezogen hat. Nennen Sie dazu einen Namen aus der Gruppe; die anderen TN sagen das Redemittel, das auf dem Kärtchen des genannten TN steht. Dann stellen sich alle TN im Kreis auf. Eine/r geht nun in die Mitte und gibt Kommandos: Sie/Er zeigt auf eine Person und sagt „zick", „zack" oder „zickzack". Die Person, auf die gezeigt wird, muss reagieren. Bei „zick" nennt sie Adjektiv + Präposition der Person rechts von ihr, bei „zack" der Person links von ihr. Bei „zickzack" wechseln alle die Plätze, und es gibt eine neue Person in der Mitte. Dabei sollten die Reaktionen immer schneller werden. | Kärtchen | |

SCHREIBEN

1 Spiel: Stadt-Land-Fluss der deutschsprachigen Länder

SOZIALFORM	ABLAUF	MATERIAL	ZEIT
Gruppenarbeit	a)+b) Alle TN schreiben für sich einen Zettel mit den angegebenen Begriffen und lesen die Spielanleitung. Dann spielen sie zu viert *Stadt-Land-Fluss*. Alternativ können Sie für die TN auch die Vorlage auf der Kopiervorlage Lektion 6/2 (→ S. 119) kopieren und verteilen. Die Kopiervorlage können Sie zu einem späteren Zeitpunkt nach Belieben verändern und ggf. auch andere Themen damit üben. **TIPP:** Sie können die Gruppen auch gegeneinander antreten lassen. Dann überlegen sich die TN einer Gruppe jeweils gemeinsam die Antworten und bestimmen eine Person, die „Stopp" ruft und die Antworten präsentiert. Die Rolle wechselt in der nächsten Runde. Die schnellste Gruppe bekommt einen Punkt. Übungen mit Wettbewerbscharakter heben die Spannung und fördern die Gedächtnisleistung.	Kopiervorlage 6/2	

2 Wie gut kennen Sie Städte in den deutschsprachigen Ländern?

SOZIALFORM	ABLAUF	MATERIAL	ZEIT
Partnerarbeit Plenum	Die TN beantworten die Quizfragen. Kontrolle im Plenum. *Lösung: 1 c, 2 c, 3 b, 4 b, 5 b, 6 b, 7 a, 8 a, 9 b, 10 c* **TIPP:** Bringen Sie Bildmaterial und Broschüren verschiedener Bundesländer. Diese können bei der Beantwortung der Quizfragen helfen. Bildmaterial und Broschüren erhalten Sie über die Fremdenverkehrsämter der einzelnen Bundesländer und Kantone.	Bildmaterial, Broschüren	

3 Schreiben Sie nun selber Quizfragen zu Städten, die Sie gut kennen.

SOZIALFORM	ABLAUF	MATERIAL	ZEIT
Gruppenarbeit	Die TN schreiben Quizfragen zu Städten, die sie gut kennen, und orientieren sich dabei an den angegebenen sechs Schritten.		
Einzelarbeit Plenum	**AB 98/Ü13** Landeskunde: Lesetext über Liechtenstein; auch als Hausaufgabe geeignet. **VERTIEFUNG:** Verteilen Sie Rechercheaufträge zu Liechtenstein, beispielsweise zum Schloss Vaduz, zu anderen Sehenswürdigkeiten, zur Wirtschaft etc. Lassen Sie die Informationen als *Wandzeitung* gestalten und sprechen Sie im Kurs darüber.		

Ich kann jetzt ...

SOZIALFORM	ABLAUF	MATERIAL	ZEIT
Einzelarbeit	Die TN markieren, was auf sie zutrifft.		
Plenum	**VERTIEFUNG:** Die TN notieren, was ihnen beim Verstehen der Telefonansagen schwergefallen ist. Besprechen Sie die Schwierigkeiten im Plenum und überlegen Sie mit den TN gemeinsam, warum das so war und wie man das Problem beheben kann.		

LESEN 2

Vor dem Öffnen des Buches

SOZIALFORM	ABLAUF	MATERIAL	ZEIT
Plenum Einzelarbeit Plenum	Bringen Sie vier Lieder oder Kompositionen von zwei bis drei Minuten Länge mit in den Kurs: etwas Meditatives, etwas Aggressives, etwas Volkstümliches und etwas Fremdartiges. Schreiben Sie an die Tafel die Stichworte, die in Aufgabe 1 im Kursbuch stehen: Lage, Häuser, Straßen, öffentliche Verkehrsmittel, Einkaufsmöglichkeiten. Fordern Sie die TN auf, sich von der Musik, die sie gleich hören werden, inspirieren zu lassen und sich ein Haus und die Umgebung in einer fiktiven Stadt vorzustellen. Spielen Sie dann die vier Musikstücke ab. Auf einem leeren Blatt sollen die TN entsprechend der Stichworte an der Tafel entweder Notizen aufschreiben oder eine Skizze von ihrem Fantasie-Haus anfertigen. Lassen Sie danach einzelne TN zu Wort kommen und ihre Eindrücke schildern bzw. ihre Skizzen präsentieren.	vier Musikstücke	

1 Mein Stadtteil

SOZIALFORM	ABLAUF	MATERIAL	ZEIT
Partnerarbeit	Die TN beschreiben sich gegenseitig den Stadtteil, in dem sie wohnen bzw. gerne wohnen würden, und benutzen dabei das angegebene Vokabular.		

2 Stadtteile von Berlin und ihre Bewohner

SOZIALFORM	ABLAUF	MATERIAL	ZEIT
Partnerarbeit Plenum	a) Die TN tauschen sich zu zweit darüber aus, welcher Stadtteil ihnen am besten gefällt und warum. Fragen Sie anschließend im Plenum nach Meinungen und Gründen.		
Einzelarbeit	b) Die TN lesen dann die Texte und ordnen zu. Kontrolle im Plenum. *Lösung: Prenzlauer Berg = A; Wannsee = C; Kreuzberg = B*		
Einzelarbeit Plenum	c) Die TN ergänzen die Tabelle. Kontrolle im Plenum. *Lösung: Prenzlauer Berg: + hat für junge Familien sehr viel zu bieten, es gibt Tagesstätten, Spielplätze, Secondhand-Läden und Flohmärkte, in Cafés treffen sich Eltern, die gerade ihre Kinder betreuen; – Wohnung ist teuer; Kreuzberg: + attraktive Lage, bezahlbare Mieten, Markt mit exotischen Produkten, viele Wohnhäuser wurden renoviert; – vieles war heruntergekommen, es gibt kaum noch Berliner Schrippen; Wannsee: + einzigartige Seen, schöne Natur, sehenswerte Architektur, viel Grün, Herbert Barth hat seinen Arbeitsplatz dort; – wenige bezahlbare Freizeitangebote für „Normalsterbliche", zu viele Ausflügler, zu teuer, um dort zu wohnen.*		
Einzelarbeit	**AB 99/Ü14** Wortschatzübung zur Beschreibung von Städten; auch als Hausaufgabe geeignet.		
Einzelarbeit	**AB 99/Ü15** Schreibübung: einen Beitrag über den eigenen Stadtteil für eine Kurszeitung schreiben; auch als Hausaufgabe geeignet. **TIPP:** Nutzen Sie die Idee einer Kurszeitung auch für andere Themen und sammeln Sie verschiedene Beiträge. Es macht das Lernen konkreter und authentischer, wenn am Ende ein Produkt entsteht. Bitten Sie die TN, Fotos mitzubringen, um die Beiträge schön und ansprechend zu gestalten.		
Einzelarbeit	**AB 100/Ü16** Leseübung zu Wien; auch als Hausaufgabe geeignet.		

3 Irreale Wünsche

SOZIALFORM	ABLAUF	MATERIAL	ZEIT
Plenum Einzelarbeit Plenum	a) Fordern Sie die TN auf, das Bild anzusehen und die Sprechblase zu lesen. Fragen Sie die TN, was sich die Person wünscht und ob dieser Wunsch in Erfüllung gehen kann (Antwort: nein). Dann markieren die TN die möglichen Sätze. Kontrolle im Plenum. *Lösung: Ach, wäre ich doch wieder in Berlin! Wenn ich doch nur in Berlin wohnen könnte! Ach, hätte ich bloß meine Arbeitsstelle in Berlin nicht gekündigt!*		
Einzelarbeit Plenum	b) Fordern Sie die TN auf, die drei unterstrichenen Wörter im Beispielsatz zu bestimmen (Antwort: Konjunktiv II des Modalverbs + Infinitiv, Partikel *doch*). Dann markieren die TN die entsprechenden Wörter in den restlichen Sätzen. Kontrolle im Plenum. Weisen Sie die TN auch auf die Grammatikübersicht im Kursbuch (→ S. 90/1) hin. Gehen Sie dabei auf den Unterschied zwischen irrealer Bedingung und irrealem Wunsch ein. *Lösung: Ach, <u>wäre</u> ich <u>doch</u> wieder in Berlin! Wenn ich <u>doch nur</u> in Berlin <u>wohnen könnte</u>! Ach, <u>hätte</u> ich <u>bloß</u> meine Arbeitsstelle in Berlin nicht <u>gekündigt</u>!*		
Partnerarbeit	c) Die TN sprechen über Wohnorte ihrer Wünsche. Sie äußern dabei irreale Wünsche mit dem Konjunktiv II und Partikeln. Die markierten Wörter in 3a) helfen.		

SOZIALFORM	ABLAUF	MATERIAL	ZEIT
Einzelarbeit	**AB 101/Ü17** Grammatik entdecken: irreale Bedingungssätze und Wünsche in der Vergangenheit.		
Einzelarbeit	**AB 101/Ü18** Grammatikübung zu irrealen Wünschen; auch als Hausaufgabe geeignet.		

Ich kann jetzt ...

SOZIALFORM	ABLAUF	MATERIAL	ZEIT
Einzelarbeit	Die TN markieren, was auf sie zutrifft.		
Einzelarbeit	**VERTIEFUNG:** Lassen Sie die TN ein Gedicht über ihre Traumstadt schreiben, zum Beispiel mit der Methode **Verlorene Träume** (Glossar → S. 137). Die Zeilen sollen dabei nacheinander mit *wäre, hätte, könnte, würde, müsste* beginnen; zum Beispiel: *Wäre ich doch in Berlin geblieben.* *Hätte ich sie doch nie verlassen,* *diese Stadt, in der ich alles machen könnte.* *Würde ich die Zeit zurückdrehen,* *müsste das MEIN Ort sein.* Hängen Sie die Gedichte als Zeichen besonderer Wertschätzung anschließend im Kursraum auf, siehe **Kursausstellung** (Glossar → S. 135).		

WORTSCHATZ

1 Was gehört alles zu einer Stadt?

SOZIALFORM	ABLAUF	MATERIAL	ZEIT
Gruppenarbeit Plenum Einzelarbeit Plenum	a) Bilden Sie vier Gruppen. Jede Gruppe erhält zwei der acht Punkte, zu denen Begriffe gesammelt werden. Die TN ergänzen auch Artikel und Pluralformen. Danach führen jeweils zwei Gruppen ihre Ergebnisse zusammen und prüfen gegenseitig die Richtigkeit von Artikeln und Pluralformen. Notieren Sie die gesammelten Begriffe anschließend auf einem Plakat. **VERTIEFUNG:** Wiederholen Sie die Präpositionen. Schreiben Sie dazu eine Tabelle an, die die TN in ihr Heft übertragen. Aufgabe ist es, zu den Nomen in 1a) die richtigen Präpositionen zu finden. Machen Sie ein Beispiel zusammen. Anschließend Kontrolle im Plenum.	Plakat	

	Wohin gehen Sie gerade?	Wo sind Sie gerade?	Woher kommen Sie gerade?
Straßenbahn	zur Straßenbahn	in der Straßenbahn	aus der Straßenbahn
Kaufhaus			

Einzelarbeit Plenum	b) Die TN ergänzen die Begriffe aus dem Schüttelkasten. Kontrolle im Plenum. *Lösung:* Nahverkehrssystem: *die U-Bahn, die S-Bahn*; Infrastruktur: *der Bahnhof, der Flughafen, die Brücke, die Wasserleitung*; Kulturangebote: *das Theater, der Konzertsaal*; Angebote zum Essen: *der Imbissstand, der Biergarten, das Restaurant*; Sport- und Freizeitangebote: *das Schwimmbad, der Park, der Zoo, der Spielplatz, das Eisstadion, der Freizeitpark*; Einkaufsgelegenheiten: *das Einkaufszentrum, die Einkaufspassage*; Service, Dienstleistungen: *das Postamt / die Post, das Rathaus*; Sehenswürdigkeiten: *das Stadttor, der Brunnen, die Stadtmauer*		
Partnerarbeit	c)+d) Die TN diskutieren zu zweit darüber, welche Dinge aus 1b vor 150 Jahren wohl wichtig waren und was es damals noch nicht gab. *Lösung: c Stadttor, Brunnen, Stadtmauer; d Einkaufszentrum, Flughafen, U-Bahn, Wasserleitung, S-Bahn, Eisstadion, Einkaufspassage, Freizeitpark*		
Einzelarbeit	**AB 102/Ü19** Silbenrätsel zu weiteren möglichen Begriffen. Die Übung eignet sich gut als Ergänzung zu 1a; auch als Hausaufgabe geeignet.		

2 Welche Stadt ist wohl gemeint?

SOZIALFORM	ABLAUF	MATERIAL	ZEIT
Gruppenarbeit Plenum	Die TN lesen die Fakten und ordnen die Städte zu. Kontrolle im Plenum.		

3 Quizfrage

SOZIALFORM	ABLAUF	MATERIAL	ZEIT
Partnerarbeit	Die TN einigen sich jeweils auf eine ihnen beiden bekannte Stadt. Mögliche Vorgehensweise: Zuerst überlegen die TN sich, über welche Stadt sie etwas Kurioses, Außergewöhnliches oder aus einem anderen Grund Interessantes wissen. Dann suchen sie weitere drei bis fünf Fakten zu ihrer Stadt und formulieren einen kurzen Text wie in Aufgabe 2.		
Plenum	**VERTIEFUNG:** Sammeln Sie alle Quiztexte ein, unter denen jeweils die Verfassernamen stehen sollten, und lassen Sie den Kurs in zwei Gruppen gegeneinander antreten. Geben Sie zwei Regeln vor: 1. Die TN, deren Text gerade vorgelesen wird, dürfen an dieser Quizrunde nicht teilnehmen. 2. Wer die Antwort weiß, klopft zunächst auf den Tisch. Lesen Sie nun den ersten Text vor. Wer glaubt, die Stadt zu kennen, klopft auf den Tisch und nennt seine Vermutung. War die Antwort richtig, bekommt die Gruppe des TN einen Punkt, ansonsten wird weitergeraten. Küren Sie am Ende symbolisch die Siegergruppe.		

Ich kann jetzt ...

SOZIALFORM	ABLAUF	MATERIAL	ZEIT
Einzelarbeit	Die TN markieren, was auf sie zutrifft.		
Gruppenarbeit	**VERTIEFUNG:** Bilden Sie Gruppen von drei bis vier TN. Die Aufgabe ist, ein Plakat zum Thema „Die perfekte Stadt – so sieht sie aus" zu gestalten. Geben Sie einen Leitfaden an der Tafel vor: *Wohngebiete, Verkehr, Grünflächen, Kultur, Restaurants, Einkaufsmöglichkeiten, Service, Sehenswürdigkeiten.* Im Anschluss stellt jede Gruppe ihr Plakat vor.	Plakate	

SPRECHEN

Vor dem Öffnen des Buches

SOZIALFORM	ABLAUF	MATERIAL	ZEIT
Plenum	Fragen Sie die TN, welche Freizeitaktivitäten es in ihrem Wohnort gibt und an welcher sie selbst teilnehmen oder schon einmal teilgenommen haben.		

1 Freizeitangebote in der Großstadt

SOZIALFORM	ABLAUF	MATERIAL	ZEIT
Einzelarbeit Plenum	a) Die TN ordnen die Titel den Bildern zu. Weisen Sie die TN darauf hin, dass nicht alle Titel passen. Kontrolle im Plenum. *Lösung: A Rollschuh-Nacht, B Gymnastik im Park, C Nacht der offenen Museen*		
Gruppenarbeit	b) Schritt 1: Die TN arbeiten zu dritt und ordnen die Redemittel den Rubriken zu. Fordern Sie sie dabei auf, sich die Redemittel gegenseitig laut vorzusprechen. Weisen Sie die TN auch auf die Redemittel im Anhang hin. *Lösung: einen Vorschlag machen und begründen: Also ich bin ganz klar für..., denn; ... ist für unsere Stadt ideal, weil ...; Nachfragen stellen / Bedenken äußern: Kann denn da jeder dran teilnehmen?; Ich bin mir nicht sicher, ob ...; Von ... bin ich nicht so überzeugt. Fragen beantworten / Bedenken entkräften: Aber ... wird immer beliebter. Fast jeder in unserer Stadt hat/ist schon mal ...; Ja, natürlich. ... ist doch wirklich für viele interessant. Zu einer Entscheidung kommen: Dann sind wir also einer Meinung, dass ... am besten geeignet ist; Gut, dann entscheiden wir uns also für ...; Da hast du / habt ihr recht. Das wäre wohl dann das beste Angebot.*		
Plenum	**VERTIEFUNG:** Gehen Sie die Redemittel gemeinsam durch und üben Sie mit den TN die korrekte und schnelle Aussprache der Redemittel. Dazu eignet sich das **Kettensprechen (Glossar → S. 134)** Schreiben Sie dazu jeweils ein Redemittel an die Tafel und sprechen Sie es laut vor; zum Beispiel: *Also ich bin ganz klar für ...* Fragen Sie, an welcher Stelle der Satzakzent liegt und markieren Sie diesen (*für*). Sprechen Sie die Redemittel dann noch einmal nach folgendem Schema und lassen Sie die TN jeweils nachsprechen: *für / klar für / ganz klar für / ich bin ganz klar für / Also ich bin ganz klar für ...*		
Gruppenarbeit	In Schritt 2 diskutieren die TN in ihren Gruppen über die Freizeitangebote und einigen sich auf eins. Sie benutzen dabei die Redemittel aus b. Gehen Sie dabei von Gruppe zu Gruppe, um etwas vom jeweiligen Gesprächsverlauf zu erfahren. Helfen Sie gegebenenfalls.		

Plenum	c) Wählen Sie zwei bis drei Gruppengespräche, die Sie für besonders gelungen halten, aus und lassen Sie diese im Kurs vorstellen.		
Plenum	d) Verteilen Sie vor dem Gespräch im Plenum vier Beobachterrollen entsprechend der Aspekte im Schüttelkasten: Eine Gruppe gibt ein Feedback zum Inhalt, eine andere zum logischen Zusammenhang, eine zur Vielfalt des angewendeten Wortschatzes und die letzte Gruppe zur Korrektheit grammatischer Strukturen.		
Einzelarbeit	**AB 102/Ü20** Kommunikationsübung zu den Redemitteln in Aufgabe 1b. Die Übung eignet sich gut als Vorbereitung auf die Diskussion in Schritt 2 der Kursbuchaufgabe 1b); auch als Hausaufgabe geeignet.	AB-CD/33	

Ich kann jetzt …

SOZIALFORM	ABLAUF	MATERIAL	ZEIT
Einzelarbeit	Die TN markieren, was auf sie zutrifft.		
Gruppenarbeit	**VERTIEFUNG:** In vielen mündlichen Prüfungen besteht ein Prüfungsteil darin, dass zwei Prüflinge verschiedene Positionen zu einem Thema einnehmen und sich dann im Gespräch auf eine Position bzw. einen Kompromiss einigen müssen. Das kann an dieser Stelle gut geübt werden. Bilden Sie dazu Dreiergruppen. Zwei Personen sind die Prüflinge, die/der Dritte prüft. Die zwei „Prüflinge" haben die Aufgabe, jeweils einen Vorschlag für eine innovative Stadtpark-Aktivität zu machen und diesen zu begründen. Sie tauschen Argumente aus und verwenden dabei die Redemittel aus Aufgabe 1 im Kursbuch. Am Ende einigen sie sich auf eine gemeinsame Freizeitaktivität. Die/der „Prüfer/in" macht sich zu den Kriterien aus 1d Notizen und gibt den „Prüflingen" ein Feedback. In der nächsten Runde werden die Rollen gewechselt.		

SEHEN UND HÖREN 2

1 Irrealer Vergleich

SOZIALFORM	ABLAUF	MATERIAL	ZEIT
Einzelarbeit	a) Die TN sehen die Fotos an. Lassen Sie die Sprechblasen laut vorlesen. Nun versuchen die TN, die Fotos mit eigenen Vergleichen zu beschreiben und benutzen dabei Sätze mit „als ob". Weisen Sie die TN auch auf die Grammatikübersicht im Kursbuch (→ S. 90/1) hin.		
Partnerarbeit	b) Die TN überlegen, wo die Aufnahmen entstanden sein könnten. Lassen Sie die Vermutungen Ihrer TN im Raum stehen oder weisen Sie darauf hin, dass Aufgabe 2 die Antwort enthält.		
Einzelarbeit	**AB 102–103/Ü21** Grammatik entdecken: irrealer Vergleich; auch als Hausaufgabe geeignet.		
Einzelarbeit	**AB 103/Ü22** Grammatikübung zum irrealen Vergleich; auch als Hausaufgabe geeignet.		

2 Eisbachsurfer

SOZIALFORM	ABLAUF	MATERIAL	ZEIT
Plenum	Lesen Sie zunächst gemeinsam den Lerntipp zum Globalverstehen. Fordern Sie eine/n TN auf, ihn noch einmal mit eigenen Worten wiederzugeben.		
Plenum	a) Die TN sehen den Anfang des Films ohne Ton an und überlegen, wo der Film gedreht wurde und woran man das erkennt. *Lösung: Der Film wurde in München gedreht. Man erkennt das beispielsweise an folgenden Sehenswürdigkeiten: Frauenkirche, Olympiaturm (Fernsehturm), Mariensäule, Viktualienmarkt, Brunnen am Karlsplatz (Stachus), Isar, Hofgarten*	DVD 1/34	
Einzelarbeit Plenum	b) Gehen Sie vor wie im Lerntipp: Lassen Sie den TN Zeit, zunächst die Fragen durchzulesen. Spielen Sie dann das komplette Interview einmal vor. Die TN markieren die Fragen, auf die der Surfer näher eingeht. Kontrolle im Plenum. *Lösung: 2, 4, 5, 7, 9, 10*	DVD 1/35	
Einzelarbeit Plenum	c) Verteilen Sie die einzelnen Fragen im Kurs, sodass jede/r zwei Fragen hat, zu denen sie/er sich Notizen machen soll. Lassen Sie die TN dann das Interview noch einmal ansehen. Anschließend berichten die TN im Plenum.	DVD 1/35	

3 Welche ungewöhnliche Sportart würden Sie gern in Ihrer Stadt machen?

SOZIALFORM	ABLAUF	MATERIAL	ZEIT
Partnerarbeit Plenum	Die TN sprechen über die Frage. **TIPP:** Da es vielleicht schwierig ist, auf Anhieb ungewöhnliche Freizeitaktivitäten zu nennen, könnten Sie zur Vorbereitung Rechercheaufträge zu außergewöhnlichen Sportarten vergeben und die TN in der nächsten Kursstunde jeweils eine Sportart vorstellen lassen. Die TN wählen dann eine der vorgestellten Sportarten, die sie gern praktizieren würden.		

Mein Dossier

SOZIALFORM	ABLAUF	MATERIAL	ZEIT
Einzelarbeit	**AB 103/Ü23** a) Die TN lesen den Anfang des Gedichts. **VERTIEFUNG:** Präsentieren Sie das komplette Gedicht von Kurt Tucholsky. Es ist auch als Video im Internet zu finden. Sprechen Sie über den Inhalt.	Internet-Video des Gedichts	
Einzelarbeit	b) Die TN schreiben mithilfe der Satzanfänge einen eigenen kurzen Text oder ein Gedicht über ihre ideale Wohnumgebung.		

Ich kann jetzt ...

SOZIALFORM	ABLAUF	MATERIAL	ZEIT
Einzelarbeit	Die TN markieren, was auf sie zutrifft.		

Gruppenarbeit	**VERTIEFUNG:** Bringen Sie Fotos und Informationen zu weiteren, im Kursbuch nicht erwähnten außergewöhnlichen Sportarten in der Stadt mit. Jede Gruppe bekommt die Aufgabe, jeweils eine Sport-art auf einem Plakat vorzustellen. Anschließend werden die Plakate	Fotos und Informationen zu außerge-wöhnlichen	
Plenum	im Plenum präsentiert. Mögliche Sportarten sind zum Beispiel: Speedjumping, Jugger, Slacklining, Blackminton, Basejumping, House-Running, Kubb.	Sportarten in der Stadt, Plakate	

AUSSPRACHE: Die Konsonantenverbindungen *pf – f – ph – ps* und *ng – nk* (Arbeitsbuch → S. AB 104)

1 Wortpaare *pf – f*

SOZIALFORM	ABLAUF	MATERIAL	ZEIT
Einzelarbeit Plenum	Die TN hören die Wörter und sprechen sie nach. **TIPP:** Wenn TN Schwierigkeiten haben zu hören, ob es sich um ein *pf* oder *f* handelt, kann man die Übung auch anders gestalten: Die Bücher sind geschlossen, Sie starten die CD oder lesen die Wörter laut und die TN heben die rechte Hand, wenn sie ein *pf* hören, und die linke Hand, wenn sie *f* hören. **VERTIEFUNG:** Suchen Sie als Vorbereitung möglichst viele Wörter, die ein *pf* oder ein *f* enthalten. Sie können die Suche auch als Spiel gestalten: zum Beispiel als *Ich packe meinen Koffer und nehme mit ...;* die TN denken sich Gegenstände aus, die mit *pf* oder *f* anfangen; eine/ein TN beginnt und sagt, was sie/er mitnimmt, die/der nächs-te wiederholt den Gegenstand des Vorgängers und nennt einen neuen etc. Oder lassen Sie die TN Gegenstände in einem Super-markt, beim Einkaufen nennen: *Ich fahre in den Supermarkt und kaufe ein ...* Natürlich können Sie die Spiele auf alle Konsonanten-verbindungen dieser Einheit ausweiten.	AB-CD/34	

2 Zungenbrecher

SOZIALFORM	ABLAUF	MATERIAL	ZEIT
Einzelarbeit Plenum	Die TN hören die Zungenbrecher und sprechen nach. **VERTIEFUNG:** Machen Sie einen Wettbewerb daraus: Wer kann den Zungenbrecher am schnellsten fehlerfrei sprechen? Wer kann ihn immer noch sprechen, wenn sie/er etwas im Mund hat (einen Schluck Wasser, Korken etc.)?	AB-CD/35	

3 Nah beieinander und doch verschieden: *ps – ph – pf*

SOZIALFORM	ABLAUF	MATERIAL	ZEIT
Einzelarbeit	a)+b) Die TN markieren, welches Wort sie hören, und sprechen dann nach. *Lösung: 1 Physiotherapie, 2 psychologisch, 3 Hopfen, 4 philharmonisch*	AB-CD/36–37	

4 Was so passiert!

SOZIALFORM	ABLAUF	MATERIAL	ZEIT
Partnerarbeit Einzelarbeit	Die TN diktieren ihrer Lernpartnerin / ihrem Lernpartner jeweils ein Diktat. **TIPP:** Wenn jemand Schwierigkeiten mit diesen Konsonantenverbindungen hat, kann sie/er den Satz aus Teil 2 auch als persönlichen Lernsatz benutzen und jeden Morgen und Abend vor sich hin sprechen. Das stärkt auch die Mundmotorik und -muskulatur.		

5 *ng* oder *nk*?

SOZIALFORM	ABLAUF	MATERIAL	ZEIT
Einzelarbeit	a)+b) Die TN markieren, welches Wort sie hören, und sprechen dann nach. Weisen Sie die TN darauf hin, dass bei *ng* das *g* nicht zu hören ist. **VERTIEFUNG:** Die TN schreiben aus den Wörtern *Wohnung, Balkon, Eingang, Bank, Schrank, Heizung, funktionieren, Ingo* und *Anke Lange* etc. eine Geschichte und lesen sie laut vor. *Lösung: 1 Franken, 2 Zangen, 3 sinken, 4 Enkel, 5 Schlange, 6 Längen*	AB-CD/38–39	

6 Durch die Nase!

SOZIALFORM	ABLAUF	MATERIAL	ZEIT
Einzelarbeit Plenum	Die TN hören und sprechen nach. **TIPP:** Die TN suchen als Hausaufgabe noch weitere Nasale aus der Lektion und sammeln sie am nächsten Tag im Plenum. **VERTIEFUNG:** Lassen Sie die TN das Spiel zu Beginn des Aussprache-Trainings in dieser Lektion wiederholen: Lesen Sie die gefundenen Wörter laut vor, und die TN heben die rechte Hand, wenn sie ein *ng* hören, und die linke, wenn sie ein *nk* hören.	AB-CD/40	

LERNWORTSCHATZ (Arbeitsbuch → S. AB 105)

SOZIALFORM	ABLAUF	MATERIAL	ZEIT
Einzelarbeit	Die TN wählen Orte in ihrer Wohnung, an denen sie oft vorbeikommen und ungestört Zettel anbringen können (Kühlschrank, Spiegel, Fenster etc.). Sie nutzen diese Orte als Merkhilfen. Der Kühlschrank kann nun „für immer" mit der Präposition „auf" verbunden werden, und die TN kleben alle Adjektive, die die Präposition „auf" benötigen, dorthin, zum Beispiel *stolz sein auf (+ Akk.)*. Die Orte können auch als Merkhilfe für Artikel stehen. So können die TN beispielsweise an das Fenster alle neuen *das*-Wörter kleben, an die Tür neue *die*-Wörter und an den Kühlschrank *der*-Wörter, die sie lernen wollen.		

LEKTIONSTEST 6 (Arbeitsbuch → S. AB 106)

SOZIALFORM	ABLAUF	MATERIAL	ZEIT
Einzelarbeit	Mithilfe des Lektionstests haben die TN die Möglichkeit, ihr neues Wissen in den Bereichen Wortschatz, Grammatik und Redemittel zu überprüfen. Wenn die TN mit einzelnen Bereichen noch Schwierigkeiten haben, können sie gezielt einzelne Module wiederholen.		

REFLEXION DER LEKTION

SOZIALFORM	ABLAUF	MATERIAL	ZEIT
Gruppenarbeit	Die TN wiederholen noch einmal die Adjektive mit Präpositionen.		
Gruppenarbeit	Die TN schreiben irreale Satzanfänge in der Vergangenheit zum Thema „Die Stadt – früher und heute"; zum Beispiel: *Hätte es früher keine Stadtmauer gegeben, ...* Dann werden die Satzanfänge mit einer anderen Gruppe getauscht und ergänzt, zum Beispiel: *...,hätte man die Stadt leicht überfallen können.*		

SPIEL: SATZ-ROMMÉ

Kopieren Sie die Vorlage für jede Gruppe und zerschneiden Sie die Karten an den angegebenen Stellen.

Teenager	Meine Freundin Angie	Extrovertierte Menschen	Die Hörer	Darüber hinaus
sind	ist	schließen	tauschen sich	spreche
heutzutage	bereits 2009	normalerweise	täglich	ich
ständig	aus Liebe	im Urlaub	zwischen 18 und 20 Uhr	heute
auf sozialen Netzwerken	nach Italien	schnell	mit dem Experten	in meiner Präsentation
miteinander verbunden	gezogen	Freundschaften	im Studio aus	über virtuelle Welten

SPIEL: KAUSALE ZUSAMMENHÄNGE

Sie brauchen pro Mitspieler eine Spielfigur und mindestens einen Würfel pro Gruppe. Stellen
Sie die Figuren auf „Start". Die/Der Jüngste beginnt. Sie würfeln, ziehen und lesen, was auf Ihrem
Feld steht. Versuchen Sie dann einen Satz mit einem der Wörter in der Spielfeldmitte zu bilden.
Beispiel: *Ich bin traurig.* → *denn* → *Ich bin traurig, denn mein Hund ist krank.*
Ist der Satz korrekt, dürfen Sie ein Feld weitergehen, ohne die Aufgabe auf diesem Feld lösen zu
müssen. Dann kommt die/der nächste TN an die Reihe. Ist der Satz nicht korrekt, helfen die ande-
ren TN und Sie müssen auf Ihrem Feld bleiben. Wer als Erster im Ziel ist, hat gewonnen.

Start/Ziel	Ich habe nichts gesagt.	Die Klinik ist sehr modern.	Spontaneität ist gut.	Er ist ehrgeizig.
Sie braucht das Einverständnis der Chefin.				Ich bin traurig.
Die Werbeaktion ist ein toller Erfolg.	weil da			Bitte halte mich auf dem Laufenden.
Die Konferenz ist verschoben.	denn deshalb			Ihr Therapeut ist super.
	deswegen darum			
Wir haben ein Anliegen.	aufgrund wegen			Ich bin begeistert.
	dank aus			
Es regnet.	vor			Mein Projektleiter ist kreativ.
Wir sprechen offen miteinander.	Er hatte einen Unfall.	Antonio pendelt jeden Tag.	Ich kündige fristlos.	Sabine nascht gern.

SPIEL: MEDIEN-BEGRIFFE RATEN

Kopieren Sie die Vorlage und zerschneiden Sie die Kärtchen an den angegebenen Stellen. Verteilen Sie je ein Set pro Gruppe.

abwechslungsreich	gruselig	lehrreich
langweilig	Angst	lernen
normal	Mitternacht	verstehen
jeden Tag	Horror	Dokumentation
unterschiedlich	sich fürchten	sachlich
interessant	Geist	unterhaltsam
turbulent	authentisch	Interview
Chaos	realistisch	fragen
Action	wahr	antworten
wild	Märchen	Schauspieler
viele Leute	Leben	Journalist
langweilig	echt	Magazin
Drehort	Hintergrund	filmen
Ort	Film	Szene
Film	sehen	Schauspieler
drehen	vorne	Drehort
Regisseur	Bild	Kamera
Szene	hinten	aufnehmen
vorlesen	Redakteur/in	Komödie
Nachrichten	Zeitung	lustig
Text	schreiben	Film
Geschichte	Fernsehen	Kino
Kinder	Computer	lachen
lesen	Text	ernsthaft
recherchieren	überarbeiten	gefühlvoll
suchen	schreiben	Emotion
Internet	neu	lachen
Information	Drehbuch	weinen
Bibliothek	viel Arbeit	Liebesfilm
Recherche	machen	romantisch

SPIEL: TEMPORALES AUSDRÜCKEN

Kopieren Sie die Vorlage für jede Gruppe und zerschneiden Sie die Kärtchen an den angegebenen Stellen.

bevor	praktische Erfahrung brauchen	gleich nach	eine viermonatige Weiterbildung machen
während	an einer Ausstellung teilnehmen	nach	in spannenden Projekten arbeiten
solange	die Chance für einen Berufseinstieg bekommen	ehe	den Schulabschluss machen
als	für kreative Arbeit geeignet sein	sobald	sich einen Traum erfüllen
nachdem	unter Leistungsdruck stehen	bis	das Abschlusszeugnis bekommen
vor	sich vorstellen gehen	von ... bis	einen Ferienjob annehmen
seit	ein Praktikum in einer sozialen Einrichtung machen		

ROLLENSPIEL: KARTEN

Kopieren Sie die Vorlage und zerschneiden Sie die Karten an den angegebenen Stellen.

Alexa

spielt mehrere Instrumente und möchte später im Ausland studieren. Er möchte gern mal die Musikbranche kennenlernen.

Inka

ist mit vielen Geschwistern auf dem Land aufgewachsen. Sie will endlich in die Großstadt, weiß aber noch nicht, was sie beruflich machen will.

Stefan

ist froh, dass die Schule endlich vorbei ist. Er möchte gern praktisch arbeiten, weiß aber noch nicht genau, was.

Karin

ist die Klassenbeste. Sie möchte möglichst bald finanziell unabhängig von den Eltern sein.

Niko

hat viele Interessen. Er möchte nicht an die Uni, sondern sofort Geld verdienen.

Markus

hat den zweitbesten Notendurchschnitt in der Schule. Er möchte einen Beruf, in dem er richtig gut verdienen kann.

Klara

ist gut in Kunst und Englisch. Sie möchte etwas Kreatives machen.

Richard

hat den schlechtesten Notendurchschnitt. Er möchte eine Tätigkeit ohne Leistungsdruck.

Laura

ist sehr selbstständig. Sie möchte die Welt kennenlernen.

Frau Wagner

bietet einen Praktikumsplatz bei den Web-Guerillas (aus Lektion 2).

Herr Winkler

bietet Plätze für Werkstudenten, die neben dem Studium einen Tag pro Woche in der Firma arbeiten – gegen Bezahlung.

Herr Müller

bietet Stellen für einen Freiwilligendienst als Fahrer eines Rettungswagens, Taschengeld inklusive.

Frau Kindler

bietet ein staatlich finanziertes Orientierungsjahr für künstlerische Berufe.

© Hueber Verlag 2014, Sicher B2.1, Lehrerhandbuch, Autorin: Susanne Wagner

WÜRFEL: VERBVERBINDUNGEN

Kopieren Sie die Vorlage für jede Gruppe und schneiden Sie die Würfel wie angegeben aus.
Knicken Sie sie entlang der Falze und kleben Sie sie zusammen.

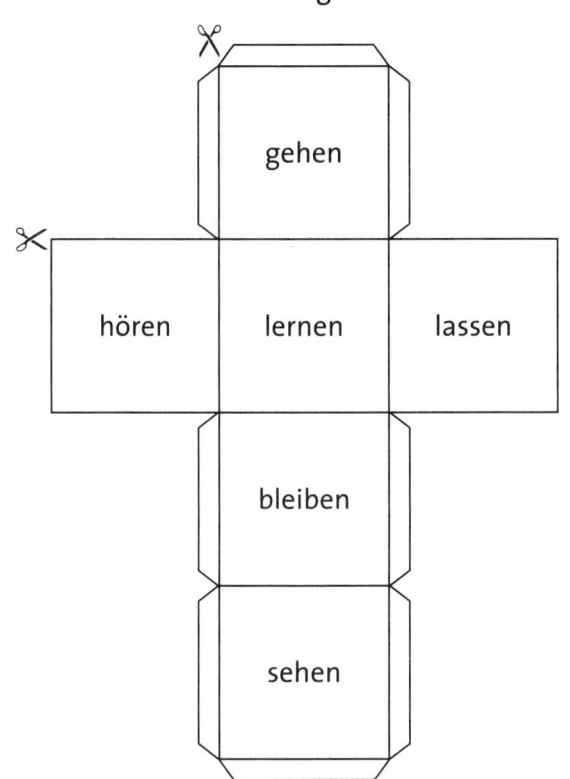

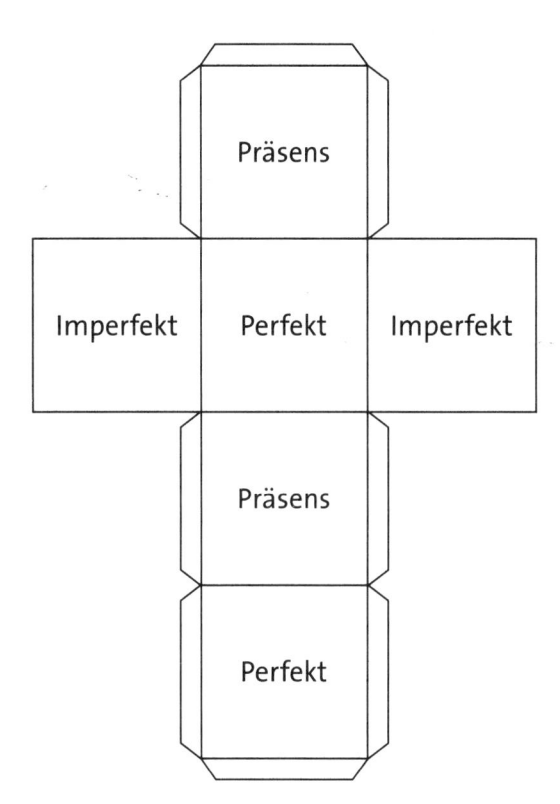

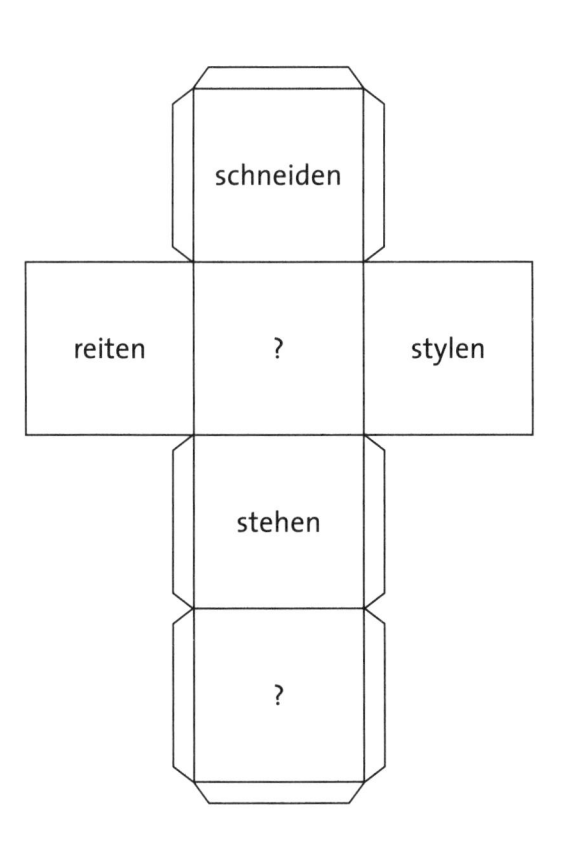

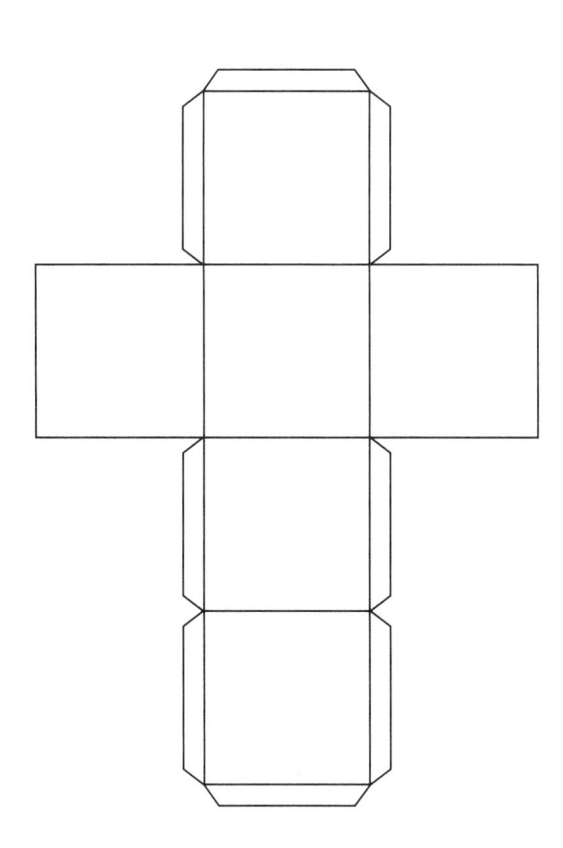

DOMINO:
ADJEKTIVE MIT PRÄPOSITION

Kopieren Sie eine Vorlage für je zwei Gruppen und zerschneiden Sie die Dominosteine an den angegebenen Stellen.

auf	begeistert sein	von	verliebt sein	in	reich
an	befreundet	mit	zufrieden sein	mit	unabhängig sein
von	verantwortlich sein	für	arm	an	bekannt sein
bei	berühmt sein	für	beliebt sein	bei	überrascht sein
von	abhängig sein	von	bedeckt sein	mit	interessiert sein
an	nett sein	zu	verrückt sein	nach	stolz sein
auf	begeistert sein	von	verliebt sein	in	reich
an	befreundet	mit	zufrieden sein	mit	unabhängig sein
von	verantwortlich sein	für	arm	an	bekannt sein
bei	berühmt sein	für	beliebt sein	bei	überrascht sein
von	begeistert sein	von	verheiratet sein	mit	interessiert sein
an	nett sein	zu	verrückt sein	nach	stolz sein

SPIEL: STADT-LAND-FLUSS

Stadt	Land/Region	Fluss	Name	Berühmte Person	Beruf	Punkte

Name: _____

1 WORTSCHATZ

Mein bester Freund. Ergänzen Sie in der richtigen Form.

hilfsbereit · verlassen · sorgen · verlieren · introvertiert · pflegen ·
nachdenklich · mittlerweile · oberflächlich · Beziehung

Mein bester Freund heißt Adrian. Vor vier Jahren waren wir ein Paar. _____ (1)

haben wir uns getrennt. Ich bin nämlich sehr extrovertiert und sehr aktiv, er ist genau

das Gegenteil: _____ (2), und _____ (3), das hat

mich irgendwann sehr gestört. Trotzdem wussten wir lange nicht, wie es mit unserer _____ (4)

weitergehen soll. Inzwischen verbindet uns mehr als nur eine _____ (5) Freundschaft.

Ich kann mich immer auf ihn _____ (6). Als ich umgezogen bin, war er zum Beispiel

sehr _____ (7) und hat in der ganzen Wohnung für die Elektrik _____ (8).

So _____ (9) wir unsere Freundschaft und ich hoffe, dass wir uns nie aus den

Augen _____ (10).

_____ / 5

2 GRAMMATIK

a Schreiben Sie die Sätze richtig.

1 in Frankreich – seit 2009 – Ich – leben – mit meiner Familie.

_____ .

2 haben – Karin – ihre große Liebe – im Urlaub – kennenlernen.

_____ .

3 wegen der schlechten Arbeitssituation – 2001 – Anna – mit ihrer ganzen Familie – nach Düsseldorf – kommen.

_____ .

4 sein – einfach – Es – heutzutage – mithilfe sozialer Netzwerke – mit der ganzen Welt – vernetzt zu sein.

_____ .

5 mit viel Glück – bereits 1998 – haben – Mein Mann – eine tolle Stelle – in München – bekommen.

_____ .

_____ / 5

© Hueber Verlag 2014, Sicher B2.1, Lehrerhandbuch, Autorin: Susanne Wagner, Zeichnung: Jörg Saupe

b Zweiteilige Konnektoren. Was passt? Ergänzen Sie.

1 Bei meinen Freunden interessiert mich _____ die

Herkunft _____ das Alter, sondern nur der Mensch an sich.

2 In jeder Freundschaft gibt es _____ Missverständ-

nisse _____ peinliche Situationen.

3 Mein Mann und ich haben denselben Geschmack, _____ ,

was das Essen betrifft, _____ in der Musik.

4 Lena ist hin- und hergerissen: _____ möchte sie Paolo wiedersehen, _____ weiß sie,

dass der Altersunterschied viel zu groß ist für eine ernsthafte Beziehung.

5 Ich bekomme _____ oft virtuelle Freundschaftsanfragen, _____ die bedeuten mir

nichts. Meine realen Freunde sind mir viel wichtiger.

_____ / 5

c Ergänzen Sie das passende Nomen mit Artikel.

1 das Gefühl, wenn man allein ist: _____ E _____

2 Nicht so intensiv wie eine Freundschaft: _____ B _____

3 Darum müssen Kinder oft ihre Eltern fragen: _____ E _____

4 Wenn man etwas nicht weiß, fehlt einem: _____ I _____

5 Jemand, der die Dinge so sehen möchte, wie sie idealerweise ein könnten: _____ I _____

6 Das Baby ist kein Mädchen, sondern: _____ J _____

_____ / 6

3 KOMMUNIKATION

Eine Präsentation: Was ist richtig? Markieren Sie.

Ich habe mich für das Thema „Vernetzung der Erdbevölkerung" *entschieden/ausgewählt* (1). Als Erstes muss man *vergessen/erwähnen* (2), dass die Menschen mithilfe sozialer Netzwerke weltweit immer stärker miteinander verbunden sind. Dass das tatsächlich so ist, zeige ich euch *als Nächstes/darüber hinaus* (3) an konkreten Beispielen. *Nicht zuletzt/Also* (4) stelle ich euch ein Experiment des Psychologen Stanley Milgram vor. *Das Besondere/Das Ähnliche* (5) daran ist, dass es schon 1967 stattfand. *Noch/Außerdem* (6) zeige ich die Ergebnisse einer Umfrage, warum Menschen überhaupt Mitglieder in sozialen Netzwerken werden. Ich kann euch hoffentlich ein paar spannende *Einblicke/Beispiele* (7) in dieses *außergewöhnliche/vertraute* (8) Thema *geben/zeigen* (9). Ich komme also jetzt zu Punkt eins meiner Präsentation ...

_____ / 9

Insgesamt _____ / 30

richtige Lösungen	Note	richtige Lösungen	Note
30 – 27	sehr gut	18 – 15	ausreichend
26 – 23	gut	14 – 0	nicht bestanden
22 – 19	befriedigend		

© Hueber Verlag 2014, Sicher B2.1, Lehrerhandbuch, Autorin: Susanne Wagner, Zeichnung: Jörg Saupe

Name: _____

1 WORTSCHATZ

a Was passt? Ordnen Sie zu.

1	In jedem Arbeitsbereich ist es wichtig, Kontakte zu	haben.
2	Außerdem muss man die Kommunikation am Laufen	äußern.
3	Die Steigerung des Umsatzes ist leider ins Stocken	knüpfen.
4	Diese Information ist nur für unser Team. Ich möchte noch kein großes Aufsehen	halten.
5	Ich halte das für falsch und möchte diesbezüglich meine Bedenken	geraten.
6	Für das Projekt muss man mindestens drei Leute zur Verfügung	erregen.

_____ / 3

b Welches Wort ist richtig? Markieren Sie.

1 Der Bereichsleiter hat _____ gewünscht, dass Kekse auf dem Tisch stehen sollen.

ausdrücklich • unkonventionell • begeistert

2 Nach dem Diebstahl wurde er _____ entlassen.

üblich • fristlos • strukturiert

3 Endlich ein Projektleiter mit Motivation! Ich bin _____ .

begeistert • ehrgeizig • kreativ

4 Der Umsatz der letzten Monate ist _____ . Leider haben wir nicht so viel verkauft.

dominant • bedenklich • flüssig

_____ / 4

2 GRAMMATIK

a Was ist richtig? Markieren Sie.

Neue Nachricht

An	Sebastian@Graf.de
Betreff	Übergabe
Nachricht senden	Lieber Sebastian,

wie Du ja weißt, bin ich ab Montag im Urlaub ☺. Hier Deine Aufgaben:
Die Rechnungen an die Firma Kleinert ☐ sind ☐ werden ☐ waren (1) schon erledigt. Die Ablage ☐ ist ☐ war ☐ wird (2) auch schon gemacht. Aber die Konferenz am Freitagmorgen ☐ ist ☐ wird ☐ hat (3) noch nicht organisiert. Das heißt: Die Präsentation ☐ ist ☐ wird ☐ wurde (4) hoffentlich vom Projektleiter bis Donnerstag erstellt und ☐ von Dir ☐ durch Dich ☐ von Dich (5) kopiert. Es kann sein, dass noch einzelne Informationen recherchiert ☐ werden ☐ wird ☐ sein (6) müssen. Vergiss nicht: Der Terminkalender von Dr. Bechert muss exakt geführt ☐ werden ☐ ist ☐ zu sein (7). Wenn da ein Termin fehlt, ☐ werden ☐ ist ☐ wird (8) er schnell wütend. Viel Erfolg!

Senden

_____ / 4

b Bilden Sie aus dem ersten Verb ein Partizip I oder II und aus dem zweiten Verb ein Nomen.

1 Der eben _____ _____ (erwähnen, hinweisen) hat mir sehr geholfen.

2 Auf unserer lang _____ _____ (dauern, zurückfahren) haben wir Zeit, Ihr Anliegen im Auto besprechen.

3 Die _____ _____ (drucken, ausgeben) unserer Firmenzeitschrift ist wirklich schön geworden.

_____ / 6

c Was passt? Ordnen Sie zu.

☐ Aus · ☐ Weil · ☐ denn · ☐ Aufgrund · ☐ vor · ☐ Deshalb

___(1)___ der hohen Preise für Wohnungen und Häuser in Frankfurt wohne ich in einem Dorf, das 70 km von Frankfurt entfernt ist. In und um Frankfurt gibt es jeden Tag Stau. ___(2)___ nehme ich täglich den Zug. ___(3)___ der Zug nicht immer pünktlich ankommt, komme ich manchmal zu spät in die Arbeit. Mein Chef hat dafür Verständnis, ___(4)___ auch er nimmt den Zug und hat das gleiche Problem. ___(5)___ der Erfahrung mit verspäteten Zügen heraus mache ich generell keine Termine vor 10 Uhr. Das gefällt meinen Geschäftspartnern natürlich. Mein Arbeitstag aber wird dadurch wirklich lang, sodass ich abends oft ___(6)___ Müdigkeit auf dem Sofa einschlafe. Das gefällt meiner Frau leider nicht.

_____ / 3

3 KOMMUNIKATION

Auf einer Messe stellen Sie sich und Ihre Firma kurz vor. Schreiben Sie mindestens einen Satz zu jedem der fünf Punkte. Verwenden Sie dazu die bekannten Redemittel.

1 Sagen Sie Ihren Namen und den Ihrer Firma: Kreilinger.
2 Stellen Sie Ihre Kollegin Frau Reindl vor und beschreiben Sie, welche Aufgabe sie hat (Betreuung der Kunden im Online-Bereich).
3 Erklären Sie, dass Sie den Bereich Marketing leiten.
4 Erklären Sie, dass Sie sich um die Organisation von Umfragen und Werbeaktionen kümmern.
5 Sagen Sie, dass Sie oft mit unkonventionellen Konzepten arbeiten.

_____ .
_____ .
_____ .
_____ .
_____ .

_____ / 10

richtige Lösungen	Note	richtige Lösungen	Note
30 – 27	sehr gut	18 – 15	ausreichend
26 – 23	gut	14 – 0	nicht bestanden
22 – 19	befriedigend		

Insgesamt _____ / 30

Name: _____

1 WORTSCHATZ

Was passt? Ergänzen Sie in der richtigen Form.

großartig • Sache • hierzulande • Bildband • nutzen • verfolgen • greifen • Sachbuch • Leseratte • Nutzung

Lieber Ansgar,

hast Du schon von Bookcrossing gehört? Für mich als alte _____ (1) ist das einfach genial.

Es funktioniert so: Du _____ (2) zu einem lehrreichen _____ (3) oder zu

einem _____ (4). Dann registrierst Du das Buch auf einer speziellen Internetseite. So kann man

später _____ (5), wo das Buch war und wer es gelesen hat. Das Wichtigste dabei ist: Wenn Du

das Buch gelesen hast, lässt Du es irgendwo liegen, im Bus oder im Park. Jeder kann es mitnehmen und

_____ (6), also lesen, und dann wieder „verlieren". Ist das nicht _____ (7)?

_____ (8) sind circa eine Million Menschen dabei. Das Lesen und die _____ (9) der

Internetseite sind natürlich kostenlos! Auch wenn es nicht jedermanns _____ (10) ist, ein Buch

zu lesen, das schon viele vorher in der Hand hatten – ich bin dabei und gehe gleich in den Park zum Suchen!

_____ / 5

2 GRAMMATIK

a Meine Printmedien. Was passt? Ergänzen Sie in der richtigen Form.

☐ darauf • ☐ das • ☐ darüber • ☐ dafür • ☐ dafür • ☐ damit • ☐ das • ☐ darüber • ☐ dadurch • ☐ darin

__(1)__ , dass man im Internet heutzutage Informationen zu sehr vielen Themen finden kann, nutze ich es oft.
Aber ich liebe auch meine Tageszeitung, weil __(2)__ __(3)__ geschrieben wird, was in meiner Stadt und Region
passiert. So wird __(4)__ hingewiesen, wann es wo Bauarbeiten oder wo welche Sonderangebote gibt. __(5)__
ist mir sehr wichtig, denn __(6)__ muss ich mich ja auch beschäftigen. Zu speziellen Themen aber lese ich zum
Beispiel meine Computerzeitschrift. Oder Politikmagazine. Computer und Politik – __(7)__ interessiere ich mich
sehr. Was politisch passiert, __(8)__ sollte jeder Bescheid wissen. Und – ich liebe Bücher aus Papier. Wie man sich
nicht __(9)__ begeistern kann, kann ich nicht verstehen. Im Gegensatz zu E-Books kann man ihre Seiten umblät-
tern, das Papier fühlen und – Bücher riechen, jedes anders. __(10)__ solltet Ihr auch mal ausprobieren: an Euren
Büchern zu riechen.

_____ / 5

b Bilden Sie Adjektive, die etwas Positives bedeuten.

1 die Abwechslung → abwechslungs_____ 5 die Unterhaltung → unterhalt_____

2 das Gefühl → gefühl_____ 6 das Erlebnis → erlebnis_____

3 die Information → informat_____ 7 die Sensation → sensation_____

4 die Romantik → romant_____ 8 die Toleranz → toler_____

_____ / 4

© Hueber Verlag 2014, Sicher B2.1, Lehrerhandbuch, Autorin: Susanne Wagner

c Schreiben Sie die Sätze ohne *wenn*.

Beispiel: ich – Geld haben – mein Traumhaus kaufen.
→   *Habe ich Geld, kaufe ich mein Traumhaus.*

1   „Ihr – Maskenbildner und Stylisten fertig sein – wir – anfangen"

_____.

2   der Stammkunde – eine verführerisches Angebot entdecken – zugreifen

_____.

3   „eine Schwäche für Dokumentarfilme haben – Sie – von diesem Film begeistert sein werden"

_____.

_____ / 3

d Wo ist ein Infinitivsatz möglich? Markieren Sie.

1   ☐ Der Schauspieler freut sich, dass er die Rolle bekommt.
2   ☐ Der Regisseur bemerkt, dass er jetzt sein Team motivieren muss.
3   ☐ Der Autor bittet den Redakteur, dass er das Buch möglichst wohlwollend beurteilt.

_____ / 3

3 KOMMUNIKATION

Präsentation einer Nachrichtenmeldung: Was ist richtig? Markieren Sie.

Die Nachrichtenmeldung, die ich heute *vorstellen/verfolgen* (1) möchte, stammt *von/aus* (2) der Lokalpresse. Wie man sieht, ist sie *ansprechend/anspruchsvoll* (3) dargestellt, denn es gibt viele nette Fotos, und der Text ist sehr *übersichtlich/bebildert* (4) präsentiert. Was das blaue Krümelmonster auf einem der Fotos ist, das möchte ich kurz *erklären/vorstellen* (5): Es kommt aus einer Kinderserie und ist vor allem dafür bekannt, dass es immer Kekse isst. Jetzt kann man den Text verstehen, den ich *erläutert/ausgewählt* (6) habe. Darin heißt es: Letzte Nacht *ereignete/passierte* (7) sich in Hannover Folgendes: Zwei Diebe, die sich „Krümelmonster" nennen, haben den goldenen Bahlsenkeks vor der Firma Bahlsen gestohlen. In einem Interview erklärten die *humorvollen/verständlichen* (8) Diebe, dass sie den 20 Kilogramm schweren Keks erst dann zurückgeben, wenn die Firma Kekse an ein Kinderkrankenhaus spendet. Man *erfährt/erläutert* (9) außerdem, dass das Ganze ein gutes Ende nimmt: Die Firma hat an viele soziale Einrichtungen Kekse gespendet! Ich habe *die Anzeige/den Artikel* (10) ausgesucht, weil ich ihn witzig und außergewöhnlich finde.

_____ / 10

Insgesamt _____ / 30

richtige Lösungen	Note	richtige Lösungen	Note
30 – 27	sehr gut	18 – 15	ausreichend
26 – 23	gut	14 – 0	nicht bestanden
22 – 19	befriedigend		

© Hueber Verlag 2014, Sicher B2.1, Lehrerhandbuch, Autorin: Susanne Wagner, Zeichnung: Jörg Saupe

Name: _____

1 WORTSCHATZ

Was passt? Ergänzen Sie in der richtigen Form.

Auszeit · Zuschuss · dummerweise · interessanterweise · erwerben · vernünftiger-
weise · probeweise · leisten · Schulabgänger · vergleichsweise · Gelegenheitsjob ·
ausnahmsweise · verständlicherweise · stellenweise · Leistungsdruck · missen

Lieber Hannes,

warum ich als Surflehrer arbeite? Das ist schnell erzählt. _____ (1) bin ich zweimal in

der Schule durchgefallen und _____ (2) wollte ich nicht noch ein Jahr unter diesem

_____ (3) am Gymnasium bleiben. Das Wissen, das man dort _____ (4),

ist doch nur für die Schule und nicht fürs Leben, dachte ich mir, und wollte eigentlich nur eine kleine

_____ (5) nehmen und dann _____ (6) eine Lehre beginnen. Aber

als _____ (7) ohne Abschluss hat man es gar nicht so leicht. Also hat mir mein Vater

etwas in einer Dienstleistungsfirma besorgt: Dort sollte ich als Praktikant anfangen und hätte dann

_____ (8) eine Lehre anfangen können. Leider bin ich aber dreimal in der Früh zu spät gekom-

men und schon wurde mir gekündigt. So habe ich mir einen _____ (9) in einem Reise-

büro gesucht. Dort gab es _____ (10) jede Menge toller Angebote und irgendwann

auch einen günstigen Flug in die Karibik, den ich mir kurz entschlossen _____ (11)!

_____ (12) hat mir meine Schwester sofort einen _____ (13) gegeben

(das hat sie noch nie gemacht) und weg war ich. Dann bin ich Surflehrer geworden. _____ (14)

vermisse ich Deutschland. Hier in der Karibik habe ich aber ein _____ (15) gutes und ruhiges

Leben, aber das weißt Du ja. Und wenn ich zurückkomme, dann möchte ich diese Erfahrung auf keinen

Fall _____ (16)!

_____ / 16

2 GRAMMATIK

a Verbinden Sie die Sätze.

1 Ich mache ein Praktikum. Und abends arbeite ich als Bedienung in einer Kneipe. (solange)

_____ .

2 Ich habe einen Spanischkurs gemacht, dann bin ich an das andere Ende der Welt geflogen. (bevor)

_____ .

3 Renate ist bei ihrer Gastfamilie angekommen. Dann hat sie die Mitbringsel verteilt. (nachdem)

_____ .

© Hueber Verlag 2014, Sicher B2.1, Lehrerhandbuch, Autorin: Susanne Wagner, Zeichnung: Jörg Saupe

4 Viele Schüler nehmen nach ihrem Schulabschluss eine Auszeit. Sie können neue Erfahrungen sammeln. (während)

_____ .

5 Der Chef der Behindertenwerkstatt sagte Daniel sofort zu. Daniel war sehr glücklich. (als)

_____ .

_____ / 5

b Was passt? Ergänzen Sie.

vor • während • gleich nach • nach

1 _____ meiner Ankunft in Kanada musste ich meine Sprachkenntnisse anwenden. Es hat keine

fünf Minuten gedauert, bis ich Englisch sprechen musste.

2 Lange _____ der Veröffentlichung des Spielplans beginnen die Arbeiten an den Bühnenbildern.

3 Ganz wichtiges Wissen für meinen zukünftigen Beruf habe ich _____ des Praktikums erworben.

4 Nur zwei Monate _____ meiner Ausbildung habe ich schon eine Stelle gefunden.

_____ / 4

3 KOMMUNIKATION

Auf der Berufsorientierungsmesse – Ein Bewerbungsgespräch führen. Schreiben Sie mindestens einen Satz zu jedem der fünf Punkte. Verwenden Sie dazu die bekannten Redemittel.

<u>Sie als Bewerber</u> möchten sich für ein Praktikum im sozialen Bereich bewerben.
<u>Sie als Leiter einer Kindertagesstätte</u> möchten prüfen, ob der Bewerber geeignet ist.

1 **Bewerber:** Stellen Sie sich und Ihren schulischen Lebenslauf kurz vor.

_____

2 **Bewerber:** Betonen Sie Ihr Interesse an dem Praktikumsplatz und Ihre eigenen Stärken.

_____

3 **Bewerber:** Berichten Sie von Erfahrungen, die Sie schon in dem Bereich gesammelt haben.

_____

4 **Vertreter:** Stellen Sie weitere Fragen zur Person.

_____

5 **Vertreter:** Beschreiben Sie die Stelle genauer, um die es geht.

_____

richtige Lösungen	Note	richtige Lösungen	Note
30 – 27	sehr gut	18 – 15	ausreichend
26 – 23	gut	14 – 0	nicht bestanden
22 – 19	befriedigend		

_____ / 5

Insgesamt _____ / 30

© Hueber Verlag 2014, Sicher B2.1, Lehrerhandbuch, Autorin: Susanne Wagner, Zeichnung: Jörg Saupe

Name: _____

1 WORTSCHATZ

Was passt? Ergänzen Sie in der richtigen Form.

> Entdeckung · staunen · gelenkig · neidisch · vielseitig · Wettbewerb ·
> wirken · lackieren · Inserent · irritieren

1 Petra lässt sich ihre Fingernägel immer knallrot _____.

2 Bianca _____ über die Meldung in den Nachrichten. Dass ihr Idol sich scheiden lässt,

   kann sie kaum glauben.

3 Die Küchenmaschine kann sehr viel: Sie lässt sich wirklich _____ einsetzen.

4 Eigentlich möchte Maria am Musik-_____ teilnehmen. Da sie aber nicht fit genug ist,

   lässt sie es lieber sein.

5 Der _____ gibt eine Anzeige auf, zum Beispiel in einer Zeitung.

6 Klaus ist so gut trainiert, dass er unglaublich _____ ist.

7 Das Model Janina ist die _____ des Jahres. Sie hat ihren eigenen Geschmack und lässt sich

   nicht _____. Und sie _____ immer unglaublich entspannt.

8 Ich glaube, Peter ist _____ auf unsere Katze. Er lässt sie nicht mehr in unserem Bett schlafen.

_____ / 5

2 GRAMMATIK

a Welcher Satz passt? Ordnen Sie den Bedeutungen des Verbs *lassen* die passenden Sätze aus 1 zu.

1 anderen etwas nicht erlauben: _____

2 etwas nicht selbst machen: _____

3 etwas ist möglich: _____

4 etwas nicht machen, nichts verändern: _____

_____ / 4

b Futur II: Schreiben Sie Sätze.

1 Lisa ist so schlank geworden! Der Sport – Lisa – beim Abnehmen – helfen.

_____.

2 Alex darf auf das Konzert? Er muss doch so viel lernen! Sein Vater – ein Auge zudrücken.

_____.

© Hueber Verlag 2014, Sicher B2.1, Lehrerhandbuch, Autorin: Susanne Wagner, Zeichnung: Jörg Saupe

3 Anita hat auf einmal so viel Zeit. Mit dem Arbeiten – aufhören.

_____ .

4 Sven, Anna und Laurie kommen laut lachend nach Hause. Die Freunde – im Kino – viel Spaß – haben.

_____ .

5 Warum ist das Bett so unordentlich? Die Katze – schon wieder im Bett – sein!

_____ .

_____ / 5

c Was passt? Ergänzen Sie in der richtigen Form.

1 Wo hast du eigentlich so wunderbar _____ _____ (tanzen, lernen)?

2 Gestern habe ich dich als Model _____ _____ (laufen, sehen).

3 Als die Choreographin schrie, bin ich sofort _____ _____ (stehen, bleiben).

_____ / 3

d Welche Nominalisierungen gibt es nicht? Markieren Sie.

1 ☐ das Vorwärtskreisen ☐ das Kopfkreisen ☐ das Hüftkreisen ☐ das Halskreisen

2 ☐ das Kopfschütteln ☐ das Augenschütteln ☐ das Schulterschütteln ☐ das Handschütteln

3 ☐ das Rückwärtsgehen ☐ das Rückwärtskreisen ☐ das Rückwärtsberühren ☐ das Rückwärtsrutschen

_____ / 3

3 KOMMUNIKATION

Im Café: Was ist richtig? Markieren Sie.

▲ Ach, Mia, ich habe das Gefühl, dass ich gar nicht fit werde, egal wie oft ich trainiere …

● An deiner _Stelle/Arbeit_ (1), Caro, würde ich mal Nordic Walking _ausprobieren/vorführen_ (2)!

▲ Ich weiß nicht. Was hältst du von tanzen gehen?

● Davon kann ich dir nur _raten/abraten_ (3). Das ist eher was für Rentner. Für dich ist das weder effektiv genug,
   nicht/noch (4) bekommst du einen durchtrainierten Körper.

▲ Dann laufe ich Marathon. … Nein, das war nur ein Scherz!

● Auf _keinen/jeden_ (5) Fall solltest du das jetzt machen! Dafür bist du viel zu untrainiert. Und – Joggen hängt
   mir persönlich echt _zum Hals/zu den Ohren_ (6) heraus.

▲ Ja, das glaube ich dir! Mir macht das auch keinen Spaß. Und dass Joggen ungefährlich ist, behauptet nur,
   der/wer (7) keine _Ahnung/Idee_ (8) hat. Aber was _rätst/beurteilst_ (9) du mir denn dann?

● Wenn du _effektiv/wirklich_ (10) fit werden möchtest, dann such dir einen persönlichen Trainer, der dir alles zeigt
   und die richtigen Tipps gibt, und dann hast du auch schnell Erfolg!

_____ / 10

richtige Lösungen	Note	richtige Lösungen	Note
30 – 27	sehr gut	18 – 15	ausreichend
26 – 23	gut	14 – 0	nicht bestanden
22 – 19	befriedigend		

Insgesamt _____ / 30

Name: _____

1 WORTSCHATZ

Was ist richtig? Markieren Sie.

Meine Heimatstadt

Ich bin *gebürtige/geborene* (1) Ingolstädterin. Ingolstadt ist die jüngste Großstadt Bayerns mit über 100 000 Einwohnern. Weil in den letzten Jahren viele Menschen zugezogen sind, ist *die Infrastruktur/das Verwaltungsgebiet* (2) noch nicht so gut. Die Stadt ist zu schnell gewachsen und viele Ortschaften verfügen nicht mal über einen Stadtbus. Historisch gesehen ist die Stadt mit all ihren *Spektakeln/Sehenswürdigkeiten* (3) aber *begeistert/einzigartig* (4): 1472 gab es hier die erste bayerische Universität, *an/auf* (5) die die Ingolstädter sehr stolz sind. Außerdem war Ingolstadt das *mittelalterliche/vornehme* (6) Zentrum der Gegenreformation. Das *Legendäre/Einstige* (7), das aber kaum jemand weiß, ist: In Ingolstadt wurde 1516 das bayerische Reinheitsgebot für Bier erlassen. Das heißt, seit 1516 darf das bayrische Bier nur aus Hopfen, Malz, Hefe und Wasser bestehen. In der historischen Altstadt *ist es bedeckt mit/wimmelt es von* (8) Touristen. Die *sanierten/landeskundlichen* (9) Fassaden der Altstadthäuser sind nämlich schön anzusehen. Natürlich gibt es auch noch einen Fluss – die Donau. Ein Fahrradausflug an ihr entlang ist sehr *entsprechend/lohnenswert* (10). Ich mag meine Heimatstadt!

_____ / 10

2 GRAMMATIK

a Was passt? Ergänzen Sie die richtige Präposition und den Artikel, wo nötig.

1 München ist berühmt _____ _____ Hofbräuhaus und das Oktoberfest.

2 _____ _____ Schönheit der Stadt Dresden war ich komplett überrascht.

3 Viele Besucher sind begeistert _____ _____ kulturellen Veranstaltungen in der Stadt Bregenz.

4 Vor allem _____ _____ Touristen ist die Hafenrundfahrt in Hamburg sehr beliebt.

5 _____ _____ Nahverkehrssystem der Stadt kann man wirklich nicht mehr zufrieden sein.

_____ / 5

b Schreiben Sie im Konjunktiv II: Bedingungs-, Wunsch- und Vergleichssätze.

1 Touristen aus der ganzen Welt – nicht – so verrückt sein nach dem Oktoberfest – es – nicht so erfolgreich sein

Wenn _____

_____ .

2 Anwohner nicht so stolz auf ihr gutbürgerliches Viertel sein – in ein anderes ziehen

Wären _____

_____ .

© Hueber Verlag 2014, Sicher B2.1, Lehrerhandbuch, Autorin: Susanne Wagner

3   das Freilichtmuseum ansehen – doch – wir können (Wunsch: Gegenwart und Vergangenheit)

_____ !

_____ !

4   den Altbau – gerade erst saniert haben

Es sieht so aus, _____ .

_____ / 5

3 KOMMUNIKATION

**Eine Diskussion zum Thema „Neue Freizeitangebote in der Stadt".
Ergänzen Sie. Verwenden Sie dazu die bekannten Redemittel.**

> beliebter · ideal · Freizeitangebot · interessant · geeignet · Meinung ·
> recht · entscheiden · überzeugt · teilnehmen

▲ Ein Angebot für die ganze Familie, nämlich einmal im Monat ein landeskundliches Museum kostenlos

   besuchen zu können, fände ich für unsere Stadt _____ (1), weil wir dann unsere vier Museen

   wieder etwas attraktiver machen und gleichzeitig Familien unterstützen können.

● Davon bin ich nicht wirklich _____ (2). Vielleicht können wir darüber noch einmal

   im Winter diskutieren – aber jetzt im Sommer – da brauchen wir andere Angebote, findest du nicht? Wie wäre

   es mit Open-Air Kino, das wird doch immer _____ (3)? Oder Freilufttheater ... Und da bin ich der

   _____ (4), dass der alte Wasserturm im Park als Ort am besten _____ (5) wäre,

   um dort solche Spektakel zu organisieren. Was meinst du? Das mittelalterliche Ambiente und so ...

▲ Da hast du _____ (6). Das ist eine gute Idee. Wenn wir gute Filme aussuchen und auf die

   Qualität achten, dann sind solche Veranstaltungen wirklich für Jung und Alt, für Opernliebhaber und auch für

   Rockfans _____ (7).

● Gut, dann _____ (8) wir uns jetzt für die Organisation von Open-Air Kino und Freilufttheater.

▲ Das ist wirklich ein tolles _____ (9), das wir da durchführen können. Und wenn wir

   einen Zuschuss von der Stadt bekommen, dann wird der Eintritt auch nicht zu teuer.

● Genau – und jeder kann daran _____ (10), wirklich jeder. So soll es sein!

_____ / 10

Insgesamt _____ / 30

richtige Lösungen	Note	richtige Lösungen	Note
30 – 27	sehr gut	18 – 15	ausreichend
26 – 23	gut	14 – 0	nicht bestanden
22 – 19	befriedigend		

© Hueber Verlag 2014, Sicher B2.1, Lehrerhandbuch, Autorin: Susanne Wagner, Zeichnung: Jörg Saupe

Ampelkarten (Lektion 3 → S. 64)

FEEDBACK GEBEN: Alle TN bekommen ein grünes, ein gelbes und ein rotes Kärtchen. Mithilfe dieser Kärtchen erhalten Sie als KL ein Feedback, beispielsweise als Reflexion einer Lektion. Fragen Sie die TN, wie ihnen zum Beispiel bestimmte Themen der Lektion gefallen haben. Die TN halten das entsprechende Kärtchen hoch: grün = *hat mir sehr gut gefallen*, gelb = *fand ich mittelmäßig*, rot = *hat mir nicht so gut gefallen*. Diese Methode ist auch geeignet, um zu erfahren, wie gut die TN einzelne Themen beherrschen. Fragen Sie dazu nach einem bestimmten, im Unterricht behandelten Thema, zum Beispiel aus der Rubrik *Ich kann jetzt …* Nennen Sie je einen Beispielsatz und lassen Sie die Ampelkarten dann in folgender Bedeutung benutzen: grün = *Ich habe es verstanden*; gelb = *Ich habe noch Fragen*; rot = *Ich habe es noch nicht gut verstanden, ich brauche eine Wiederholung*. So haben Sie als KL sehr schnell einen Überblick, ob die Mehrheit noch einmal Hilfe braucht oder nur Einzelne, denen Sie dann bei Gelegenheit individuell Hilfe anbieten können.

Artikelgymnastik (Lektion 1 → S. 23; Lektion 5 → S. 93)

GRAMMATIK SEHEN: Teilen Sie den Kurs in drei „Artikel"-Gruppen *der, die* und *das* auf. Lesen Sie Nomen aus einem Wortfeld vor und immer, wenn die TN einer Gruppe glauben, dass „ihr" Artikel der richtige ist, stehen sie auf. Statt aufzustehen, können Sie mit den TN auch Armbewegungen ausmachen, zum Beispiel: rechten Arm hoch = *der*, linken Arm hoch = *das*, beide Arme hoch = *die*. Diese Übung eignet sich gut als Wiederholungsübung und als Energieaufbauübung (Glossar → S. 133) zwischendurch.

Assoziationskette (Lektion 2 → S. 32)

AUTOMATISIERUNG: Diese Übung eignet sich dazu, feste Wortverbindungen, zum Beispiel Nomen-Verb-Verbindungen, einzuüben. TN A nennt einen Begriff zu einem vorgegebenen Thema, und TN B muss möglichst schnell ein passendes Wort ergänzen, zum Beispiel beim Wortfeld „Beruf": A: *„Kontakte"*, B: *„knüpfen"*, A gibt dann wieder einen neuen Begriff vor, den B ergänzen muss, zum Beispiel A: *„verantwortlich"*, B: *„für"* etc.

Atomspiel (Lektion 1 → S. 25)

EINPRÄGHILFE: Die TN arbeiten im Kurs mit den Redemitteln, die zu lernen sind. Dazu zieht jede/r TN ein Kärtchen mit einem Redemittel, das Sie vorbereitend auf Kärtchen geschrieben und ausgelegt haben. Die TN laufen durch den Raum und sagen immer wieder ihren Satz(teil). Sie müssen dabei gleichzeitig den anderen TN zuhören und versuchen, sich in Gruppen entsprechend der zusammengehörenden Redemittel zu formieren. Je nach Art der Redemittel stellen sich die TN danach in der richtigen Reihenfolge ihrer Redemittel (zum Beispiel Ablauf einer Präsentation, Gesprächsverlauf, etc.) auf. Bei dieser Methode wird sowohl die Konzentrationsfähigkeit erhöht als auch Redemittel automatisiert und eingeprägt.

Auf Zeit (Lektion 5 → S. 88)

AUTOMATISIERUNG: Mit dieser Methode lassen sich Wortverbindungen, beispielsweise Verbverbindungen, spielerisch einprägen. Die TN legen zu zweit eine Liste mit Wortverbindungen an, zum Beispiel Verbverbindungen. Dabei kann die Grammatikseite im Kursbuch helfen. Ein/e TN nimmt dann die Liste und nennt das erste Wort. Die / Der andere TN muss so schnell wie möglich ein passendes zweites Wort nennen, beim Thema „Verbverbindungen" zum Beispiel *tanzen – gehen, Tennis spielen – lernen, stehen – bleiben*. Es kann mehrere Lösungen geben, zum Beispiel *tanzen – lernen, tanzen – gehen*. Wichtig ist es, schnell zu antworten. Die Lernpartner notieren ihre individuellen Lösungen auf der Liste. Nach einer von Ihnen festgelegten Zeit oder wenn die Liste abgearbeitet ist, wechseln die Lernpartner/innen ihre Rollen.

Chorlesen (Lektion 2 → S. 40)

LESETECHNIK: Diese Übung eignet sich dazu, das überfliegende Lesen zu trainieren. Es geht um Schnelligkeit. Ein/e TN beginnt an einer beliebigen Stelle im Text, laut vorzulesen. Sobald jemand die Stelle gefunden hat, setzt sie/er in das laute Lesen ein. Wenn alle die Stelle gefunden haben und mitlesen, startet ein/e andere/r TN eine neue Runde.

Denkhüte (Lektion 5 → S. 83)

UNTERRICHTSTECHNIK: Mit dieser Methode lassen sich Diskussionen lebendig und vielschichtig führen. Bringen Sie vier verschiedenfarbige Papierhüte mit in den Unterricht. Jeder Farbe wird eine bestimmte Sichtweise bzw. Charaktereigenschaft zugeordnet – zum Beispiel *Grün:* argumentiert sachlich, sucht Fakten; *Rot:* ist sehr impulsiv, zeigt Gefühle; *Schwarz:* sieht alles negativ; *Blau:* ist dafür und sieht alles idealistisch etc. Dann wird der Kurs in diese vier Farbgruppen aufgeteilt, und jede Gruppe überlegt sich Argumente, die zu der jeweiligen Sichtweise passen. Gegebenenfalls können Sie einer Gruppe weitere, den Charakter unterstützende Vorgaben (zum Beispiel einfache, aber provokante Sätze) machen. Gehen Sie von Gruppe zu Gruppe und helfen Sie beim Formulieren von passenden Argumenten. Dann einigt sich der Kurs auf vier TN, die sich je einen Hut aufsetzen und die Diskussion durchführen. Nach einer Weile wird gewechselt.

Echo-Sprechen (Lektion 2 → S. 30)

AUTOMATISIERUNG: Sprechen Sie Wörter/Sätze laut vor – die TN sprechen nach. Oder beginnen Sie, einen Satz/Textabschnitt laut vorzulesen, die TN lesen denselben Satz zeitversetzt mit. Dabei versuchen sie, das Tempo und die Intonation nachzuahmen. Regen Sie die TN dazu an, solche Übungen auch mit anderen Hörtexten selbstständig zu Hause durchzuführen. Diese Methode eignet sich zur Automatisierung zum Beispiel neuer Redemittel und auch zum Trainieren der richtigen Intonation und des akzentfreien Sprechens.

Elfchen (Lektion 1 → S. 24)

KREATIVES SCHREIBEN: Die TN verfassen selbst ein Gedicht nach festem Muster: 1. Zeile: ein Wort (Gedanke, Gegenstand, Farbe etc.), 2. Zeile: zwei Wörter (Was macht das Wort aus 1?), 3. Zeile: drei Wörter (Wie oder wo ist 1?), 4. Zeile: vier Wörter (Meinung), 5. Zeile: ein Wort (Fazit). Zeichnen Sie dazu ein Linienraster an die Tafel, zum Beispiel:

Freundschaft
das   Wichtigste
große   vernetzte   Welt
Beziehungen   sind   nie   verloren
Dankbarkeit

Diese Methode fördert die Kreativität der TN und hilft dabei, den Wortschatz zu einem bestimmten Themengebiet zu vertiefen. Sie können die TN ihre fertigen „Elfchen" später auch in einer **Kursausstellung** (Glossar → S. 135) präsentieren lassen

Energieaufbauübung (Lektion 1 → S. 23; Lektion 3 → S. 52; Lektion 5 → S. 91; Lektion 6 → S. 99)

KONZENTRATION: Energieaufbauübungen sind Konzentrations- und/oder Bewegungsübungen, die das Ziel haben, nach mental anstrengenden Phasen wieder körperlich aktiv zu werden. So wird der Kreislauf wieder in Schwung gebracht und das Gehirn besser mit Sauerstoff versorgt, was wiederum eine Erhöhung der Konzentrationsfähigkeit mit sich bringt. Außerdem tragen sie zu einer lockeren und ungezwungenen Atmosphäre im Kurs bei.

Fehlerteufel (Lektion 1 → S. 17)

FEHLERARBEIT: Notieren Sie sich während einer Sprechaufgabe eventuelle Grammatik- oder Aussprachefehler. Schreiben Sie die Äußerungen anschließend wortwörtlich an die Tafel und markieren Sie die fehlerhaften Stellen oder gehen Sie zu einem späteren Zeitpunkt individuell auf diese ein. Erklären Sie zunächst nichts und machen Sie normal mit der Aufgabe weiter. In der Regel kommen automatisch Reaktionen von den TN. Sobald jemand einen Verbesserungsvorschlag geäußert hat, verbessern Sie den Fehler an der Tafel. Diese Methode können Sie immer bei mündlichen Äußerungen Ihrer TN anwenden. Es macht unbewusste Fehler bewusst, sodass man sie beim nächsten Mal eher vermeiden kann.

Freier Stuhl (Lektion 4 → S. 76)

UNTERRICHTSTECHNIK: Bilden Sie einen Stuhlkreis. Mit etwas Abstand zu den anderen bleiben zwei Stühle nebeneinander frei. Die/Der Vortragende setzt sich auf den einen Stuhl und liest ihren/seinen Text vor. Wer eine Frage dazu hat, setzt sich nach dem Vortrag auf den zweiten freien Stuhl, stellt die Frage, und die/der Vortragende beantwortet sie. Dann macht sie/er den Stuhl für die/den nächsten TN mit einer Frage frei. Sind alle Fragen beantwortet, kommt die/der nächste Vortragende an die Reihe. Diese Methode fokussiert und wirkt sich positiv auf die Konzentration aus.

Gestaltung durch ein Wort (Lektion 4 → S. 78)

LESETECHNIK: Überlegen Sie, in wie viele Gruppen Sie die TN aufteilen werden, und wählen Sie für jede Gruppe einen Lesetext aus, entweder aus der aktuellen Lektion oder aus dem Lehrwerkservice (zum Beispiel den aktuellen Lesetexten). Teilen Sie den Text je nach Gruppengröße in gleich lange Abschnitte auf, die Sie nummerieren. Jeder/m TN aus einer Gruppe wird ein Abschnitt zugewiesen. Die TN versuchen, für ihren Textabschnitt ein markantes Wort zu finden, das den Inhalt am besten wiedergibt. Dieses Wort wird auf ein Extrablatt geschrieben und kreativ gestaltet. Dann zeigt jede/r TN aus der Gruppe gemäß der Reihenfolge der Abschnitte den anderen Gruppenmitgliedern sein Wort. Die anderen versuchen zu erraten, worum es in dem Abschnitt geht. Jede/r TN erzählt den Inhalt ihres/seines Textabschnittes und begründet im Anschluss, warum gerade dieses Wort gewählt wurde. Diese Übung trainiert das detailgenaue Lesen und die Fähigkeit, Inhalte auf das Wesentlichste zusammengefasst wiederzugeben. Zudem wird die sprachliche Leistungsfähigkeit gefördert.

Grammatik im Kurs (Lektion 1 → S. 20)

GRAMMATIK SEHEN: Versuchen Sie nicht nur für haptische Lernertypen Grammatik so begreifbar wie möglich zu machen. Es gibt viele Möglichkeiten, die Vermittlung von Grammatik „erlebbar" zu gestalten, zum Beispiel bei allen Themen zu Wortstellungen im Satz mithilfe von Kärtchen. Schreiben Sie ein Wort auf ein Kärtchen und verteilen Sie die Kärtchen im Kurs. Die TN mit Kärtchen haben nun die Aufgabe, sich so aufzustellen, dass die Wortreihenfolge des Satzes stimmt. Die anderen TN kontrollieren. Sie können diese Übung mit ein bis zwei weiteren Sätzen wiederholen. Alternativ können Sie auch zwei TN-Gruppen parallel jeweils einen Satz bilden lassen: Die Gruppe, die zuerst in der richtigen Reihenfolge steht, hat gewonnen.

Improvisationsübung (Lektion 4 → S. 65)

KONZENTRATION: Zwei TN stellen sich gegenüber auf. Wählen Sie ein Thema aus. Ein/e TN gibt ein Wort passend zum Thema vor, die/der andere sagt schnell ein anderes Wort, das ihr/ihm dazu einfällt; zum Thema „Aktivitäten im Unterricht" beispielsweise *Tafel – abwischen*; *Diktate – schreiben*. Achten Sie darauf, dass die TN möglichst schnell agieren und keine großen Pausen entstehen. Das fördert enorm die sprachliche Leistungsfähigkeit und ist eine sehr gute Konzentrationsübung.

Kettensprechen (Lektion 6 → S. 106)

AUTOMATISIERUNG: Verwenden Sie diese Methode als Intonationsübung und zum Einschleifen neuer Redemittel. Schreiben Sie ein Redemittel zunächst an die Tafel und sprechen Sie es laut vor; zum Beispiel: *Also ich bin ganz klar für …* Fragen Sie, an welcher Stelle der Satzakzent liegt und markieren Sie diesen (*für*). Sprechen Sie das Redemittel dann noch einmal nach folgendem Schema und lassen Sie die TN jeweils nachsprechen: *für / klar für / ganz klar für / ich bin ganz klar für / Also ich bin ganz klar für …* Verfahren Sie genauso mit den anderen zu lernenden Redemitteln.

Kommentarlawine (Lektion 3 → S. 50)

FEHLERARBEIT: Mit dieser Methode können Sie die TN für Wort-, Grammatik- oder Syntaxfehler sensibilisieren. Lassen Sie Gruppen bilden. Jede/r TN schreibt einen Text. Danach liest jede/r TN einen Text aus der Gruppe (nicht den eigenen) und kommentiert ihn im Hinblick auf Fehler. Hierfür können Textstellen eingekreist und am Rand mit einer Bemerkung versehen werden. Dann wird der Text an die/den nächsten TN weitergegeben. Diese/Dieser liest die Anmerkungen und kommentiert sie oder fügt neue hinzu. So wird weitergemacht, bis jede/r das eigene Blatt zurückbekommt. Die Kommentare werden nun zur Überarbeitung herangezogen.

Körper-Memo (Lektion 2 → S. 32)

EINPRÄGHILFE: Die TN einigen sich auf 5–6 wichtige Redemittel, Grammatikformen oder Satzteile, die sie lernen möchten. Jeder dieser Formen wird ein Körperteil zugeordnet. Beim Lernen der Redewendungen wird nun die Hand auf den entsprechenden Körperteil gelegt (zum Beispiel wird „Hand aufs Herz legen" verbunden mit dem lauten Sprechen der Wendung *Ich persönlich bin verantwortlich für …*). Das wird ein paar Mal gemeinsam durchgeführt. Zu einem späteren Zeitpunkt können Sie das Gelernte zu zweit wieder-holen lassen, indem im Wechsel eine Person eine der Gesten ausführt und die andere laut das entsprechen-de Redemittel oder die Form nennt.

Kreativdiktat (Lektion 2 → S. 33)

KREATIVES SCHREIBEN: Nutzen Sie diese Methode, um die freie Textproduktion zu üben. Die TN oder Sie wäh-len zunächst eine Zeichnung oder ein Foto aus der aktuellen Kursbuchseite aus. Fordern Sie die TN auf, Ant-worten zu Ihren Fragen aufzuschreiben. Fragen Sie zum Beispiel: *Was sieht man? Wer ist das? Wo ist die Per-son? Was macht sie? Für wen macht sie das?* etc. Lassen Sie den TN nach jeder einzelnen Frage Zeit für den Antwortsatz. Kontrolle im Plenum. Wenn Sie diese Aktivität als Hausaufgabe aufgeben, dann diktieren Sie zunächst die Fragen und sammeln Sie dann die Ergebnisse am nächsten Tag ein, um sie rückzumelden.

Kugellager (Lektion 1 → S. 22; Lektion 4 → S. 68)

UNTERRICHTSTECHNIK: Diese Übung eignet sich dazu, kommunikative Kompetenzen zu trainieren. Die TN stehen sich in einem Außen- und einem Innenkreis gegenüber. Der Außenkreis stellt Fragen, der Innenkreis gibt die passenden Antworten. Nach jeder gelösten Aufgabe oder wenn Sie ein Signal geben (zum Beispiel nach 30 Sekunden), bewegt sich nur der Innenkreis im Uhrzeigersinn eine Person weiter und steht somit wie-der vor einer neuen Lernpartnerin / einem neuen Lernpartner. Diese/Dieser stellt wieder dieselbe oder eine neue Frage etc. Wiederholen Sie dieses Vorgehen drei- bis viermal.

Kursausstellung (Lektion 1 → S. 28; Lektion 4 → S. 67; Lektion 6 → S. 104)

FEEDBACK GEBEN: Bei dieser Methode werden verschiedene Arbeiten der TN wie zum Beispiel Texte, Plakate etc. wie Ausstellungsstücke im Kursraum aufgehängt. Die TN gehen von Arbeit zu Arbeit, machen sich No-tizen (zum Beispiel zu Aspekten, die für sie selbst interessant sind und über die sie noch etwas erfahren wollen) und besprechen ihre Notizen danach gemeinsam im Kurs. Durch das spätere Ausstellen der Arbei-ten steigt die Motivation, sich bei der Produktion besonders viel Mühe zu geben und auch auf Details zu achten. Da sich die TN gegenseitig Feedback geben, entstehen automatisch unterschiedliche Sprechanlässe. Sie wiederum können durch die Kursausstellung den TN und ihren Arbeiten gegenüber eine besondere Wertschätzung ausdrücken und sie damit weiter motivieren.

Kurzreflexion (Lektion 1 → S. 25)

FEEDBACK GEBEN: Um zu lernen, Referate und Präsentationen besser zu beurteilen, erstellen die TN in Grup-penarbeit einen Fragenkatalog. Mögliche Fragen sind: *1. Was war besonders gut? 2. Wurden mit dem Vortrag Aufmerksamkeit und Interesse bei den Zuhörenden geweckt? 3. War ein logischer Aufbau der Präsentation erkennbar? 4. Wurde klar und deutlich formuliert? 5. Gab es Blickkontakt zu den TN? 6. Stimmte die Mimik und Gestik? 7. Was für einen Tipp haben Sie für die/den Vortragenden?* Sammeln Sie im Kurs die wichtigsten Fragen aus den Gruppen und schreiben Sie sie auf ein Plakat. Diese können die TN immer wieder benutzen.

Links-Rechts-Schnips (Lektion 1 → S. 15)

AKTIVIERUNG: Wenden Sie diese Methode beispielsweise zu Beginn der ersten Kursstunde an. Die TN ste-hen auf (in U-Form oder im Kreis) und sagen der Reihe nach ihren Namen. Beginnen Sie nach der kurzen Vorstellungsrunde, mit der rechten Hand zu schnipsen und sagen Sie dabei Ihren Namen. Schnipsen Sie dann mit der linken Hand und sagen Sie den Namen der Person, die im Uhrzeigersinn links von Ihnen steht. Diese wiederholt den Vorgang, bis einmal die Runde komplett ist. Die nächste Runde wird nicht der Reihe nach, sondern kreuz und quer durchgeführt, indem man beim Schnipsen mit der linken Hand den Namen einer/s anderen TN außer der Reihe nennen kann. Diese/r TN schnipst dann zuerst mit der rechten Hand, nennt ihren/seinen Namen und nennt beim Schnipsen mit der linken Hand wieder eine/n andere/n TN etc.

Lüge (Lektion 4 → S. 65)

SPRECHHILFE: Die TN geben in einem Steckbrief oder bei einem Interview nicht alle Informationen wahrheitsgemäß an, sondern verstecken irgendwo eine Lüge, die die anderen TN finden müssen. Die Neugier, die Lüge finden zu wollen, fördert das natürliche Sprechen. Um die TN-Aktivität zu erhöhen, können Sie gemäß Ihrem Thema von allen TN Informationen, darunter eine Lüge, auf Zettel schreiben lassen und diese einsammeln. Jede/r TN zieht nun einen Zettel und versucht herauszubekommen, wem der Zettel gehört und welche Information darauf gelogen ist. Dazu gehen alle TN durch den Raum und befragen sich gegenseitig. Am Ende werden die Ergebnisse vorgestellt. Das fördert enorm die sprachliche Leistungsfähigkeit und ist eine sehr gute Konzentrationsübung.

Memo-Route (Lektion 4 → S. 72)

EINPRÄGHILFE: Die TN suchen einen bestimmten Punkt im Kursraum, an dem sie beginnen wollen, zum Beispiel an der Tür. Gedanklich legen sie dort nun Redemittel zu einem bestimmten Thema ab. Dann suchen sie einen neuen Platz rechts von dem ersten und legen dort gedanklich alle Redemittel zu einem anderen Thema ab, bis alle zu lernenden Redemittel einen imaginären Platz haben. Wenn die TN diese dann wieder abrufen wollen, sollen sie ganz bewusst zu „ihren" Punkten im Raum sehen und gedanklich die Memo-Route abgehen. Das fördert die Gedächtnisleistung um ein Vielfaches.

Memo-Spiel (Lektion 5 → S. 80)

EINPRÄGHILFE: Schreiben Sie die zu lernenden Begriffe auf rote Karten, die entsprechenden Erläuterungen auf jeweils eine grüne Karte. Jede Gruppe bekommt einen Kartensatz. Legen Sie die Karten so auf den Tisch, dass nur die farbige Rückseite zu sehen ist. Reihum versuchen die TN nun, richtige Kartenpaare aufzudecken. Spielvarianten: Jeweils zwei TN bekommen einen Kartensatz. Ein/e TN erhält die Karten mit den Begriffen, die/der andere die Erklärungen. Nun nennt ein/e Lernpartner/in einen Begriff, die/der andere sucht die entsprechende Erklärung dazu. Die Zuordnung der Karten kann auch in Einzelarbeit durchgeführt werden. Sie können eine bestimmte Zeit vorgeben. Wer die meisten richtigen Kartenpaare gefunden hat, hat gewonnen.

Ortswechsel (Lektion 6 → S. 99)

EINPRÄGHILFE: Um zum Beispiel Adjektive mit Präpositionen zu lernen, schreiben Sie die Präpositionen auf Kärtchen. Hängen Sie diese im Kursraum verteilt auf, zum Beispiel *für* ans Fenster, *über* an die Tafel, *mit* an die Tür etc. Dann nennen Sie ein Adjektiv und fordern die TN auf, schnell zum passenden Ort zu gehen. Diese Übung ist gleichzeitig eine gute Energieaufbauübung (Glossar → S. 133).

Partnerlauf (Lektion 3 → S. 52)

EINPRÄGHILFE: Die TN einigen sich auf eine bestimmte Bewegung zu Verben mit Präpositionen / Redemitteln, die gelernt werden sollen / etc. Bei Verben mit Präpositionen zum Beispiel wird jeder Präposition eine Bewegung zugeordnet: mit = *Partner/in unterhaken*, nach = *etwas nachmachen, was die/der andere zeigt* (vorher festlegen, wer zuerst etwas zeigen soll), über = *Handflächen übereinanderlegen*, zu = *aufeinander zugehen*, auf = *die Arme öffnen und schließen* etc. Die TN gehen mit Musik durch den Raum. Jedes Mal, wenn Sie die Musik stoppen, nennen Sie ein Wort (beim Üben von Verben mit Präpositionen zum Beispiel *animieren*), die TN führen dann die passende Bewegung aus (zu = *aufeinander zugehen*). Wiederholen Sie dieses Bewegungsspiel von Zeit zu Zeit mit denselben oder mit neuen Formen. Diese Übung ist gleichzeitig eine gute Energieaufbauübung (Glossar → S. 133).

Sinnesfoto (Lektion 3 → S. 48)

ASSOZIATIONSVERFAHREN: Diese Methode eignet sich bei der Betrachtung von Fotos und Zeichnungen, auf denen Personen abgebildet sind. Die TN beschreiben die Fotos genauer. Fragen Sie die TN, was die jeweiligen Personen wohl in dieser Situation sehen, fühlen, hören, riechen. Diese Methode schult das ganzheitliche Wahrnehmen, was wiederum die Kreativität und das Sprechvermögen fördert.

Speed-Dating (Lektion 2 → S. 31; Lektion 5 → S. 90)

UNTERRICHTSTECHNIK: Die TN sitzen oder stehen sich in zwei Reihen jeweils paarweise gegenüber. Jede Reihe hat ein bestimmtes Thema (beim Thema „Beruf" zum Beispiel das eigene Tätigkeitsprofil). Die TN sprechen miteinander. Nach einer bestimmten Zeit, zum Beispiel nach 30 Sekunden, geben Sie ein Zeichen, und die TN einer Reihe gehen einen Platz weiter nach rechts und sprechen mit ihrem neuen Gegenüber über das vorgegebene Thema. Damit können alle TN gleichzeitig sprechen, und die Lehrkraft hat Zeit für individuelle Korrekturen/Notizen.

Standbild (Lektion 2 → S. 33; Lektion 3 → S. 58)

UNTERRICHTSTECHNIK: Zu dritt wählen die TN eine Person, eine Tätigkeit oder eine Szene aus einem gerade gelesenen Text und stellen diese in einem Standbild – also ohne Bewegung – dar. Die anderen raten. Durch solche Übungen wird insbesondere der visuelle Lerntyp angesprochen.

Texte weiterschreiben (Lektion 3 → S. 62)

KREATIVES SCHREIBEN: Diese Übung fördert die Kreativität der TN und erhöht die Konzentrationsfähigkeit. Die TN schreiben zu viert oder fünft die Fortsetzung eines Textes. Dazu schreibt ein/e TN den ersten Satz auf ein leeres Blatt und gibt dieses weiter. Reihum schreibt jedes Gruppenmitglied einen weiteren Satz dazu, bis die neue Handlung steht. Anschließend werden die Geschichten im Kurs präsentiert.

Textquiz (Lektion 2 → S. 46)

LESETECHNIK: Als Reflexion einer Lektion schauen sich die TN am Ende in Gruppen noch einmal die Lesetexte der Lektion an und wählen einen aus. Zu diesem schreiben sie drei bis fünf Quizfragen. Diese Fragen werden im Anschluss den anderen Gruppen gestellt. Die Gruppe, die jeweils als Erstes die richtige Antwort weiß, bekommt einen Punkt. Die Gruppe mit den meisten Punkten hat gewonnen.

Verlorene Träume (Lektion 6 → S. 104)

KREATIVES SCHREIBEN: Lassen Sie die TN ein Gedicht über ihre „verlorenen" Träume, zum Beispiel ihre Traumstadt, schreiben. Die Zeilen sollen dabei nacheinander mit *wäre, hätte, könnte, würde, müsste* beginnen, also zum Beispiel:
Wäre ich doch in Berlin geblieben.
Hätte ich sie doch nie verlassen,
diese Stadt, in der ich alles machen könnte.
Würde ich die Zeit zurückdrehen,
müsste das MEIN Ort sein.
Eine besondere Wertschätzung ist es, wenn die Gedichte anschließend im Kursraum aufgehängt werden, siehe Kursausstellung (Glossar → S. 135).

Vier Ecken (Lektion 1 → S. 16; Lektion 6 → S. 95)

UNTERRICHTSTECHNIK: Hängen Sie in vier Ecken des Kursraums Zettel mit Angaben, die zu einem Thema passen auf (zum Beispiel zum Thema „Freunde" Ecke 1: 1–3, Ecke 2: 3–5, Ecke 3: mehr als 5, Ecke 4: niemanden). Wenn Sie mehrere Fragen stellen möchten, schreiben Sie die Angaben entsprechend der Reihenfolge der Fragen untereinander auf. Stellen Sie nun die erste Frage, die zur Folge hat, dass sich die TN auf die Ecken verteilen, zum Beispiel *Wie viele Ihrer Freunde treffen Sie regelmäßig?* Die TN schauen dabei auf die erste Angabe des Zettels. Zählen Sie die TN, die in den jeweiligen Ecken stehen, und schreiben Sie die Ergebnisse an die Tafel. Fordern Sie die TN in derselben Ecke auf, sich noch einmal gegenseitig die Frage zu stellen und darüber zu sprechen. Dann stellen Sie die nächste Frage, und die TN gruppieren sich neu. Diese Methode gibt Ihnen im Rahmen einer abwechslungsreichen Sozialform die Möglichkeit, Gruppen auf eine neue Art bilden zu lassen. Außerdem wird die sprachliche Leistungsfähigkeit gefördert.

Wiederholungskiste (Lektion 3 → S. 59; Lektion 4 → S. 72; Lektion 5 → S. 88)

EINPRÄGHILFE: Legen Sie sich von Beginn des Kurses an eine Wiederholungskiste zu, in der Sie in Briefumschlägen wichtige Redemittel, Grammatik oder Wortschatz aus den Lektionen sammeln. Die TN schreiben die Inhalte auf Kärtchen, Sie stecken diese in nach Lektionen und Rubriken benannte Briefumschläge und diese in die Wiederholungskiste. Die Inhalte stehen den TN zu jedem beliebigen Zeitpunkt zur Verfügung, zum Beispiel, wenn Sie binnendifferenzierend arbeiten möchten und TN mehr Hilfestellung zu einem Thema benötigen, oder wenn Sie / die TN einfach nur wiederholen möchten.

Zickzack (Lektion 6 → S. 101)

AUTOMATISIERUNG: Teilen Sie den Kurs in Gruppen von 4–5 TN auf. Es werden Redemittel auf so viele Kärtchen geschrieben, wie es TN in den Gruppen gibt. Jede/r TN zieht ein Kärtchen und formuliert laut einen Satz mit dem entsprechenden Redemittel. Helfen oder korrigieren Sie gegebenenfalls individuell. Ziel ist es zunächst, sich die Redemittel zu merken und sie mit der Person in Verbindung zu bringen, die sie gezogen hat. Nennen Sie dazu einen Namen aus der Gruppe, und die anderen sagen das Redemittel zur Person. Dann stellen sich die einzelnen Gruppen im Kreis auf. Eine/r geht nun in die Mitte und gibt Kommandos: Sie oder er zeigt auf eine Person und sagt dabei entweder „zick", „zack" oder „zickzack". Die Person, auf die gezeigt wurde, muss reagieren. Bei „zick" nennt sie das Redemittel der Person rechts von ihr, bei „zack" der Person links von ihr. Bei „zickzack" wechseln alle die Plätze, und es gibt eine neue Person in der Mitte. Dabei sollten die Reaktionen immer schneller werden. Bei dieser Methode wird sowohl die Konzentrationsfähigkeit erhöht als auch Redemittel automatisiert und eingeprägt. Sie können diese Methode auch mit anderen Grammatik-Themen, wie zum Beispiel Adjektive mit Präpositionen, üben.

TRANSKRIPTIONEN DER HÖRTEXTE IM KURSBUCH

Lektion 1   FREUNDE

Hören, Aufgabe 2, Abschnitt 1 🎧 2

Moderatorin: Herzlich Willkommen zum Tagesgespräch. Unsere Frage heute: Freundschaft – Was bedeutet sie uns heute eigentlich noch? Ist es einfach, gute Freunde zu finden? Was verbindet uns mit unseren Freunden? Dieses Thema betrifft uns alle. Also, wenn Sie uns dazu etwas erzählen wollen, dann wählen sie einfach 0800 94 95 95 5. Ihr Anruf ist kostenfrei. Und schon sind Sie bei uns im Studio. Außerdem ist unser Experte Jürgen Schüller aus Hamburg zu Gast. Er arbeitet am Institut für Sozialforschung in Hamburg. Guten Tag, Herr Schüller.
Experte: Guten Tag Frau Schmidt.

Aufgabe 2, Abschnitt 2 🎧 3

Moderatorin: Erste Frage gleich an Sie: Wie schaut es denn bei Ihnen ganz persönlich mit Freundschaften aus?
Experte: Also ich komme so alles in allem auf ein halbes Dutzend Freunde, also enge Freunde ... Eine Freundin habe ich noch aus meiner Kindheit. Mit ihr bin ich gemeinsam in den Kindergarten gegangen. Aus meiner Schulzeit habe ich auch noch ein, zwei Jugendfreunde. Von denen glaube ich, dass ich sie für den Rest meines Lebens behalten werde. Und aus meinem Erwachsenenleben habe ich auch noch ein, zwei Freunde, ... bei denen wird das auch so sein.
Moderatorin: Und was ist Ihnen an diesen Menschen nun eigentlich wichtig?

Experte: Ich betrachte diese Menschen als meine Lebenszeugen. Ich gehe davon aus, dass ich immer, wenn ich irgendwelche Probleme habe, wenn ich mich zum Beispiel nicht wohl fühle, ... dass ich mich dann an sie wenden kann.
Moderatorin: Wenn wir jetzt weggehen von Ihrer Person. Sie sind Soziologe, Sie forschen auf diesem Gebiet. Wie ist das? Hat Freundschaft in unserer Zeit noch einen Wert? Oder gehört das in die Vergangenheit?
Experte: Meine Antwort ist eindeutig: Freundschaft ist auch heute noch sehr wichtig. Es ist sogar eher so, dass Freundschaft an Wert gewinnt. Es gibt Studien, die sich mit der Frage beschäftigen: „Mit wem besprechen Sie persönlich Wichtiges?" Die Ergebnisse zeigen: Seit den 8oer Jahren nimmt die Zahl der Personen zu, die mindestens einen Freund oder eine gute Freundin haben, mit denen sie Wichtiges besprechen. Man kann also sagen, dass Freundschaft immer wichtiger wird.
Moderatorin: Das ist jetzt aber unabhängig von den sozialen Netzwerken, die sich gerade im Internet breit machen, oder? Da kann man ja nicht nur ein halbes Dutzend Freunde haben, sondern gleich hunderte. Die meinen Sie wohl nicht?
Experte: Nein, die meine ich natürlich nicht. Hier gibt es einfach nur eine begriffliche Verwirrung. Soweit ich weiß, ist in den Vereinigten Staaten „friend" eine Bezeichnung für so ziemlich alle Menschen, die man persönlich etwas besser kennt. Das hat nichts mit dem Begriff „Freund" zu tun, wie wir ihn verwenden.
Moderatorin: Gut. Vielen Dank so weit.

Aufgabe 2, Abschnitt 3 🎧 4

Moderatorin: Nun haben wir schon den ersten Anrufer zu unserem Thema in der Leitung. Herr Bader aus Augsburg hat die Nummer 0800 94 95 95 5 gewählt und ist jetzt bei uns. Guten Tag Herr Bader.

Herr Bader: Ja, Grüß Gott. Ich wollte einfach mal die Frage stellen, ob meine Beobachtung richtig ist. Ich habe den Eindruck, dass Männerfreundschaften ab 30 seltener werden. Ich meine solche Freundschaften, wo man sich wirklich alles erzählen kann. Ist das nur bei mir so oder gibt es da einen Trend?

Experte: Man kann schon sagen, dass die Zahl der Freunde im Alter abnimmt. Normalerweise in der Zeit, in der man eine Familie gründet. So um die 30 rum. Mit dem ersten Kind lassen manche Freundschaften nach oder lösen sich ganz auf.

Moderatorin: Das ist doch eigentlich schade, dass an diesem wichtigen Punkt einige Freunde plötzlich nicht mehr da sind. Heißt das, dass diese Freundschaften nichts wert waren?

Experte: Nicht unbedingt. Es gibt eine Normalbiografie in Deutschland. Normalerweise ist es so, dass man irgendwann am Ende der Jugendzeit den Lebenspartner findet und eine Familie gründet. Ab diesem Zeitpunkt bleibt im Alltag nicht mehr viel freie Zeit übrig. Nicht so enge Freunde werden dann eben aufgegeben.

Moderatorin: Herr Bader, ich danke Ihnen ganz herzlich für Ihre interessante Frage.

Aufgabe 2, Abschnitt 4 🎧 5

Moderatorin: So, nun haben wir eine Anruferin. Frau Steger, Sie rufen aus Landsberg an.

Lissy: Hi. Sie können ruhig Lissy zu mir sagen.

Moderatorin: In Ordnung, Lissy, sehr gern. Wie sieht es denn bei dir mit Freundschaften aus?

Lissy: Freunde zu finden ist für mich eine Herausforderung. Ich bin zwar recht aktiv und mache alles Mögliche, aber ich bin auch ein bisschen unkonventionell. Es ist darum schwierig für mich, Leute auf der gleichen Wellenlänge zu finden.

Moderatorin: Wie alt bist du? Darf ich das fragen?

Lissy: Ich bin 17.

Moderatorin: 17! Das ist doch eigentlich ein Alter, in dem man viele Menschen trifft, wo Freundschaften jeden Tag entstehen.

Lissy: Genau. Ich find's aber wirklich sehr schwierig, weil ... Naja, viele in meinem Alter sind mir einfach zu oberflächlich. Wenn die den ganzen Tag nur mit ihrem Smartphone beschäftigt sind oder pausenlos über die aktuelle Top-Model-Show reden ... Das interessiert mich einfach nicht.

Moderatorin: Fragen wir doch unseren Experten. Der ist jetzt auch noch nicht so ganz alt.

Experte: Die Meinung, dass die meisten jungen Menschen oberflächlich sind, würde ich nicht teilen. Also, das Phänomen, das Lissy beschreibt, gehört natürlich zur Jugend dazu. Man sucht Leute, die auf der gleichen Wellenlänge sind. Andere lehnt man ab. Was man aber lernen sollte, ist, dass man bei manchen Gesprächen mit Freunden genau hinhören muss. Nicht jeder spricht gern gleich über Persönliches.

Ich habe beispielsweise einen sehr guten Freund, der ständig über Autos redet. Man denkt: Was ist das für ein oberflächlicher Typ, dass er ständig davon redet, was für ein Auto er hat oder was für neue Modelle es gibt. Ich habe aber irgendwann gemerkt, dass man mit ihm durchaus auch über tiefgründigere Themen sprechen kann. Seitdem ich das weiß, verstehen wir uns besser.

Moderatorin: Also, Lissy, vielleicht ist das ja eine Anregung für dich. Ich danke dir jedenfalls für deinen Anruf und wir wünschen dir alles Gute.

Aufgabe 2, Abschnitt 5 🎧 6

Moderatorin: So, nun haben wir unsere nächste Anruferin. Frau Hermann, Sie rufen aus Ingolstadt an. Was wollen Sie uns denn erzählen?

Frau Herrmann: Ja, also, als wir 1990 von Thüringen nach Bayern gezogen sind, stand ich plötzlich völlig ohne Freundinnen da. In meiner Heimat hatte ich eine richtig gute Freundin. Doch als ich weggezogen war, schlief diese Freundschaft langsam ein. Eines Tages haben wir uns gar nicht mehr geschrieben oder miteinander telefoniert. Das fehlt mir immer noch sehr.

Experte: Ja, was Sie schildern, passiert leider oft. Freundschaften werden oft nicht bewusst beendet, sondern sie laufen einfach aus, weil man sich nicht mehr regelmäßig sieht. Man muss Freundschaften eben pflegen. Auch über die Distanz hinweg. Das Wichtigste ist, dass man sich ab und zu meldet, auch wenn es nur kurze Nachrichten oder Postkarten sind. Und natürlich sollte man zum Geburtstag einmal anrufen ...

Lektion 2   IN DER FIRMA

Einstieg, Aufgabe 1c 🎧 7

Moderatorin: Willkommen bei unseren „Berufsporträts zur Mittagspause". Heute sind wir in München in der Kantine einer großen Autofirma. Peter Lange arbeitet hier als Ingenieur und beschäftigt sich mit allerneuesten Technologien. Tag, Herr Lange!

Herr Lange: Guten Tag.

Moderatorin: Sie sind zuständig für Infotainment. Wenn ich es richtig verstanden habe, geht es dabei um die Vernetzung zwischen einem Auto, seinem Fahrer und seiner Lebenswelt. Also kurz gesagt: Wie kommt die Musik von meinem Homeserver ins Auto? Oder: Wie kann ich unterwegs mit meinem Smartphone den Ladezustand meines Elektrofahrzeuges abfragen?

Herr Lange: Das ist absolut richtig!

Moderatorin: Herr Lange wie sieht denn ein Arbeitstag bei Ihnen aus?

Herr Lange: Nun, ein normaler Arbeitstag im Büro beginnt bei mir um 7.30 Uhr. Wenn ich später anfangen würde, müsste ich ungefähr doppelt so viel Fahrzeit rechnen, wegen der Staus im Berufsverkehr. Ich fahre meistens mit meinem Wagen. Ziemlich oft bin ich allerdings auf Dienstreisen. An Tagen, die ich im Büro verbringe, arbeite ich ohne Pause bis ungefähr 12 Uhr: E-Mails schreiben, Konzepte entwerfen, Präsentationen ausarbeiten usw. Ein Kaffee zwischendurch, das reicht mir. Mittags mache ich 30 Minuten Mittagspause, meist hier in der Kantine. Die hat so Themeninseln mit Pasta, Fisch und Salaten. Das finde ich gut. Nachmittags bin ich oft in Seminaren oder Besprechungen. Das kann schon mal bis sechs oder halb sieben gehen. An einem normalen Tag komme ich aber so gegen 17.30 Uhr raus.

Moderatorin: Vielen Dank Herr Lange, und damit zurück ins Studio!

Hören, Aufgabe 1b 🎧 8

Silke Neumaier: Es folgt nun eine kleine Pause für Zwischendurch: Schließen Sie die Augen, wenn Sie können oder entspannen Sie Ihren Blick ins Weite und spüren Sie Ihren Atem und die Haltung, in der Sie sich befinden. Spüren Sie den Kontakt Ihres Körpers mit dem Boden, dem Stuhl, der Unterlage und spüren Sie Ihren Atem beim Einatmen und beim Ausatmen, in der Nase, im Rachen und in der Luftröhre … Spüren Sie Ihren Körper als Ganzes und nehmen Sie Ihre Spannungszonen wahr in den Schultern oder im Nacken oder dort, wo Ihre vertraute Anspannungszone sich befindet …

Aufgabe 2 🎧 9

vgl. Track 10–12

Aufgabe 3, Abschnitt 1 🎧 10

Reporter: Mit diesen Worten startet Coach Silke Neumaier das Entspannungstraining für Mitarbeiterinnen und Mitarbeiter einer mittelgroßen Marketing-Firma.
In einer Extrapause können die Angestellten, die sonst an neuen Werbesprüchen, Marketingstrategien oder in der Buchhaltung arbeiten, sich kurzzeitig aus dem täglichen Bürostress ausklinken und wieder Energie auftanken. Wie muss man sich das vorstellen?

Mitarbeiterin: Wir legen uns auf bequeme Riesenkissen auf dem Boden unseres Mittagsraums für eine Pause mit „aktiver" Entspannung. Das war für uns anfangs natürlich eine ganz neue, ungewohnte Erfahrung. Wir kannten ansonsten vor allem Arbeit, die zwar spannend und anregend ist, aber von morgens bis oft spät abends in einem unglaublichen Zeitdruck im Nacken erledigt werden muss.

Mitarbeiter: Ja, zuerst dachte ich auch, das passt doch gar nicht zu unserem „schnellen" Job. Aber gerade der Kontrast macht's aus! Man muss zwischendurch mal runterkommen von dem Tempo, in dem es in unserer Branche zugeht.

Aufgabe 3, Abschnitt 2 🎧 11

Reporter: Die Geschäftsführerin Marta Wolf selbst kam auf die Idee, den Mitarbeitern mit diesen Kursen Gutes zu tun.

Geschäftsführerin Marta Wolf: Vor allem in unserer Branche, in Werbung und Marketing, gibt es immer mehr Fälle von Menschen, die einfach nicht mehr können, die ausgebrannt sind. Bei einem Geschäftspartner habe ich das selbst miterlebt, er war irgendwann einfach nicht mehr in der Lage, morgens in die Firma zu gehen, hatte vorher schon Anzeichen wie Schlaflosigkeit und Angstzustände. Er verfiel dann in eine Depression und hatte schließlich einen völligen körperlichen und psychischen Zusammenbruch. Die Jahre davor hatte er 10–12 Stunden täglich gearbeitet und lange keinen Urlaub mehr gemacht. Alles, um die Firma voranzubringen, um noch mehr Erfolg zu haben. Da dachte ich plötzlich: So etwas darf meinen Angestellten und mir nicht passieren, davor müssen wir uns irgendwie schützen. Da bin ich dann auf die Entspannungstechniken von Frau Neumaier gestoßen.

Aufgabe 3, Abschnitt 3 🎧 12

Mitarbeiter: Wenn wir einmal pro Woche mittags eine sogenannte „Sitzung" machen, das heißt, zwischen 15 und 20 Minuten Entspannungstechniken mit Atemübungen, habe ich hinterher das Gefühl, genug „Power" für den Rest des Tages zu haben. Man ist entspannt und fit zugleich. Einfach super!

Mitarbeiterin: Ja, und mit der Zeit lernt man sogar, an Tagen, an denen es mal wieder besonders stressig ist, für sich selbst in seinem Büro eine solche Phase einzubauen. Kurz auf den Boden legen, ein Kleidungsstück oder Handtuch als Kissenersatz unter den Kopf und einige Minuten Atem- und Entspannungsübungen mit der Stimme von unserer Entspannungstrainerin im Hintergrund. Die haben wir ja inzwischen auf unserem Handy oder Computer. Danach geht alles gleich viel besser von der Hand.

Geschäftsführerin Marta Wolf: Das zeigt mir, dass die Idee mit dem aktiven Abschalten am Arbeitsplatz nicht so falsch war. Persönlich kann ich bei den Mitarbeiterpausen leider aus Zeitgründen nicht immer mitmachen. Manchmal lege ich aber sogar zu Hause eine kleine Übungsphase ein, weil's wirklich gut tut.

Reporter: Es sieht ganz so aus, als würden die Mitarbeiter und die Firma gleichermaßen von dieser neuen Pausenaktivität profitieren. Denn wer wünscht sich nicht lauter motivierte, entspannte aber leistungsfähige Angestellte!

Lektion 3 MEDIEN

Hören, Aufgabe 2, Abschnitt 1 🎧 13

Kritiker: Bin ich Deutscher oder Türke? Das ist die Frage, die sich nicht nur der 6-jährige Cenk an seinem ersten Schultag stellt, als er beim Fußballspiel auf dem Schulhof weder von den türkischen noch von den deutschen Mitschülern in die Mannschaft gewählt wird. Auch seine 22-jährige Cousine Canan steht zwischen diesen beiden Welten und weiß nicht, wie sie ihrer Familie erklären soll, dass sie mit ihrem englischen Freund ein Kind erwartet.
Für ihren Großvater Hüseyin und seine Frau Fatma, die vor über 40 Jahren nach „Almanya" kamen, ist

Deutschland jetzt längst zur Heimat der Familie geworden. Bei einer Familienfeier hat jeder der beiden eine Überraschung parat: Großmutter Fatma verkündet, dass sie und Hüseyin nun einen deutschen Pass hätten. Und Hüseyin gibt bekannt, dass Fatma und er ein Haus in der Türkei gekauft haben, das zukünftig ihr Sommersitz sein soll. Er möchte im Sommer mit der ganzen Familie in die Türkei fahren, um es zu renovieren.

Einige Tage später bricht die ganze Familie mit gemischten Gefühlen in Richtung Türkei auf. Erinnerungen an die Zeit des Aufbruchs aus der alten Heimat werden lebendig und der kleine Cenk erfährt, wie sein Großvater in den 1960er Jahren als einer der ersten Gastarbeiter nach Deutschland kam, wenige Jahre später seine Frau Fatma und die drei Kinder zu sich holte und wie die Familie Deutschland als fremdes und faszinierendes Land erlebte.

Doch dann nimmt die Reise eine unerwartete Wendung – und alle Familienmitglieder müssen sich die Frage nach ihrer Identität stellen.

Aufgabe 2, Abschnitt 2 C14

Kritiker: Im Mittelpunkt des Erstlingsfilmes „Almanya – Willkommen in Deutschland" von den Schwestern Yasemin und Nesrin Samdereli steht die türkische Einwandererfamilie Yilmaz. Mit viel Humor und einem sicheren Gespür für warmherziges Familienkino entführen uns die Filmemacherinnen in die Welt einer türkischen Familie, die zwischen zwei Kulturen lebt und in deren Leben es nicht an absurden Verwicklungen und kulturellen Konflikten fehlt. Auf authentische, unterhaltsame, aber auch sensible Art und Weise werden in diesem Film Brücken zwischen den Kulturen geschlagen, sodass keine Gefühle verletzt werden. Auch die Balance zwischen Tradition und Moderne schaffen die Schwestern mit ihrem Film mühelos. Selbst aus einer Einwandererfamilie stammend, können sie aus unzähligen eigenen Erlebnissen und persönlichen Erinnerungen schöpfen.

In Deutschland war der Film „Almanya" einer der erfolgreichsten Filme des Jahres. Über 1,4 Millionen Zuschauer wollten die Geschichte des kleinen Cenk und seiner Familie sehen. Beim Deutschen Filmpreis hat der Film die Auszeichnung für das beste Drehbuch und den Preis in Silber für den besten Film auf jeden Fall verdient.

Hören, Aufgabe 4b, Abschnitt 1 C15

Kritiker: … Beim Deutschen Filmpreis hat der Film die Auszeichnung für das beste Drehbuch und den Preis in Silber für den besten Film auf jeden Fall verdient.
Benny: So ein Mist!
Rebecca: Was ist?
Benny: Ach, andauernd belegt – anscheinend wollen alle bei dem Wetter ins Kino! Dann probier ich's eben im ABC-Kino. Die haben so eine automatische Ansage, da kommt man immer durch. Es dauert nur etwas länger, bis man alles klar gemacht hat.
ABC-Kino: Herzlich Willkommen in ABC-Kino Dortmund, elektronische Kartenreservierung. Sie haben

jetzt die Möglichkeit, Kinokarten zu reservieren. Drücken Sie jetzt irgendeine Zahl auf Ihrem Telefon, um das System anschließend über die Tastatur Ihres Telefons bedienen zu können.

Möchten Sie Karten reservieren, drücken Sie bitte die 1. Möchten Sie unseren aktuellen Spielplan für heute hören, drücken Sie bitte die 2. Um einen anderen Tag auszuwählen, drücken Sie bitte die 3.

Sie hören nun unser Programm für heute.

Aufgabe 4b, Abschnitt 2 C16

ABC-Kino: Sie hören nun unser Programm für heute: „Der gestiefelte Kater" in 3 D, freigegeben ab 6 Jahren, um 11.30 Uhr, 14.45 Uhr, 17.30 Uhr und um 19.45 Uhr.
„Kokowääh", freigegeben ab 6 Jahren, um 17.00 Uhr, 19.45 Uhr und um 22.30 Uhr.
„Almanya –Willkommen in Deutschland", freigegeben ab 6 Jahren, um 17.00 Uhr und um 20.15 Uhr.
„Vincent will meer" freigegeben ab 12 Jahren, um 19.00 Uhr und um 21.15 Uhr.
Um Karten zu reservieren, drücken Sie bitte jetzt die Rautetaste.
Benny: Rautetaste – o.k.
ABC-Kino: Für welchen Film haben Sie sich entschieden? Drücken Sie die 1 für „Der gestiefelte Kater", die 2 für „Kokowääh", die 3 für „Almanya – Willkommen in Deutschland", die 4 für „Vincent will meer".

Wann möchten Sie den Film besuchen? 17.00 Uhr – 20.15 Uhr

20.15 Uhr – Bitte haben Sie einen Moment Geduld. ---- Wie viele Plätze möchten Sie reservieren? Bitte wählen Sie die Anzahl der Plätze auf der Tastatur.

Wo möchten Sie sitzen? Drücken Sie die 1 für Kategorie A – die vorderen Plätze, die 2 für Kategorie B – die hinteren Plätze.

Bitte haben Sie einen Moment Geduld, ich reserviere die gewünschten Tickets.

Aufgabe 4b, Abschnitt 3 C17

ABC-Kino: Der Film „Almanya", freigegeben ab 6 Jahren, wurde für heute um 20.15 Uhr für 2 Personen, Kategorie A reserviert. Bitte holen Sie Ihre Karten bis spätestens 30 Minuten vor Vorstellungsbeginn ab, also bis spätestens 19.45 Uhr. Ihre Reservierungsnummer lautet 759. Vielen Dank für Ihre Reservierung! Wir wünschen Ihnen einen schönen Aufenthalt und viel Spaß im Kino!
Rebecca: Das scheint ja die reinste Geheimwissenschaft zu sein! Wann und wohin gehen wir denn jetzt eigentlich? Hast du auch alles brav notiert?
Benny: Ach so, ja! Wir schauen uns „Almanya" im ABC-Kino an. Um Viertel vor acht sollen wir da sein und die Karten abholen. Um Viertel nach acht geht's dann los. Ist doch alles ganz einfach!
Rebecca: O.K.! Bloß gut, dass Du so ein cleveres Kerlchen bist!

Lektion 4 NACH DER SCHULE

Hören, Aufgabe 2, Abschnitt 1 🎧 C18

Moderatorin: Möchtest du ein paar Monate oder sogar Jahre weit weg von zu Hause verbringen? Immer mehr junge Menschen erfüllen sich diesen Traum. Sie entscheiden sich dafür, nach der Schule erst mal ein Jahr durchzuatmen, bevor sie den nächsten wichtigen Schritt tun und ein Studium oder eine Berufsausbildung beginnen.

Klingt gut, findest du? Aber dir fehlt das nötige Geld, um Dir eine richtig große und lange Reise zu leisten? Kein Problem!

Finanziere dir deinen Auslandsaufenthalt mit spannenden Nebenjobs! Work & Travel heißt das Zauberwort. Auf Deutsch: Arbeiten und Reisen. Darüber sprechen wir heute.

Wenn du gerne Hilfe bei der Planung von Work & Travel hast, kannst du dich an Agenturen wenden. Sie organisieren die Anreise und die ersten Tage, vor allem unterstützen sie dich aber bei der Jobsuche und sind Ansprechpartner bei Problemen. Wenn dir die Agenturdienste zu teuer sind, kannst du dir auch kostenlose Tipps im Internet holen. Zum Beispiel bei Florian Scheller, der heute bei mir zu Gast ist. Er ist 19 und hat vor einem Jahr seine Fachhochschulreife gemacht. Danach war er ein Jahr in Australien.

Aufgabe 2, Abschnitt 2 🎧 C19

Moderatorin: Hallo Florian!

Florian: Hallo.

Moderatorin: Florian, du machst jetzt einen Podcast für Leute, die sich für das Programm Work & Travel interessieren. Worum geht es dabei genau?

Florian: Ich gebe einfach meine Erfahrungen weiter. In der ersten Folge geht es zum Beispiel darum, wie man den Trip plant, was man braucht und wie viel alles kostet. Wenn man sagt, ich mache Work & Travel, dann bedeutet es eigentlich nur, dass man sich eine persönliche Auszeit nimmt, also ein Jahr Zeit für sich … oder ein halbes Jahr … oder wie auch immer … wie lange man das eben machen will. Viele nutzen es auch als Brückenjahr zwischen dem Schulabschluss und dem Studium oder der Berufsausbildung.

Work & Travel bedeutet eigentlich nur, dass man ein Visum hat. Mit diesem Visum ist man berechtigt, ein Jahr in einem bestimmten Land zu arbeiten. Wie man dieses Jahr gestaltet, ist vollkommen jedem selbst überlassen. Man kann im Land herumreisen, man kann aber auch die ganze Zeit in einer Stadt bleiben und die ganze Zeit arbeiten. Wie man eben will.

Moderatorin: Wie kamst Du denn eigentlich zu der Entscheidung, Work & Travel zu machen?

Florian: Für mich war die Situation die: meine ganzen Jungs hatten nach der Schule alle mit einer Ausbildung oder mit einem Studium angefangen. Und ich stand plötzlich alleine da und habe so ein bisschen gejobbt. Dann habe ich mit einer Kollegin von mir in der Arbeit gesprochen und die hat mir ihre Work & Travel-Geschichte erzählt. Sie meinte, es sei die wahrscheinlich beste Zeit ihres Lebens gewesen. Danach habe ich mir gedacht: Wieso eigentlich nicht? Und habe auf ein paar Internetseiten rumgeschaut. Und ein paar Tage später habe ich meinen Flug nach Australien gebucht. Und ich muss wirklich sagen: Ich habe es nicht bereut. Es war ein super geniales Jahr …

Moderatorin: Das hört sich ja sehr gut an. Vielen Dank, Florian. … Hören wir nun noch in ein anderes Beispiel hinein.

Aufgabe 2, Abschnitt 3 🎧 C20

Moderator: Während für deutschsprachige junge Leute Länder wie Australien, Neuseeland und Kanada hoch im Kurs stehen, wollen Nicht-Deutschsprachige zum Beispiel gern nach Österreich. Das Angebot an möglichen Stellen konzentriert sich auf die Städte Wien, Salzburg und Innsbruck. Zusätzlich lockt die Alpenregion mit ihren weltberühmten Wintersportorten wie zum Beispiel Kitzbühel. In der Wintersaison gibt es dort im Tourismus jede Menge Arbeitsmöglichkeiten, sei es an der Rezeption eines Hotels, als Zimmermädchen oder als Kellnerin oder Kellner. Wer sportlich genug ist, kann auch als Ski- oder Snowboardlehrer arbeiten. Auch im Sommer sind die Berge inzwischen als Arbeitsort beliebt.

Moderatorin: Ich begrüße nun Beata im Studio.

Beata: Hallo zusammen!

Moderatorin: Beata kommt aus Warschau und war einen Sommer lang in Tirol auf einer Berghütte. Diese Hütte wird von Bergwanderern als Übernachtungsmöglichkeit genutzt. Beata hatte zwei Ziele: Die Sprache lernen und arbeiten. Also Deutsch lernen und Geld verdienen, für eine große Reise durch ganz Europa. Sechs Monate arbeitete sie auf zweitausenddreihundert Metern Höhe als Zimmermädchen, Küchenhilfe und Bedienung. Kurz: Sie machte einfach alles, was in der Gastronomie so anfällt. Dabei hat sie die Bergwelt einmal von der anderen Seite kennengelernt. Eben nicht als Erholungsraum, sondern als Lebens- und Arbeitsraum. Beata, wie war das Leben so über zweitausend Metern?

Beata: Toll, ehrlich. Ich bin so begeistert, dass ich mir überlege, ob ich es nächstes Jahr noch einmal mache.

Moderatorin: Was hat dir denn am besten gefallen bei deinem Arbeitsaufenthalt?

Beata: Eindeutig die Ruhe. Ich habe da oben ganz toll gewohnt. Wenn ich morgens aufgewacht bin, haben die Wolken unter uns oft wie ein Schaumbad ausgesehen. Alles war still. Man hat nur ein paar Murmeltiere pfeifen hören. Himmlisch.

Moderatorin: War das nicht zu langweilig?

Beata: Nein, gar nicht. Es gab ja immer genug Arbeit den ganzen Tag. Außerdem war ich nicht allein. Ich habe da mit einer Schweizerin aus Genf zusammengewohnt. Sie hat auch diesen Job gemacht. Wir durften auch mal ein paar Freunde zum Feiern einladen. Das Leben dort ist einfach ganz entspannt.

Moderatorin: Und wie war das mit der Arbeitserlaubnis? Habt ihr ein Visum gebraucht?

Beata: Also, ich als EU-Bürgerin brauchte keins, nein.

Moderatorin: Wie wir hören, hat es mit dem Deutschlernen bei dir ausgezeichnet geklappt. Vielen Dank Beata für diese Auskünfte.

Lektion 5 KÖRPERBEWUSSTSEIN

Hören, Aufgabe 2b 🎧 21

vgl. Track 22–25

Aufgabe 2c, Abschnitt 1 🎧 22

Moderatorin: Zu unserer Sendung „Junge Leute von heute – was sie machen, was sie lieben, wovon sie träumen" begrüße ich Herrn Kenta Kuhne: er ist Sohn einer japanischen Mutter und eines deutschen Vaters und hat mehrere Jahre in Japan als Foto-Model gearbeitet. Hallo Herr Kuhne, oder darf ich Sie Kenta nennen?

Kenta: Hallo, ja selbstverständlich dürfen Sie das.

Moderatorin: Kenta, Sie lebten von Ihrem 14. bis zum 21. Lebensjahr in Japan und wurden dort eines Tages als Fotomodel entdeckt. Wie ist das genau abgelaufen?

Kenta: Also, es war so dass ein Fotograf zu uns an die Schule kam und Fotos von uns gemacht hat und gemeint hatte, dass er sich nochmal melden würde, falls da Nachfrage bestehen wird. Und nach mehreren Wochen ist dann ein Anruf auch gekommen und seitdem hat sich das recht schnell entwickelt.

Aufgabe 2c, Abschnitt 2 🎧 23

Moderatorin: Was war Ihrer Meinung nach für den japanischen Geschmack das Besondere an Ihrem Aussehen oder an Ihrem Typ?

Kenta: Also, ich glaube, den Japanern hat das sehr gefallen, dass ich eben von beidem etwas hab', von dem Europäischen etwas, also die Statur oder auch die großen Augen und dann aber trotzdem das Familiäre Japanische auch noch, einfach diese Mischung zwischen Europäischem und Asiatischem hat ihnen, glaube ich, sehr gefallen.

Moderatorin: Und sind die Schönheitsideale in beiden Ländern eher ähnlich oder sind die recht verschieden?

Kenta: Also ich würde schon sagen, dass sie sehr verschieden sind, da jetzt beispielsweise in Europa das Schönheitsideal eines Mannes schon der starke Körperbau ist und die kurzen Haare, wobei in Japan dann eben das ideale Bild nicht unbedingt so sein muss, sondern auch ein Mann mal längere Haare haben kann oder eben auch nicht so breit gebaut sein muss wie hier in Europa.

Aufgabe 2c, Abschnitt 3 🎧 24

Moderatorin: Da wird sich Ihr Leben ganz schön verändert haben in dieser Zeit?

Kenta: Ja, auf jeden Fall sehr! Die Arbeit hat immer mehr zugenommen, und dadurch musste ich auch schauen, dass ich eben persönlich mich nicht zu sehr verändere und nicht zu sehr abhebe in diese Welt.

Moderatorin: Vermutlich haben Sie gut verdient für einen Jugendlichen?

Kenta: Ja, anfangs hielt es sich noch in Grenzen, doch nachdem ich dann immer mehr Jobs hatte, hatte ich dann schon sehr viel Geld und musste auch aufpassen, dass ich dann eben mit den Füßen auf'm Boden bleibe.

Moderatorin: Und Ihre Freunde, die werden ein bisschen neidisch gewesen sein?

Kenta: Ja, teilweise, aber ich würde sagen, dass sie mich schon eher dafür bewundert haben, dass ich in so einer Fashion-Welt praktisch mich da auch durchgebissen hab' und meine Arbeit dort geleistet hab' – und deswegen, glaub' ich, waren sie mehr stolz.

Moderatorin: Das heißt, außer modeln haben Sie sonst dann nichts mehr gemacht?

Kenta: Also es wurden immer mehr Jobs, und dadurch hab' ich dann irgendwann die Schule auch abgebrochen, was dann natürlich schon ein großer Schritt war.

Moderatorin: Trotzdem sind Sie, als Ihre Eltern dann wieder nach Deutschland zurückkehrten, alleine in Japan geblieben. Als 17-Jähriger wird das am Anfang gar nicht so einfach gewesen sein.

Kenta: Nein, das war auch nicht einfach, aber ich wollte zu diesem Zeitpunkt unbedingt diese Entscheidung treffen, weil ich mir das schon fest vorgenommen hatte, und das war schon eine feste Sache für mich, und ich wollte das unbedingt durchziehen.

Aufgabe 2c, Abschnitt 4 🎧 25

Moderatorin: Und wann und warum sind Sie dann wieder nach Deutschland zurückgekommen?

Kenta: Ich bin – im Alter von 21 zurückgekommen und der Grund war einfach, dass ich den Anschluss hier in Deutschland nicht ganz verlieren wollte, weil ich auch zu dem Zeitpunkt schon sieben Jahre in Japan war und eben auch die Schule abgebrochen hatte, und dementsprechend in Sachen Bildung und Arbeit einfach hier noch den Anschluss kriegen wollte.

Moderatorin: Haben Sie in Deutschland auch Angebote bekommen von Modelagenturen?

Kenta: Nein, das habe ich nicht, als ich zurückkam aus Japan, hab' ich mich beworben bei verschiedenen Modeagenturen hier in Deutschland, doch hier war einfach zu wenig Nachfrage. Von daher habe ich bisher in Deutschland noch nicht modeln können.

Moderatorin: Das heißt, Ihr Leben hier unterscheidet sich ziemlich von dem, das Sie in Japan geführt haben?

Kenta: Ja, es ist sehr unterschiedlich, auf jeden Fall, das Leben in Deutschland ist sehr normal, alles hat sich sehr normalisiert, und einfach ein durchschnittliches Leben, was ich von dem Leben in Japan nicht behaupten konnte.

Moderatorin: Klar! Und welche Kultur prägt Sie mehr, die deutsche oder die japanische?

Kenta: Ja, das ist schwer zu sagen, aber ich würd' schon fast sagen, dass die japanische Kultur mich mehr geprägt hat, weil ich von 14, wo ich praktisch noch ein Kind war, bis ins Alter von 21, wo ich dann praktisch schon ein komplett erwachsener Mensch war, diesen ganzen Prozess in Japan durchgelebt habe. Und deswegen hat mich die japanische Mentalität schon sehr geprägt.

Moderatorin: Und die ist anders als die deutsche?

Kenta: Sie ist schon sehr anders, was mir sehr gefällt an der japanischen Mentalität und was ich sehr bewundere, ist einfach diese Höflichkeit und den Respekt, den sie voreinander haben und das ist sehr vorbildlich.

Moderatorin: Ihre Pläne für die Zukunft? Sehen Sie Ihre Zukunft hier oder in Japan?

Kenta: Ich sehe meine Zukunft eher in Japan, ich muss jetzt erst mal mein Abitur hier in Deutschland nachholen, und dann werd' ich nochmal in Japan versuchen, dort Fuß zu fassen. Jetzt nicht unbedingt mit Modeln als Hauptjob, aber auf jeden Fall in die Richtung von Fashion oder Mode.

Moderatorin: Dann wünschen wir Ihnen ganz viel Erfolg und ich bedanke mich für das ausgesprochen nette Interview!

Kenta: Ich bedanke mich auch. Vielen Dank!

Aufgabe 4a 🔊 C26

Moderatorin: Da wird sich Ihr Leben ganz schön verändert haben.
Und Ihre Freunde, die werden ein bisschen neidisch gewesen sein.
Als 17-Jähriger wird das am Anfang gar nicht so einfach gewesen sein.

TRANSKRIPTIONEN DER TEXTE AUF DER DVD

Lektion 1 FREUNDE

Annie & Boo, Abschnitt 1 🎬 01

Kollege von Boo: Warum riskier' ich jedes Mal Kopf und Kragen für dich?

Boo: Es war echt nicht meine Schuld. Bin ich 'n Hellseher? Nee! He, guck mal, so 'n Seifenblasendingens.

Kollege von Boo: Eine ganze Kindergartengruppe hat dich gesehen. Du musst dich mehr konzentrieren
Hey, hörst du!? Mach deinen Job gefälligst vernünftig, oder du baust Kartenhäuser für immer. Du weißt, was das heißt?

Boo: Ja.

Kollege von Boo: Also lass weiter Glühbirnen durchbrennen und vertausche die Koffer. Es gibt nur die eine Regel, das kann doch nicht so schwer sein. Keiner darf dich sehen!

Boo: Ja, aber ...

Kollege von Boo: Was?

Boo: Fühlst du dich nicht manchmal auch 'n bisschen einsam da draußen allein auf dem Bahnsteig? Wenn man so mit gar keinem reden darf?

Kollege von Boo: Du bist so ein Weichei. O.k. Jetzt reiß dich zusammen. Noch mal helfe ich dir nicht.

Boo: Okidoki, alles klar.

Annie & Boo, Abschnitt 2 🎬 02

Annie: Wer bist du denn?

Boo: Ich, ich darf nicht mit Ihnen sprechen. Oh mein Gott, oh mein Gott, nicht schon wieder, bitte.

Stimme aus dem Telefon: Chaos-Koordinations-Zentrale. Sie werden gleich verbunden. Hallo. Hallo. Hallo.

Boo: Hallo, ich bin Boo.

Annie: Hi Boo. Ich bin Annie. Tolle Schuhe.

Boo: Oh, danke. Das sind meine multifunktionalen schockabsorbierenden Highspeed-Schuhe. Mit super elastischen, faserverstärkten, extraverdingsten... Dingern. Sind magnetisch.

Annie: Wow

Boo: Brauch ich für meinen Job. Weißt du?

Annie: Was machst'n du?

Boo: Ich? Tja, gute Frage. Ich bin ein Zufall.

Annie: Ja, na klar, ein Zufall. Ein Zufall? Ach komm, ich meine – du willst mir doch nicht erzählen, dass sich irgendwer überlegt: Hey, mal sehen, was passiert, wenn der Typ hier und der Typ da an der Ecke da vorn zusammenstoßen. Und du bist der, der dafür sorgt, dass dann auch alles genauso passiert?

Boo: Hm, sicher!

Annie: Ehrlich? Dann sind Zufälle ja gar keine richtigen Zufälle. Die sind geplant.

Boo: Ah, naja, also ganz so würd' ich das nicht sagen!

Annie: Aber das ist ja genial! Das heißt, du kannst alles so drehen, wie du willst! Du kannst machen, dass Jenny ihre Schlüssel wiederfindet und Nathalie ihre Lieblingshaarspange. Du kannst dafür sorgen, dass ich Pop-Stars kennenlerne und im Lotto gewinne.

Boo: Ja klar! Genau! Null Problemo!

Annie: Ist ja Wahnsinn! Dann könntest Du meiner blöden alten Mathelehrerin die dämliche Perücke vom Kopf rutschen lassen oder dass sich alte Freunde nach langer Zeit wiedersehen. Oder dass ich die Brieftasche von 'nem Millionär finde und dafür 'ne riesen Belohnung kassiere. Die könnt' ich dann Greenpeace spenden, um Robbenbabys zu retten. Oder ich kauf' mir was Cooles zum Anziehen. Du kannst Menschenleben retten oder schlimme Wirbelstürme verhindern, du kannst das Atomkraft-Problem lösen und dafür sorgen, dass Leute sich verlieben.

Boo: Ja, ich hab' alles im Griff!

Annie: Cool. Boo? Was machst'n du da?

Boo: Gar nix! Ich mach nur meinen Job! Bin – äh – gleich wieder da.

Annie: Ach, da bist du. Ähm, hast du eigentlich auch Superkräfte?

Boo: Superkräfte?

Annie: Superkräfte! So was wie in die Zukunft sehen können oder äh...

Boo: Ah, Superkräfte! Ja klar, Telepathie ... und äh, kinetische Kräfte, Sachen bewegen.

Annie: Lass die Bank schweben! Los! Zeig, was du drauf hast. Nur ganz kurz, bitte.

Boo: Nur in einem echten Notfall. Wir müssen einen ganzen Haufen wahnsinnig strenger Regeln einhalten. Und ...

Annie: Wir? Sind da noch mehr so wie du?

Boo: Millionen. Die Welt ist voll von Zufällen. Und immer sind wir da, wo man uns am wenigsten erwartet. Allein hier im Bahnhof arbeitet 'ne ganze Abteilung von uns.
Und natürlich bin ich hier der Chef, was die Planung und Erhaltung des natürlichen Chaos-Pegels angeht. Das beinhaltet: Glühbirnen, die durchbrennen, Zugverspätungen, vertauschte Koffer, Besen, die Leuten vor die Füße fallen.

Annie: Besen? Damit arme kleine Mädchen wie ich auf die Schnauze fallen und ihren Zug verpassen?

Annie & Boo, Abschnitt 3

Annie: Was hast du dir dabei gedacht?

Boo: Äh, erinnerst Du dich zufällig an meine … in-die-Zukunft-seh-Superkraft?

Annie: Mhm.

Boo: Ähm, es wird nämlich bald regnen. Und du wärst in den Zug gestiegen und du wärst ausgerutscht auf einer Stufe beim Aussteigen und hättest dir was gebrochen … ein Bein.

Annie: Das kannst du voraussehen?

Boo: Ah, Kinderspiel.

Annie: Wann fängts denn an zu regnen?

Boo: Bald.

Annie: Ok. Und wann genau?

Boo: 23.35 Uhr. Ich muss weg –

Annie: Was?

Boo: Ja, äh, ich muss mal eben telefonieren, ich hab' grade eine telepathisch Nachricht gekriegt. Bin gleich wieder da!
(flüstert ins Telefon): Hört mal, Jungs, ich hab hier 'n Riesenproblem. Ok, danke.

Annie: Wenn du dich telepathisch verständigen kannst, wieso brauchst du dann ein Telefon?

Boo: Ähm, gute Frage. Also das ist, … na du weißt schon.

Annie: Boo, ich merke das sofort, wenn mich jemand anlügt.

Boo: Annie, warte! Annie, ich geb' zu, das mit den telepathischen Nachrichten war nicht so ganz wahr, …

Annie: Moment mal! Dann ist wohl alles, was du mir erzählt hast, nicht so ganz wahr. Von wegen Hellsehen. Schon kapiert! Das war doch alles nur 'ne blöde Anmache, angefangen mit dem Besen.

Boo: Aber, aber das war doch nur Zufall.

Annie: Ach, jetzt war das plötzlich nur ein Zufall?

Boo: Ähm, geplanter Zufall.

Annie: Na, was denn jetzt?

Boo: Weißt Du, dass ich richtig Ärger kriege, weil ich dir geholfen hab'? Ist dir klar, dass die mich dafür Kartenhäuser bauen lassen?! Das nenn' ich Dankbarkeit.

Annie: Ich hab' dich nicht gebeten mir zu helfen.

Boo: Aber es war doch nur zu deinem Besten.

Annie: Das ist doch totaler Quatsch und das weißt du auch. Du hast ja nicht mal 'nen richtigen Namen.

Boo: Aber –

Annie: Vergiss es.

…

Annie: Es regnet.

Boo: Ja.

Annie: Wo ist der Trick?

Boo: Hm, … ich darf nicht mit Ihnen sprechen.

Annie: Und jetzt musst du also Kartenhäuser bauen?

Boo: Ja, ein Albtraum. Letztes Mal hatte ich noch Glück, ich wurde nach zwei Wochen begnadigt.

Annie: Also, ich bin gut mit Karten. … Dann muss ich wohl auf den nächsten warten.

…

Kollege 2 von Boo: Warum riskiere ich jedes Mal Kopf und Kragen für ihn? Seht ihr, er redet mit dem Objekt. Er redet! Gleich tauschen sie noch Telefonnummern aus und gehen ins Kino. Hm. Mach weiter mit dem Donner.

Lektion 2   IN DER FIRMA

Geschäftlich telefonieren, Abschnitt 1

Fenner: Jedes Telefonat hat immer diese Gliederung: Zunächst mal – Wer bin ich? Dann – Warum rufe ich an? Dann – Was will ich? Und dann: Nun entscheide dich!
Und wenn man das klar hintereinander bringt – und ich kann nur jedem empfehlen bei wichtigen Telefonaten sich diese fünf Begriffe untereinander zu schreiben – also nicht, wer bin ich, das weiß er noch, aber die anderen „ich ruf' an aufgrund also, aus diesem Grunde rufe ich an, ich hab' das und das zu sagen und ich bitte Sie, das und das zu tun oder zu entscheiden."
Und wenn man sich da die Stichworte macht, dann gelingt jedes Telefon in äußerster Kürze und es treten keine Missverständnisse auf. Und man kann sich viel besser darauf konzentrieren, es dem anderen auch nett zu sagen, denn der Ton macht die Musik.

Geschäftlich telefonieren, Abschnitt 2

Sprecher: Ein Beispieltelefonat – das Ziel des Anrufers: Er möchte bei seinem Antiquitätenhändler eine Privatrechnung zur Geschäftsrechnung umschreiben lassen.

Herr Schlei: Ja, guten Tag, Schlei ist mein Name.

Händler: Wie ist Ihr Name? Verzeihung?

Herr Schlei: Hier ist, hier ist Herr Schlei, Herr Schlei. Und zwar: Ich habe bei Ihnen, nein nicht bei Ihnen, ich glaube bei einer Mitarbeiterin von Ihnen, bei Ihrer Kollegin, ja, wie hieß der Name, ja – vergessen, da hab' ich 'n Sekretär gekauft und da wurde jetzt 'ne Rechnung geschickt an mich, aber ich bin doch gar nicht die Firma. Und – die Firma hat das doch gekauft und jetzt steht hier 'ne Adresse … Savignyplatz, Kantstraße 32, Charlottenburg, aber das ist ja gar nicht die Firmenadresse, also – die Rechnung ist falsch. Die Rechnung ist falsch.

Händler: Die Rechnung ist falsch?!

Herr Schlei: Ja die Rechnung muss umgeschrieben werden, ja? Und zwar an die Firma muss die umgeschrieben werden, die ist ja ganz woanders. …Das ist die – ja – die Strofenia AG ja, den Rest müssen Sie ja auch irgendwo haben, ne? Also … ja, ja.

Händler: Haben Sie die Rechnungsnummer für mich Herr Schlei?

Herr Schlei: Ja, die Rechnungsnummer? Ja 100 700 4 – ach ne, ist ja die Bankleitzahl! Die Rechnungsnummer? Ah ja, da habe ich sie! Ja, 23 86 43 81 64, ja, so vor zwei Wochen ungefähr, ja ungefähr so. … Wo, wo steht denn das?

Händler: Die müsste oben rechts stehen. Auf dem …

Herr Schlei: Ach da, ja ich glaub, ich hab's. Ah ja der siebte, der siebte erste, der siebte erste, ja! Aber das ist klar, ja?

Händler: Gut! Ich hab' die Änderung für Sie übernommen und die neue Rechnung geht dann morgen an Sie heraus, Herr Schlei.

Herr Schlei: O.k. Hoffentlich auch! O.k. danke, tschüss!

Geschäftlich telefonieren, Abschnitt 3

Sprecher: Was sagt Stilcoach Uwe Fenner dazu?

Fenner: Der andere musste nachfragen, dann hat er den, den furchtbaren Unhöflichkeitsfehler gemacht zu wiederholen seinen Namen mit „Hier ist Herr Schlei". Das geht überhaupt nicht, also man ist „Hier ist Lennard Schlei oder hier ist Schlei", mit Vornamen ist besser, aber niemals bezeichnet man sich selber in Deutschland als „Herr", „Hier ist Herr Schlei" geht nicht. Dann hat er das Telefongespräch überhaupt nicht strukturiert, er war da mal im Laden und hat überhaupt nicht sein Problem genannt, das kam nicht zum Ausdruck. Da musste erst der, der Händler ein paarmal nachfragen. Dann hatte er die entsprechenden Unterlagen nicht bereit, er wusste gar nicht, um was für eine Rechnungsnummer, er hat das Bankkonto genannt, anstatt die Rechnungsnummer zu nennen. Also es waren eine Menge Fehler, Kleinigkeiten gewiss, aber unschöne Dinge, die man vermeiden kann, wenn man das Gespräch auch nur in einer Minute Arbeit vorher vorbereitet und dadurch lassen sich eben auch viele Irrtümer vermeiden, Nachfragen vermeiden und Missverständnisse vermeiden.

Geschäftlich telefonieren, Abschnitt 4

Sprecher: Zweiter Versuch – jetzt höflich und dabei gleichzeitig zielorientiert.

Herr Schlei: Schlei, guten Tag, Lennard Schlei aus Berlin. Ich habe am 7.2. bei Ihnen im Geschäft einen Biedermeier-Sekretär bestellt. Daraufhin wurde die Rechnung für den Sekretär an mich persönlich geschickt. Allerdings in diesem Falle ist meine Firma der Vertragspartner und ich möchte Sie gerne bitten, die Adresse auf die Firma umzuschreiben.

Händler: Ja.

Herr Schlei: Die Rechnungsnummer ist die 23 86 43 81 64.

Händler: In Ordnung.

Herr Schlei: Die Firmenanschrift ist die Strofenia AG in der Kantstraße 32.

Händler: Gut, Herr Schlei, wird für Sie ausgeführt und morgen geht die neue Rechnung an Sie heraus. Ja, danke auch, auf Wiederhören!

Lektion 3   MEDIEN

vgl. Clip 10–14

Buch & Bohne, Abschnitt 1

Moderator: Am Kapuzinerplatz, im Münchner Schlachthofviertel, gibt es einen Buchladen, der sich schon auf den ersten Blick von anderen Buchläden unterscheidet. Vor der Ladentüre, auf dem breiten Gehweg, stehen Tischchen und Stühle, Kunden des Ladens sitzen dort, lesen und essen Kuchen. Durch das Schaufenster sticht sofort eine große, italienische Espressomaschine ins Auge. Davor, auf der Theke, steht ein Schokoladenkuchen. Hier gibt es also nicht nur Bücher zu kaufen, sondern auch Kaffee und Kuchen dazu. Buch und Bohne, so heißt dieses Geschäft. Die Besitzerin, Marian Geier, zeigt uns ihren Laden.

Buch & Bohne, Abschnitt 2

Marian Geyer: Hallo, ich bin Marian Geyer, das hier ist mein Laden, Buch und Bohne, am Kapuziner Platz. Hier vorne, vor der Tür, haben wir Tische, wo sie draußen auch sitzen können, es ist natürlich laut, aber dafür das pralle Leben. Und schauen wir doch mal rein.

Jetzt sind wir in dem Hauptraum, hier haben wir die Kaffeemaschine und die Theke, das ist das Herz des Buchladens. Auf der einen Seite sehen sie die Neuheiten, die Sachbücher und die Krimis, das sind die Bücher, die am häufigsten gefragt werden. So, wenn wir jetzt um die Ecke gehen, dann kommen wir in, wir nennen das: das Wohnzimmer; hier haben wir eine Biedermeier Couch und hier haben wir dann auch die empfohlenen Bücher. Die Empfehlungen unserer Kunden. Gehen wir hier weiter. Hier haben wir einmal die Hörbar, da sind die Hörbücher. Und dann die Jugendbücher, die Fantasy- und die Science Fiction-Bücher, und dann haben wir hier noch die Landkarte, das ist eine Spezialität von uns. Hier haben wir auf einer Landkarte die Bücher aufgepinnt, die in den einzelnen Ländern spielen.

So, jetzt sind wir in der Kinderecke. Ja gut, das spricht eigentlich für sich, da sind Kinderbücher, ein bisschen was zum Spielen, eine Tafel, eine alte Schreibmaschine, und ein paar kleinere Spielzeuge.

Buch & Bohne, Abschnitt 3

Moderator: Frau Geyer scheint mit ihrem Konzept richtig zu liegen. Die Kunden bestätigen ihren Optimismus. Eine junge Frau sieht sich gerade bei den Kinderbüchern um.

Kundin: Wir kommen öfters her zum Kaffee trinken, und kucken dabei neue Bücher für hier meinen 3-Jährigen. Die Sachbücher hier find' ich gut, die erzählen so mit kleinen Geschichten, und die find' ich sehr gut gemacht, da werden wir heute auch wieder eines mitnehmen. Ich lass' mich hier auch gern beraten, mit Bestsellern zum Beispiel, gibt's auch immer Lesungen, neue Autoren, die zu entdecken sind. Das ist die schöne Mischung aus beidem, dass man wirklich auch sagen kann: man kann einfach sich hinsetzen, bisschen schmökern, und dabei Kaffee trinken.

Moderator: Genau das wollte Marian Geyer erreichen. Aber auch in anderer Hinsicht lag sie goldrichtig.

Kunde 1: Ich wohne hier in der Gegend und ich muss hier mit meinem Hund spazieren gehen und es war Zufall. Ich bin vorbeigelaufen. Ich komm' ja schon ziemlich lange hierher, eigentlich seitdem es diesen Buchladen gibt, das hat hier nämlich gefehlt im Viertel. Und ich lese gerne Bücher, und ich kann hier einen Kaffee trinken und ich kann mit der Buchhändlerin quatschen, und es ist immer 'ne gute Atmosphäre.

Moderator: Bücher aller Art, für jeden Anlass, für Junge wie Alte, Buchtipps aus aller Welt – und immer Kaffee und Kuchen. Gerne auch auf dem Sofa. Dieser Laden hat Stammkunden, die regelmäßig gerne kommen.

Kunde 2: Dieser Laden ist schon extrem verführerisch, also verführt zum Kauf. Das muss man schon sagen. Also hier, selten, dass man mal ohne ein Buch rausgeht.

Buch & Bohne, Abschnitt 4

Moderator: Die in Ungarn geborene Marian Geyer, die schon als Jugendliche nach Deutschland gekommen war, ist nicht immer Buchhändlerin gewesen. Obwohl sie es schon immer gerne gewesen wäre.

Marian Geyer: Ich bin Ungarin, ich bin in Budapest geboren. Hab' dann in Mannheim studiert, und bin jetzt seit 10 Jahren jetzt hier in München. Ich habe im Controlling gearbeitet, von einem großen, Münchner Unternehmen, habe mit Zahlen jongliert. Büroarbeit eben. Ich wollte schon immer Buchhändlerin sein. Ich wollte immer 'n Buchladen haben. Und nach 15 Jahren Controlling war es dann einfach Zeit, um etwas Schöneres zu machen, und ich hab' dann mir ein halbes Jahr gegeben, um zu sehen, ob man es überhaupt machen kann.

Buch & Bohne, Abschnitt 5

Moderator: Ihr Laden liegt im Schlachthofviertel. Die Schickeria, also die betuchte und zum Teil prominente Szene, für die München ja bekannt ist, kommt nur selten in diese Ecke der Stadt. Das ist Marian Geyer gerade recht. Sie liebt ihr Viertel so, wie es ist.

Marian Geyer: Eigentlich ist es ein Nachbarschaftsbuchladen. Das heißt Familien aus der Umgebung, viele junge Familien, viele Kinder teilweise auch, wie jetzt zum Beispiel, eine Gruppe von einem Gesangsverein, junge und alte Leute, aber vor allem aus der Umgebung. Das Angebot ist auf diese Leute auch zugeschnitten. Schöne Romane und Jugend- und Kinderbücher vor allem. Wir haben viele Veranstaltungen, mindestens einmal im Monat, von Münchner Autoren vor allem, die einen regionalen Bezug herstellen, entweder, weil sie hier leben, oder weil der Roman oder das Buch hier spielt. Es gibt hier im Viertel noch nicht so viele kulturelle Einrichtungen. Wir möchten gerne ein kultureller Treffpunkt sein, wir möchten, dass die Leute hier miteinander sich über Bücher unterhalten, dass sie zu Lesungen kommen, von Autoren, von denen sie noch nichts gehört haben, oder noch nichts gelesen und sich ein bisschen unterhält. Ich bin sehr zufrieden. Man sieht, dass die Kunden das gut angenommen haben. Das ist im Moment so, dass es noch wächst, aber ich bin überzeugt davon, dass es ein Potenzial hat, ja.

Kokowääh, Abschnitt 1

Tristan: Wissen Sie, wie das ist, ein Kind zu lieben? Wenn die Liebe pur ist, bedingungslos, das ist das schönste Gefühl auf der Welt.

Magdalena: Bist du Henry? Hier für dich, soll ich dir geben, ich soll bei dir wohnen.

Charlotte: Lieber Henry! Das kleine, entzückende Mädchen, das dir diesen Brief überreicht hat, ist deine leibliche Tochter. Sie heißt Magdalena und ist acht Jahre alt.

Magdalena: Alles klar bei dir?

Henry: Du bist also genau acht?

Magdalena: Wie kann man denn ungenau acht sein?!

Kokowääh, Abschnitt 2

Henry: Du bist also genau acht?

Magdalena: Wie kann man denn ungenau acht sein?!

Henry: Du setzt dich jetzt sofort in den Flieger und holst deine Tochter hier ab!

Charlotte: Sie ist nicht nur meine Tochter, sie ist auch deine Tochter.

...

Tristan: Wissen Sie, warum Ihnen Charlotte das Kind vor die Tür gesetzt hat? Weil Sie der Vater sind und meine Ehe im Arsch ist. Sie werden jetzt Verantwortung übernehmen.

Henry: Ich kann mich nicht um sie kümmern, ich kann mit Kindern nicht umgehen, ich kann sie noch nicht mal leiden!

Charlotte: Sie braucht 'n herzhaftes Frühstück und 'n warmes Abendessen.

Henry: Ich kann nicht kochen.

Charlotte: Doch. Dein Coque au vin ist vorzüglich.

Magdalena: Coque au vin?

Henry: Kok-o-wääh, das ist Französisch.

Kokowääh, Abschnitt 3

Magdalena: Ich muss aber was frühstücken, sonst kann ich mich in der Schule nicht konzentrieren.

Henry: Magst du Schoko-Pops?

Magdalena: Jaaa!

Henry: Hab' ich aber leider nicht da.

...

Magdalena: Warum hast du eigentlich keine Frau?

Henry: Ich hatte mal eine, aber die ist mir leider weggelaufen.

Katharina: Hast du Alzheimer? Ich bin nicht abgehauen, du hast mich rausgeworfen.

Henry: Lass uns das Thema wechseln!

Schuljunge 1: Wo ist mein Geld, du Opfer?

Henry: Soll ich dir mal in deinen kleinen, fetten Arsch treten?

Schuljunge 2: Man darf Kinder nicht treten.

Henry: Böse Kinder, die andere erpressen, die darf man treten, da kommt man sogar in Himmel für.

Magdalena: Du bist cool!

Henry: Bio-Pilze, ganz was Feines.

Tristan: Das ist gut für die Kleine!

Henry: Da könntest auch 'n Körbchen nehmen und welche im Wald sammeln gehen.

Tristan: Leg die scheiß Pilze in den Wagen! – Willst du mich provozieren?

Henry: Ja.

Tristan: Ja?!

Henry: Ja.

Tristan: Sie alle gehören zusammen für den Rest ihres Lebens. Sie sind eine Familie.

Kokowääh, Abschnitt 4

Henry: Das letzte, was er sich in seinem Leben vorstellen könnte war, mal ein Kind zu haben. Und dann passiert was ganz seltsames: Er fängt nämlich an, das Kind zu lieben.

Katharina: Schön! I like.

Henry: Dann blickt er auf sein Leben zurück und stellt fest, dass er unendlich viele Fehler gemacht hat.

Kokowääh, Abschnitt 4 mit Bild

vgl. Clip 18

Kokowääh, Abschnitt 5

Magdalena: Und wer passt auf mich auf?

Henry: Du bist doch ein großes Mädchen, gestern warst du auch alleine zu Hause.

Magdalena: Gestern hat's hier gebrannt.

Henry: Versprech' mir, dass du heute keine Spiegeleier machst. – Hallo, versprech's!

Magdalena: Ich kann immer noch Rühreier machen.

Lektion 4   NACH DER SCHULE

Kunstakademie, Abschnitt 1

Studentin Evgenija Rykova: Es war so ein Traum. Aber als ich das beschlossen habe, da war ich siebzehn, und da war ich an der – darf ich den Namen der Schule sagen oder ist das – das war an der Ernst Busch, da war ich mit 17. Bin ich hingefahren und dachte: ok. Ich rock das Haus und mache jetzt diese Aufnahmeprüfung. Und dann wurde ich gleich rausgeschmissen. So: Geh in die Stadtsparkasse arbeiten, aber Schauspielerin wirst du nicht. Und das war der Moment, so. Doch! Doch, ich mache es weiter. Ich habe dann zwar noch Abitur gemacht oder so. Was auch gut war. Also, die haben mir auch geholfen muss ich sagen. Aber das war der Moment, doch ich mache es trotzdem, auch wenn die mich jetzt nicht genommen haben. Auch

wenn der erste Versuch eine Niederlage war. Ich mache das.

Student Marc Megele: [singt]: *Das muss ein schlechter Müller sein, dem niemals fiel das Wandern ein,* ...

(spricht): Also die Müllerin selber hat natürlich eine innere Dramatik, die sehr, sehr stark ist für mich. Also, emotionale Dramatik, ich weiß nicht, ob es das gibt, aber das würde ich sagen. Und ich liebe diese Sachen, also –

Kunstakademie, Abschnitt 2

Student Edoardo Colaiacomo: Also ich hatte als unerfahrener Student an der Theaterakademie die Möglichkeit gehabt, an einer richtigen Produktion teilzunehmen. Ich habe ganz, ganz viel gelernt. Und ich würde mir wünschen, dass Studenten aus der Klasse, aus unserer Klasse eine solche Möglichkeit bekommen könnten.

Dozentin Verena Effenberg: Die Aufgabenbereiche im Studiengang Maskenbild sind sehr vielseitig. Deswegen ist es auch ein sehr intensives Studium. Es ist einerseits Spezialeffekte und Schminken, die Haararbeiten, das heißt die Studentinnen müssen alle historischen Epochen frisieren können, einen Teil bekommen sie von uns natürlich vermittelt, aber sie müssen auch in der Lage sein, sich historische Frisuren selbst zu erarbeiten.

Dozent Peter Pfitzner: Dieser Studiengang ... unterscheidet ... zu einer Ausbildung, dass auch das ganze Künstlerische, das künstlerische Entwickeln noch gefordert ist. Es ist vielleicht auch einfach ein Schritt um auch an den Maskenbildner, den Kostümbilder, Regisseur näher zu kommen. An die Ideen und so weiter. Also sich mit so was auseinandersetzen. Mit den Kriterien der Kunst. Und des Ausdrucks und so weiter. Da größeres Verständnis zu gewinnen. Das ist so der Inhalt von diesem ganzen Studiengang. Sich wirklich mit der Kunst auseinander zu setzen. Es ist nicht nur eine reine handwerklich Sache, sondern es ist auch, dass man dieses Gespür dafür entwickelt. Es ist, glaube ich, schon eine große Aufgabe, also auch für die Studenten, das für sich selbst zu entwickeln.

Studentin Melanie Glanzmann: Aber da hat halt jeder so seine Lieblingsfächer, sag ich jetzt mal. Oder jeder macht ja etwas ein bisschen lieber als andere Dinge, also das ist ja normal. Man sollte Fingerfertigkeit besitzen, also auch ein bisschen gerne ausprobieren, egal jetzt ob mit Frisuren oder mit irgendwelchen zeichnerischen Arbeiten oder plastischen Arbeiten. Man sollte einfach seiner Kreativität freien Lauf lassen können.

Student Dimitrij Schaad: ... wie gesagt ... Mitte vom vierten Jahr dieser Zustand gekommen, dass ich die gleiche Lockerheit und Leidenschaft hatte wie vor der Akademie aber kombiniert mit all der Technik und mit all dem Können, was ich an der Akademie gelernt habe beziehungsweise nicht mal bewusst gelernt, sondern durch Ausprobieren gelernt habe. Und das war ein Höhepunkt. Das war schön. Einfach diese Kraft, dass ich denken konnte, Gott, jetzt könnte ich jedes Theater der Welt überzeugen, mit dem, was ich jetzt gerade kann. Das war schön.

Kunstakademie, Abschnitt 3

Student 1: Ein ganz schöner Moment für mich war am ersten Tag wo man dann aufgenommen wurde und das Studium angefangen hat. Da gibt es diese Rolltreppe an der U-Bahn. Und die hochzufahren mit dem Wissen: Ich hab es geschafft, ich bin jetzt vier Jahre an der Akademie. Das war so ein super Moment.

Student 1: Eigentlich, der der glücklichste Moment war als ich hier aufgenommen wurde.

Studentin 2: Der glücklichste Moment war hier aufgenommen zu werden.

Student 2: Der glücklichste Moment ...

Dozent: Sommerurlaub?

Lektion 5   KÖRPERBEWUSSTSEIN

Zumba, Abschnitt 1

Trainerin Leila Fischer: „Partytime"! – Zumba ist ein Tanz und ein „Work-out" und das isch (ist) einfach ein Bluamastruuß (Blumenstrauß) von jede (von allem) ... wie Salsa, Samba, Merengue, Cumbia und etc., orientalischer Tanz, Rock'n Roll, alles – Samba. [Kommandos im Saal]

Leiter Daniel Fritsche: Was uns fasziniert hat an Zumba, war, dass erstmals ein Club-Fitnesskurs aktiv beworben wird als Party und das hat uns neugierig gemacht und dann haben wir uns vertieft damit beschäftigt.

Trainerin Leila Fischer: Zumba ist spezial, will isch eifache Schritt (weil es sind einfache Schritte), jeder cha macha und isch für alli, jung, älteri (kann das machen und ist für alle, jung, älter) und das isch eifach au (sind einfach auch) Schritte und wird immer wiederholt und es macht Spaß.

Zumba, Abschnitt 2

Teilnehmerin Stefanie: Eine Kollegin von mir hat diesen Kurs gefunden und wir dachten, wir wollen mal etwas Neues sehen und darum haben wir es ausprobiert – wir bereuen es nicht, wir kommen sehr gerne und machen immer weiter.

Teilnehmerin Maura: Mir macht das speziell Spaß, weil man noch die eigene Bewegung dazutun kann, das ist so einzigartig, man kann individuell sein – so wie man ist. Das find ich ganz toll!

Leiter Daniel Fritsche: Glücklicherweise haben wir diesen Sommer 30 unserer Kursleiter ausgebildet für Zumba und so waren wir bereit, als die Welle von Amerika nach Europa schwappte, dass wir bereit waren, diese zu bewältigen. Zurzeit haben wir über 100 Klassen, die wöchentlich in der Deutsch-Schweiz in der Clubschule stattfinden. Und ja, macht Freude, es heißt – in über 100 Stunden die Woche heißt es „Let's have a party – let's Zumba!"

Zumba

vgl. Clip 26 und 27

Lektion 6   STÄDTE ERLEBEN

Audioguide Münster

vgl. Clip 30–33

Audioguide Münster, Abschnitt 1

Jana: Das bin ich. Jana. Ein echtes Grebener Urgestein. Und weil ich nicht aus Münster komme, kenne ich mich hier mit den Sehenswürdigkeiten nicht so gut aus. Aber heute soll sich das mal ändern. Dom? Kennt ja jeder. Überwasserkirche? Ja, natürlich! Doch was ist das? Antiquariat? Solder, das kommt mir irgendwie bekannt vor. Vielleicht kann der Audioguide mir ja weiter helfen. Seit kurzer Zeit gibt es nämlich für viele Smartphones eine App für Münster. Man kann eine geplante Stadtführung machen oder eben selbst zu den Orten gehen und sich von dieser App Hintergrundinformationen vorlesen lassen.

Stimme 1 App: Vor Ihnen liegt das Antiquariat Solder. Krimifreunden ist es besser bekannt als Antiquariat Wilsberg.

Jana: Ah, Wilsberg, jetzt klingelt's so langsam bei mir. Ich frage mich aber, wer genau hinter dieser ganzen Sache steckt. Alexander Altemeyer ist einer von sieben Studenten, die diese App entwickelt haben.

Altemeyer: Die Idee hatten wir quasi vor etwas mehr als einem Jahr. Da haben wir in Berlin eine ähnliche App ausprobiert. Also einen Audioguide, eine Stadtführung fürs Handy. Und haben gedacht: Hm, das ist ja ganz interessant, aber bestimmt noch verbesserungswürdig. Und: Letztendlich, Münster hat noch keinerlei Audioführung. Deswegen wäre das auf jeden Fall mal einen tolle Gelegenheit, das in Münster umzusetzen.

Audioguide Münster, Abschnitt 2

Stimme 2 App: Wir behaupten alles und nehmen keinen Rücksicht auf die Wirklichkeit.

Jana: Diese Stimme ist ja bestimmt jedem bekannt. Sogar der Hauptdarsteller aus den Wilsberg-Krimis gibt höchstpersönlich die Infos zum Antiquarat. Auf jeden Fall eine tolle Sache, wie die den Herrn Lansing dazu gekriegt haben, bei der App mitzumachen. Ich frage mich, wie die das geschafft haben.

Altemeyer: Das war eigentlich ganz einfach. Wir haben eine Mail geschrieben und gefragt, ob er nicht gern etwas zu unserem Audioguide beisteuern würde. Und haben ihn dann in Köln getroffen. Und haben zwischen zwei Drehterminen quasi das Interview geführt.

Audioguide Münster, Abschnitt 3

Jana: Dann schauen wir doch mal, was der Audioguide noch so zu bieten hat. Weiter geht's. Der Domplatz sollte auch jedem bekannt sein. Aber auch hier stoße ich wieder auf etwas, was mir vorher noch nie aufgefallen ist. Das schaue ich mir doch mal genauer an. Auf dem Domplatz eine Toilette? Davon habe ich noch nie gehört. Mal schauen, ob der Audioguide da auch was zu sagen kann. Handy geschnappt, Audioguide gestartet. Und tatsächlich kann die App mir auch dazu etwas sagen.

Stimme 3 App: Wenn Sie mal richtig vornehm auf die Toilette gehen wollen, können Sie das hier in der WC-Anlage am Domplatz tun. Der Grund? Die Anlage ist keine herkömmliche Toilette. Sie ist ein Kunstwerk von Hans Peter Feldmann.

Jana: Ja und sogar über Toiletten erfährt man was mit dieser App. Na, wer hätte das gedacht? Auf der drei Kilometer langen Route kommt man nicht nur an Toiletten oder Antiquitätenläden vorbei, sondern beispielsweise auch am Picasso-Museum oder dem Erbdrostenhof.

Audioguide Münster, Abschnitt 4

Altemeyer: Diese Route nutzt das GPS Signal des Benutzers. Das heißt, man kann immer sehen, wo man sich befindet. Man kann sich auch zu den nächsten Punkten navigieren lassen. Wenn man aber Lust hat, die Stadt auf eigene Faust zu erkunden, kann man auch diese Route ausstellen.

Jana: Das alles hat der Audioguide Münster zu bieten. Und das Gute ist: Diese App ist nicht nur für iPhone-Liebhaber geeignet, sondern auch für viele andere Smartphones. Ja, auf jeden Fall eine super App. Sie gibt viele Informationen über Münster und funktioniert einwandfrei. Aber bevor ich mich jetzt hier festquatsche, werde ich erst mal noch die nächsten Stationen abklappern.

Eisbachsurfer

Surfer: Also, kurz, bevor ich auf die Welle springe, ist es so, dass ich schon ziemlich konzentriert und angespannt bin. Ich achte dann darauf, wie sich die Welle gerade verändert, weil die kann von Sekunde zu Sekunde anders werden, also, dann ist auf ein-

mal Weißwasser da, die Kante ist größer oder kleiner, und dann überlege ich mir, was ich jetzt mache, was halt optimal wäre und bin dann schon ziemlich angespannt. Weil, also dann passe ich auch nicht auf, wenn jemand mit mir redet, sondern schaue nur auf die Welle und springe gleich rein und mache dann eben das, was ich mir gerade überlegt habe.

Also, es gab alle möglichen Verletzungen von Platzwunden bis Prellungen, Schürfwunden, gebrochene Beine, also es gab alles. Aber das gehört irgendwie dazu. Das ist ein bisschen Nervenkitzel, ein bisschen Erfahrung braucht man eben dafür und – ohne geht's halt im Sport einfach nicht.

Also am Eisbach besonders ist, dass die eigentlich den ganzen Tag, das ganze Jahr läuft und immer verfügbar ist. Also, man ist nicht angewiesen auf Jahreszeiten oder irgendwelche Wetterbedingungen, dass die Wellen eben reinkommen, sondern die läuft echt immer konstant, ist die konstanteste Welle der Welt und man kann die sogar verändern, also so einstellen, dass man zum Beispiel eine Kante drin hat, dass man springen kann und es ist eben wie so eine kleine Skate-Ramp, die man dann eben verändern kann und kann in den optimalen Bedingungen immer surfen und sich eben immer viel besser weiterentwickeln als am Meer, weil man eben da nicht immer so unkonstante Bedingungen hat.

Wenn ich irgendwann nicht mehr surfen könnte, wäre das schon sehr traurig, weil das jetzt wirklich – jetzt nicht zum Lebensmittelpunkt geworden ist, aber schon ein sehr wichtiger Bestandteil. Also, wir gehen jeden Tag surfen und das Surfen ist zwar wichtig, also der Sport und die körperliche Betätigung, aber auch Freunde zu treffen. Wir verabreden uns dann und sagen „Ja, gehen wir um 12 surfen" und dann freut man sich fast mehr darauf, die Leute zu treffen und die zu sehen als dann wirklich auf der Welle zu stehen.

LEKTION 1

1 Wortschatz

1 Mittlerweile, 2 nachdenklich, 3 introvertiert, 4 Beziehung, 5 oberflächliche, 6 verlassen, 7 hilfsbereit, 8 gesorgt, 9 pflegen, 10 verlieren

2 Grammatik

a
1 Ich lebe seit 2009 mit meiner Familie in Frankreich.
2 Karin hat ihre große Liebe im Urlaub kennengelernt.
3 Anna ist 2001 wegen der schlechten Arbeitssituation mit ihrer ganzen Familie nach Düsseldorf gekommen.

4 Es ist heutzutage einfach, mithilfe sozialer Netzwerke mit der ganzen Welt vernetzt zu sein.
5 Mein Mann hat bereits 1998 mit viel Glück in München eine tolle Stelle bekommen.

b
1 weder ... noch, 2 sowohl ... als auch, 3 nicht nur ... sondern auch / sowohl ... als auch, 4 einerseits ... andererseits; 5 zwar ... aber;

c
1 die Einsamkeit, 2 die Bekanntschaft, 3 die Erlaubnis, 4 die Information, 5 der Idealist, 6 der Junge

3 Kommunikation

1 entschieden, 2 erwähnen, 3 als Nächstes, 4 Nicht zuletzt, 5 Das Besondere, 6 Außerdem, 7 Einblicke, 8 außergewöhnliche, 9 geben

LEKTION 2

1 Wortschatz

a
1 knüpfen, 2 halten, 3 geraten, 4 erregen, 5 äußern,
6 haben

b
1 ausdrücklich, 2 fristlos, 3 begeistert, 4 bedenklich

2 Grammatik

a
1 sind, 2 ist, 3 ist, 4 wird, 5 von Dir, 6 werden,
7 werden, 8 wird

b
1 erwähnte Hinweis, 2 dauernden Rückfahrt,
3 gedruckte Ausgabe

c
1 Aufgrund, 2 Deshalb, 3 Weil, 4 denn, 5 Aus, 6 vor

3 Kommunikation

Lösungsvorschlag:
1 Mein Name ist … Ich bin in der Firma Kreilinger
tätig.
2 Darf ich Ihnen meine Kollegin Frau Reindl
vorstellen? Frau Reindl ist zu ständig für die
Betreuung der Kunden im Online-Bereich.
3 Ich bin Leiter des Bereichs Marketing.
4 Zu meinen Aufgaben gehört die Organisation von
Umfragen und Werbeaktionen.
5 Wir haben (dabei) häufig mit unkonventionellen
Konzepten zu tun.

LEKTION 3

1 Wortschatz

1 Leseratte, 2 greifst, 3 Sachbuch, 4 Bildband,
5 verfolgen, 6 nutzen, 7 großartig, 8 Hierzulande,
9 Nutzung, 10 Sache

2 Grammatik

a
1 Dadurch, 2 darin, 3 darüber, 4 darauf, 5 Das,
6 damit, 7 dafür, 8 darüber, 9 dafür, 10 Das

b
1 abwechslungs<u>reich</u>, 2 gefühl<u>voll</u>, 3 informat<u>iv</u>,
4 romant<u>isch</u>, 5 unterhalt<u>sam</u>, 6 erlebnis<u>reich</u>,
7 sensation<u>ell</u>, 8 toler<u>ant</u>

c
1 „Seid ihr Maskenbildner und Stylisten fertig, fangen
wir an."
2 Entdeckt der Stammkunde ein verführerisches
Angebot, greift er zu.

3 „Haben Sie eine Schwäche für Dokumentarfilme,
werden Sie von diesem Film begeistert sein."

d
1, 3

3 Kommunikation

1 vorstellen, 2 aus, 3 ansprechend, 4 übersichtlich,
5 erklären, 6 ausgewählt, 7 ereignete, 8 humorvollen,
9 erfährt, 10 den Artikel

LEKTION 4

1 Wortschatz

1 Dummerweise, 2 verständlicherweise, 3 Leistungsdruck, 4 erwirbt, 5 Auszeit, 6 vernünftiger-
weise, 7 Schulabgänger, 8 probeweise, 9 Gelegenheitsjob, 10 interessanterweise, 11 leistete,
12 Ausnahmsweise, 13 Zuschuss, 14 Stellenweise,
15 vergleichsweise, 16 missen

2 Grammatik

a
1 Solange ich ein Praktikum mache, arbeite ich
abends als Bedienung in einer Kneipe.
2 Bevor ich an das andere Ende der Welt geflogen
bin, habe ich einen Spanischkurs gemacht.
3 Nachdem Renate bei ihrer Gastfamilie
angekommen war, hat sie Mitbringsel verteilt.
4 Während viele Schüler nach ihrem Schulabschluss
eine Auszeit nehmen, können sie neue Erfahrungen
sammeln.
5 Als der Chef der Behindertenwerkstatt Daniel
sofort zusagte, war Daniel sehr glücklich.

b
1 Gleich nach, 2 vor, 3 während, 4 nach

3 Kommunikation

Lösungsvorschlag:
1 Mein Name ist … Ich habe letzten Monat die
Realschule erfolgreich abgeschlossen.
2 Diese Arbeit würde ich wirklich gern machen, weil
ich mich sehr gern um andere Menschen kümmere.
Ich glaube, ich wäre für diese Arbeit geeignet, weil
ich viel Geduld habe und sehr kommunikativ bin.
3 Im Rahmen eines Praktikums habe ich bereits
Erfahrungen im Bereich der Kinderbetreuung
sammeln können.
4 Wie sieht es denn bei Ihnen mit den Arbeitszeiten
aus? Wie flexibel sind Sie da?
5 Bei dieser Stelle handelt es sich um ein Praktikum
in einem Jugend-Café. Die Jugendlichen kommen
nach der Schule dorthin und werden den ganzen
betreut, zum Beispiel bei den Hausaufgaben. Bei
dieser Stelle ist vor allem viel Sensibilität, aber auch
Durchsetzungsvermögen wichtig.

LEKTION 5

1 Wortschatz

1 lackieren, 2 staunt, 3 vielseitig, 4 Wettbewerb,
5 Inserent, 6 gelenkig, 7 Entdeckung, irritieren, wirkt
8 neidisch

2 Grammatik

a
1 anderen etwas nicht erlauben: Satz 7, 8;
2 etwas nicht selbst machen: Satz 1, 2;
3 etwas ist möglich: Satz 3;
4 etwas nicht machen: Satz 4

b
1 Der Sport wird Lisa beim Abnehmen geholfen
haben.
2 Sein Vater wird ein Auge zugedrückt haben.
3 Sie wird mit dem Arbeiten aufgehört haben.
4 Die Freunde werden im Kino viel Spaß gehabt
haben.
5 Die Katze wird schon wieder im Bett gewesen sein!

c
1 tanzen gelernt, 2 laufen sehen, 3 stehen geblieben

d
1 das Halskreisen, 2 das Augenschütteln,
3 das Rückwärtsberühren

3 Kommunikation

1 Stelle, 2 ausprobieren, 3 abraten, 4 noch, 5 keinen,
6 zum Hals, 7 wer, 8 Ahnung, 9 rätst, 10 wirklich

LEKTION 6

1 Wortschatz

1 gebürtige, 2 Infrastruktur, 3 Sehenswürdigkeiten,
4 einzigartig, 5 auf, 6 mittelalterliche, 7 Legendäre,
8 wimmelt es von, 9 sanierten, 10 lohnenswert

2 Grammatik

a
1 für das, 2 Über die, 3 von den, 4 bei den, 5 Mit dem

b
1 Wenn Touristen aus der ganzen Welt nicht so
verrückt nach dem Oktoberfest wären, wäre es nicht
so erfolgreich.
2 Wären die Anwohner nicht so stolz auf ihr
gutbürgerliches Viertel, würden sie in ein anderes
ziehen.
3 Gegenwart: Könnte ich doch das Freilichtmuseum
anschauen!
Vergangenheit: Hätte ich doch das Freilichtmuseum anssehen können!
4 Es sieht so aus, als hätten sie den Altbau gerade
erst saniert.

3 Kommunikation

1 ideal, 2 überzeugt, 3 beliebter, 4 Meinung,
5 geeignet, 6 recht, 7 interessant, 8 entscheiden,
9 Freizeitangebot, 10 teilnehmen